미래정부론

정 충 식

도서출판 대영문화사

머리말

저자는 지난 20년 동안 전자정부 하나만을 연구해 왔다. 그동안 연구의 대상인 전자정부는 정보통신기술의 급격한 발전에 대응하여 여러 분야에서 엄청난 변화를 가져왔다. 이러한 정보통신기술의 융합이라는 커다란 변화의 흐름을 따라잡는 것은 저자에게 매우 힘든 일이었다. 하물며 이러한 변화를 앞서서 미래를 예측한다는 것은 엄두가 나지 않는 작업이었다.

다행히 지난 2010년에 1년 동안, 여러 분야에서 모인 10여 명의 소장 학자들이 고려대학교 사회학과의 김문조 선생님을 모시고 미래 연구를 진행한 적이 있었다. 매월 다양한 분야의 전공자들이 모여 자신의 분야에서 발생할 미래 상황에 대해 설명하고, 서로 토론했던 것은 지금까지 즐거운 기억으로 남아 있다.

따라서 이 책은 지난 2010년부터 기획되었다. 이 당시는 애플사의 아이폰이 국내에 도입되어 스마트폰의 열풍이 불던 시절이었다. 이러한 스마트폰을 통한 정보기술의 융합은 여러 분야에서 혁신적인 변화를 몰고 왔다. 이에 저자는 2010년 미래연구 모임에서 정보기술의 도입에 의한 미래 정부에 대해 발표했다. 하지만 전자정부를 전공하는 저자의 한계 때문에, 미래 정부가 전자정부의 미래로 국한된 것은 아쉬운 부분이다.

저자가 미래정부론을 출간하게 된 직접적인 계기는 올해 초 한국미래행정학회가 출범했기 때문이다. 한국미래행정학회는 한국미래행정학회보 창간호를 준비하며 여러 분야에서 미래 전망을 기획했고, 저자는 전자정부의 미래 부분을 집필해

달라는 요청을 받았다. 따라서 이러한 전자정부의 미래와 행정이라는 제목으로 논문을 준비하면서, 이것을 확대하고 발전시켜 『미래정부론』을 출간하게 되었다.

이 책은 전자정부를 중심으로 하여 미래 정부를 논의하고 있다. 물론 미래 정부에서도 인사, 조직, 재무 및 정책 등 다양한 분야에서 큰 변화가 예상된다. 하지만 이러한 미래 정부를 변화시키는 원동력은 물론 다양한 정보통신기술의 도입과 활용일 것이다.

이제까지 미래 연구는 인구학, 사회학 등의 분야에서 저출산과 고령화 및 녹색성장 중심으로 논의되어 왔다. 따라서 행정학 분야에서는 미래 연구가 미흡한 실정이다. 물론 여러 선생님이 미래연구 방법론을 중심으로 미래 연구를 진행해 왔지만, 이제 행정학 분야에서도 다양한 각론의 차원에서 미래 연구가 진행될 필요성이 있다.

이 책은 크게 네 부분으로 이루어져 있다. 제1편에서는 우리 정부의 미래를 정보통신기술을 활용한 정부혁신의 관점에서 살펴보고, 스마트 사회에서 행정의 변화를 기술했다.

제2편에서는 우리 정부에 도입되고 있는 정보통신기술의 현황을 살펴보았다. 구체적으로는 유비쿼터스, 클라우드, 빅데이터 및 정보자원의 공동 활용과 통합 등의 최신 동향 및 활용을 기술했다.

제3편에서는 이에 대응하여 유비쿼터스정부, 모바일정부, 지능형정부 및 스마트정부의 미래 모습을 살펴보고, 구체적인 추진 전략 등을 기술했다.

제4편에서는 이러한 미래 정부를 준비하기 위한 법과 제도적인 정비 방안을 살펴보았으며, 구체적인 조직 개편 방안을 기술했다.

이 책을 쓰면서 고려대학교 사회학과의 김문조 교수님께 항상 고마운 마음을 지니고 있다. 김문조 선생님은 30년 전에 저자의 대학생활 때, 학과 교수님으로 강의를 들으면서 처음 뵙게 되었다. 이후 지금까지 한국 사회의 변동을 정보기술과 융합시켜 미래의 관점에서 분석해 오고 계시기 때문에, 후학들에게 늘 존경을 받고 있다.

또한 대영문화사의 임춘환 사장께도 고마운 마음을 전하고자 한다. 『미래정부론』이 대학의 행정학과에서 아직 강의가 개설되지 않은 미개척 분야임에도 불구하고, 시장성과 상관 없이 선뜻 출판을 결정해 준 용기에 감사드린다. 특히 지난 10여 년 동안 행정학 관련 학회들을 물심양면으로 지원해 주고 있기에 더더욱 고마운 마음을 전하고자 한다.

2012년 9월

경성대 연구실에서 정충식

(cschung@ks.ac.kr)

차 례

제 4 편 미래 정부를 위한 추진 과제들

부록 ICT 융합 시대의 거버넌스

P·a·r·t 01

정부의 변화

현대 사회의 가장 큰 특징 중 하나는 불확실성이다. 오늘날 전 세계적으로 그 폭과 깊이를 가늠할 수 없는 불확실성이 증대되면서 미래에 대한 불안감도 증폭되고 있다. 따라서 이러한 불확실성의 시대에 미래를 예측하고 준비한다는 것은 거의 불가능에 가까울 수 있다. 하지만 정부는 이러한 불확실한 미래에 대비해야 한다.

인터넷의 등장과 스마트폰의 활용, 확산으로 인한 정보기술 혁명이 한국 사회 발전의 패러다임에 혁명적 변화를 가져오고 있다. 따라서 이러한 급변하는 정보통신기술(Information & Communication Technology: ICT)의 융합 트렌드를 예측하여, 사회·경제적 파급 효과 등을 통합적인 관점에서 전망하고 전략을 수립하는 미래 연구의 필요성은 점차 확대되고 있다(김문조, 2010). 그 가운데서도 정부 분야의 변화 내용을 분석하여 미래의 정부 모습을 제대로 확립해야 한다.

그러므로 이 책에서는 정보통신기술이 행정에 도입되어 변화되는 모습을 중심으로 하여 미래 행정의 모습을 조망하고 이에 대비할 수 있는 정책을 제안해 보고자 한다. 이를 위해 제1편에서는 우리나라의 미래 모습을 스마트 정보사회에서 전자정부의 변화를 중심으로 살펴본다.

제 1 장 우리 정부의 미래

UN의 미래예측 보고서에 의하면, 2030년에는 정부보다 기업의 지배력이 세 배 정도나 커질 것으로 전망되고 있다(박영숙 외, 2008). 이러한 상황에 직면하여 정부도 끊임없이 혁신을 추구해야 한다. 이러한 정부혁신의 핵심은 정보기술의 도입과 활용이다. 우선 정부혁신의 필요성을 살펴보고, 우리나라의 미래 모습을 조망한 이후에 미래 연구의 현황을 알아보고자 한다.

제 1 절 정부혁신의 필요성

1 정부는 망하지 않는가?

저자가 어렸을 때의 일이다. 영국의 윔블던 테니스 대회에서 우승했던 스웨덴 국적의 선수가 상금에 대한 과다한 세금에 항의하여 국적을 스위스로 바꾼 적이 있었다. 그때 필자는 세금 때문에 국적을 바꾼다는 것은 말도 안 되는 것이라고 생각했었지만, 이제 비즈니스 세계에서는 페이퍼 컴퍼니 등 국적 세탁이 일상다반사가 되고 있다. 스포츠 분야도 마찬가지이다. 중국에서 귀화한 탁구선수가 우리나라 국가대표로 2012년 런던올림픽에 출전했다. 물론 다른 나라로 이민도 갈 수 있다. 하지만 일반인들에게는 아직까지 이러한 국가 간 이민이 거주 이전과 같이 일반화되기는 힘든 상황이다.

따라서 국민들은 자신이 태어난 나라의 정부 이외에 달리 선택할 대안을 가지지 못한다. 최근까지 많은 나라에서 정부의 부정부패나 무능 또는 부당한 대우에도 불구하고 국민들은 이를 수용해 왔다. 그러므로 이제까지 정부는 파산의 위험이 없고 망하지 않는 것으로 인식되었다. 이처럼 국민들이 복종하는 상황에서는 정부는 적극적인 노력 없이 손쉽게 자원을 동원하기 때문에 비용을 절감하거나 업무를 혁신하고자 하는 의미를 갖지 못한다. 이처럼 파산이나 비용 절감의 필요성을 느끼지 못하는 정부는 비능률과 역기능이 많이 나타날 수밖에 없었다.

그러나 이제 정보기술의 발전에 따라 이러한 개념이 흔들리게 되었다. 이제 더 이상 한 국가의 정부가 그 나라의 모든 부문에 영향력을 행사할 수 없는 상황에 직면하고 있다. 더구나 최근에 북아프리카와 중동 지역은 소셜 네트워크 서비스(Social Networking Service: SNS)를 통한 재스민 혁명[1)]에 의해 국가의 체제 기반이 바뀌고 있는 것이 현실이다.

결국 정보기술에 의한 사회 변화 패러다임에 적응하지 못하는 정부는 망할 수밖에 없는 상황에 직면할 것이다. 그러므로 이제까지 기업은 망해도 정부는 망하지 않는 것으로 인식되어 왔으나, 앞으로는 더 많은 나라에서 훨씬 더 자주 정부가 망하는 모습을 보게 될 것이다. 즉, 산업사회에 적합한 정부 형태로는 다가온 스마트 정보기술의 정보사회에서 견딜 수 없는 상황이 되었다. 따라서 모든 나라에서 정보기술을 활용하여 행정혁신을 이룩해 내려고 시도하는 이유가 여기에 있는 것이다. 이러한 정보기술을 활용한 행정혁신은 전자정부의 구현으로 집약된다.

우리 정부도 지난 10년간 전자정부를 구현하기 위해 다양한 노력을 기울여 왔다. 따라서 우리나라는 UN이 2년마다 발표하는 세계 전자정부 평가에서 2010년과 2012

---

1) 튀니지 혁명(아랍어: الثورة التونسية)은 2010년부터 2011년에 걸쳐 튀니지에서 일어난 혁명이다. 튀니지의 나라 꽃인 재스민에 빗대어 재스민 혁명(Jasmine Revolution)으로도 불린다. 혁명의 결과로 1987년부터 튀니지에서 집권한 제인 엘아비디네 벤 알리 대통령이 24년 만에 대통령직을 사퇴하고 사우디아라비아로 망명했다. 이 민주화운동은 튀니지에 머무르지 않고 이집트, 리비아 등 다른 아랍 국가에도 확대되어 이집트의 호스니 무바라크 정권을 무너뜨렸으며 각국에서 장기 독재 정권에 대한 국민의 불만과 결부되어 수많은 정변과 정치개혁을 일으켰다.

년 연속하여 세계 1등을 차지했다(UN, 2010; 2012).

이러한 전자정부의 구현으로 인해 오늘날 정부의 모습과 역할은 급속하게 변화하고 있다. 이것은 물론 스마트폰의 등장 및 급속한 정보기술의 발전에 기인한 것이다. 이러한 관점에서 정보기술을 활용한 행정혁신 분야에서는 web3.0 시대에 대응하여 정부3.0의 용어까지 출현하고 있다. 따라서 현재 정부의 민원행정 서비스는 스마트폰을 통한 모바일 서비스 및 스스로 알아서 해결해 주는 맞춤형 서비스를 지향하고 있다.

저자는 1997년에 『전자정부론』 책을 집필하면서, 다가올 미래에는 정부 부문을 포함하여 우리나라의 모든 분야가 큰 변화의 물결에 휩싸이게 될 것이라고 전망했다. 하지만 저자 자신도 대한민국이 세계에서 가장 전자정부(전자적 민원행정 서비스 부문)가 고도화된 국가로 평가받게 될지는 알지 못했다. 이것은 대한민국의 특유한 정서, 즉 '빨리빨리'라고 하는 문화가 디지털과 접목되면서 나타난 현상이라고 생각한다.

이처럼 정보기술은 사회 각 분야를 혁신하는 수단인 동시에 미래 새로운 정부의 모습을 창출해 낼 수 있는 가장 큰 기반이다. 이러한 정보기술이 가진 특성을 잘 활용하면 전자적인 민원행정 서비스의 고도화는 물론 새로운 미래 정부의 국정 운영방식 전반을 효과적으로 재설계할 수 있게 된다. 따라서 우선 정보기술을 활용한 행정혁신의 내용을 구체적으로 살펴보고자 한다.

2 정부혁신의 필요성

오늘날 우리 정부는 지속되는 세계 경제위기 속에서 국가경쟁력을 높여야 하며 또한 점증하는 시민들의 요구 속에서 시민생활의 질을 개선해야 하는 과업에 직면해 있다. 물론 이러한 일들이 수행되기 위해서는 사회의 모든 부문이 협동해야 하지만 그 중에서도 특히 정부의 역할이 중요하다. 더구나 현재 우리 정부에 대한 대부분의 평가는 비능률과 비리가 많은 것처럼 비추어지기도 한다. 따라서 이러한 정부의 비능률에 대한 시민들의 비판을 정보기술을 활용한 행정혁신을 통해 잠재워야 한다(이하 정충식, 2012: 569-571의 수정).

1) 공공 부문 혁신의 미흡

오늘날 공공행정의 대국민 서비스에서 주요 장애 요인으로는 복잡성, 경직성, 접근곤란성, 지체성, 불친절성 및 비효율성 등을 들 수 있다. 이러한 이유로 인해 공공 서비스는 민간 부문의 서비스에 비해 그 질이 낮다고 평가되고 있다. 이러한 민간과 공공 서비스의 질적인 차이의 원인으로서는 여러 가지 요인이 있을 수 있으나, 그 중에서 가장 중요한 것은 민간 부문에서는 고객 서비스를 위해 정보기술을 적극적으로 사용해 왔으며, 그 결과 신축적이며 접근이 용이하고, 편리하며 신속하고 효율적인 정보의 제공이 가능하게 되었다는 점이다. 그러나 공공 서비스 분야에서 정보기술의 활용은 아직까지는 광범위하게 도입되고 있지 않은 실정이다.

역사적으로 볼 때, 세계 여러 나라 정부는 행정개혁을 통해 작고 효율적인 정부를 구현하기 위한 노력을 무수히 기울여 왔다. 그러나 그 노력에 비해 정부의 규모는 더욱 확대되었고, 비능률도 지속되었다. 이는 대부분의 행정개혁이 장기적인 비전을 제시하지 못하고, 사회의 전반적인 변화를 주도하는 기술 지원 없이, 정권 유지의 차원에서 정치적인 필요에 따라 단편적이고 임기응변적인 기구의 조정 또는 인원 감축 등을 내용으로 전개되었기 때문이다. 일시적 · 전시적인 성격이 농후한 개혁은 그 성과도 미미할 뿐 아니라 국민의 정부에 대한 부정적 이미지를 강화시켜 정부와 국민 사이의 불신감만 더욱 깊게 만들 수 있다.

2) 정부실패의 가능성

정부는 어떠한 형태의 조직보다 사업 집행에 필요한 물적 · 인적 자원을 동원하는 데 큰 어려움을 겪지 않는다. 일단 정부가 법령을 제정하여 집행하면 국민은 복종하게 되어 있기 때문에 정부의 입장에서는 노력하지 않고 인적 · 물적 자원을 손쉽게 동원할 수 있다. 그렇기 때문에 자원의 수집에 적극적이지 않고 오히려 수동적이다. 그러나 반대로 국민의 입장에서 보면 국민들은 실제 행정 과정에서 별다른 선택의 대안을 가지지 못하기 때문에 정부의 안일한 태도나 부당한 대우에도 불구하고 이를 수용할 수밖에 없는 실정이다.

국민들이 현재의 정부 이외에 선택할 대안이 없다는 것은 정부는 파산 위험이 없다는 것을 뜻한다. 또한 필요하다면 적극적인 노력 없이도 비교적 쉽게 자원을 동원해 사용할 수 있다는 것은, 비용을 절감할 이유를 절실하게 느끼지 못한다는 것을 의미한다. 이처럼 파산이나 생산비용 절감의 필요성을 느끼지 않는 정부조직은 비능률과 역기능이 가장 많이 나타나는 조직이 될 가능성이 크며, 이것이 정부 부문에서 개혁이 절실하게 이루어져야 하는 이유이다.

또한 정부조직은 변화에 느리게 반응하는 조직 중 하나이다. 정부조직의 외부 환경은 크게 변화했지만 조직 내부에는 여전히 산업사회의 관료제적인 타성이 남아 있어 변화의 장애가 되고 있을 뿐만 아니라 정부의 경쟁력 제고에도 도움이 되지 못한다. 또한 과거와는 다른 형태의 질적 서비스를 바라는 국민의 요구를 제대로 감지하지 못하고 있다. 국민이 무엇을 원하는지, 국민이 어떠한 서비스를 필요로 하는지, 정부가 국민에게 양질의 서비스를 제공하기 위해 어떤 일을 수행해야 하는지를 파악하지 못하는 것이다. 환경이 변한 만큼 지금까지 경직적이고 변화에 무감각했던 정부도 그 변화한 환경에서 살아남기 위해서는 더 이상 변화의 흐름에서 예외일 수는 없다. 그러므로 정부 부문에서도 과거와는 다른 혁신을 이룩하여 새로운 환경에 적응해야 할 필요가 있다.

3 정보기술을 활용한 행정혁신

정부조직은 앞에서 살펴본 바와 같이, 소위 말하는 파산 위험이나 효율화, 능률화의 유인이 적고, 변화에 대한 반응성이 다른 유형의 조직에 비해 크게 떨어져, 진정한 의미의 정부혁신을 이루지 못하고 있다. 따라서 앞으로 이런 문제를 해결하기 위한 구체적인 전략을 수립해야 한다. 즉, 변화된 환경에 적응하고, 작고 효율적인 정부로 변화하기 위한 진정한 혁신작업이 필요한 것이다.

혁신작업은 기존의 정부개혁 모습과는 다르게 전개되어야 한다. 이를 위해 요청되는 기술이 바로 정보기술이다. 정보기술은 현재의 정부가 가지고 있는 여러 가지 문제를 그 어떤 수단이나 방법보다도 가장 효과적으로 해결할 수 있는 기술이다. 따라서 정보기술과 정부의 혁신을 효과적으로 연결시키면 정부 부문의 내부적 행정효율성을 제고하고 대국민 서비스에 충실할 수 있는 고객 지향적인 전자정부로의 변화를 가져올 수 있다.

최근에야 비로소 정보기술은 정보화의 기반 구조로서 행정 부문의 활동과 깊은 연관을 맺으며 다양한 영향을 미치고 있다. 정보기술의 발전은 정보의 전달, 처리, 유통, 축적을 획기적으로 증대시킴으로써 행정 기능의 새로운 변혁을 가능하게 해주며, 새로운 행정 패러다임의 창출을 가속화시키고 있다. 정보기술의 혁신은 행정 서비스의 고도화를 실현하게 해주며, 이는 기존의 단순 반복적인 정형화된 업무 처리뿐만 아니라 고도의 창의적인 업무에도 정보기술이 적용될 수 있음을 의미한다.

제 2 절 대한민국의 미래 모습

현재 우리나라에서 미래 정부의 모습을 조망한 내용들은 별로 없다. 다만 지난 참여정부와 현재 이명박 정부가 미래의 우리나라를 전망해서 발표한 국가발전 전략 보고서들이 존재한다. 따라서 이러한 내용을 중심으로 2030년과 2040년의 우리나라 모습을 조망해 보면 다음과 같다.

1 참여정부의 비전 2030 내용

1) 추진 경위

2006년 8월 30일, 당시 기획예산처 장관은 노무현 대통령이 주재한 '비전 2030 보고회의'에서, "한국이 2010년대에 선진국에 진입하고 2020년대에 세계 일류 국가로 도약해 2030년에는 '삶의 질' 세계 10위에 오른다"는 내용의 「비전 2030: 함께 가는 희망 한국」이란 보고서를 발표했다(기획예산처, 2006).

추진 배경에는 우리 사회가 직면한 저출산·고령화, 저성장, 양극화 등 장기·구조적인 도전 요인들에 대응하기 위해 종합적·체계적 접근이 필요하다는 인식이 자리잡고 있었다. 이 당시에는 한 세대 앞을 내다보는 장기 비전과 전략을 수립하기 위해 국민적 역량을 결집하고 사회 통합을 추진할 필요성이 커지는 시점이었다.

특히 잠재성장률 하락 등 장기적 문제가 대두되면서 참여정부 출범 이후에 미래 문제에 대한 논의가 본격화되었다. 따라서 '비전 2030'은 당시 기획예산처를 중심으로 민간 전문가 의견 수렴, 설문조사, 시민사회단체 협의 등 1년 이상의 작업 기간을 거쳐 정부·민간 합동작업단이 작성·발표한 최초의 '국가장기종합미래전략' 보고서이다.

2) 비전 2030의 내용

'비전 2030'의 주요 골자는 복지 지출 증가 및 제도 혁신을 통해 2030년까지 1인당 국민소득 4만 9,000달러, 삶의 질 세계 10위, GDP 대비 복지 지출 규모 21%(2005

그림 1-1 비전 2030의 목표와 전략

자료: 기획예산처(2006: 41).

년 당시 8.6%) 달성을 이룬다는 것이다. '비전 2030'은 [그림 1-1]과 같이 "함께 가는 희망 한국"이라는 비전을 설정하고 3대 목표와 5대 전략으로 구성되어 있다.

'비전 2030'의 3대 목표는 ① 혁신적이고 활력 있는 경제, ② 안전하고 기회가 보장되는 사회, ③ 안정되고 품격 있는 국가이다. 이를 달성하기 위한 5대 전략은 ① 성장동력 확충, ② 인적 자원 고도화, ③ 사회복지 선진화, ④ 사회적 자본 확충, ⑤ 능동적 세계화이다.

'비전 2030'은 구체적인 재정 계획에 따라 작성한 복지 투자 중심의 중장기 국가발전전략으로, 성장과 복지의 선순환 구조가 정착되어 지속 가능한 발전을 이루는 국가를 위한 첫걸음이라고 평가할 수 있다. 그러나 발표 직후부터 '비전 2030'은 '세금 폭탄'이라는 비판에 직면했다. 이 계획은 당시 언론과 야당으로부터 '허황된 미래상', '공허한 청사진'이라는 등의 비난을 받았다. 특히 보고서에서 1,100조에 이르는 재원 마련을 위한 방법을 제시하지 않았기 때문에, 언론에서는 "정부가 용역 비용 10억 원을 들여 '천국'을 그렸지만 그곳에 가는 방법과 길은 제시돼 있지 않다"고 비판했다.

그러나 '비전 2030'이 제시한 2030년 1인당 GDP(4만 9,000달러)는 2005년 스위스 수준이다. 삶의 질 순위(세계 10위)는 2005년 미국 수준이다. 이를 위해 복지 지출 규모를 2019년에 2001년 미국 수준인 15%, 2024년에 2001년 일본 수준인 17%에 도달시키겠다는 것이었다. 그리고 2030년에 2001년 OECD 평균 수준인 21% 수준으로 증가시키겠다는 것이었다.

이러한 내용들은 당시에는 현실성 없다는 지적을 받았으나, 일부 정책들은 최근에 여야를 막론하고 선거 공약으로 내세우고 있다. 이명박 대통령은 2007년 대선에서 무상 보육, 반값 등록금을 공약했으며, 야당도 2010년 지방선거에서 학교 무상 급식 공약 및 무상 의료 등 무상 정책들을 제시했다. 특히 현재 여권의 대선 후보는 2011년부터 한국형 복지를 주장하면서, 비전 2030의 핵심 내용인 '생애주기별 맞춤형 복지'를 그대로 공약에 포함시키고 있다.

2 이명박 정부의 미래비전 2040 내용

이명박 정부는 출범 직후인 2008년 8월 '비전 2030'을 공식 폐기한 뒤, 2010년 6월에 미래기획위원회를 통해 '미래비전 2040'을 발표했다. '미래비전 2040'은 2040년 1인당 GDP 6만 달러 달성과 세계 10대 경제대국 도약이 핵심이다.

1) 추진 경위

대통령 직속 미래기획위원회는 2010년 6월 11일, 청와대에서 이명박 대통령 주재로 '제7차 미래기획위원회'를 열고, 미래 변화에 대응한 국가 비전과 주요 분야별 대응전략을 담은 '미래비전 2040'을 보고했다(미래기획위원회, 2010). 한국개발원(KDI)이 총괄 보고를, 과학기술기획평가원과 국토연구원이 각각 '과학기술 비전'과 '국토 비전'을 담당했다. '미래비전 2040'은 2008년 발생한 세계적인 금융위기를 극복하면서, 저출산과 고령화에 대응하기 위해 준비되었다. 따라서 시장 제도 개선, 산업구조 고도화 및 국가 채무 관리 등을 중점적으로 다루고 있다. 또한 2008년 8월 15일, 이명박 대통령이 광복절 경축사에서 '저탄소 녹색성장'을 미래 비전의 한 축으로 선포했기 때문에, 이러한 글로벌 차원의 환경 변화 및 우리의 현재 모습을 직시하여 미래 전략의 방향을 더욱 구체화시켰다.

특히 '미래비전 2040'은 글로벌 메가트렌드에 대응하여 다음과 같은 5대 분야를 배경으로 하고 있다. ① 인구구조 변화: 인구 변화에 대응한 지속 가능한 복지 체제 구축, 글로벌 인력 수급이 가능한 이민정책 및 사회환경 조성, ② 기술 변화: 기술-산업 융합·성장 생태계 조성, 새로운 인재 양성 및 교육 체제 혁신, ③ 환경·자원 문제: 지속 가능한 사회경제 체제로 전환, 자원·에너지의 안정적 확보, 국제 공조·자원 협력 강화, ④ 세계 경제: 시장 제도·생활 여건 개선, 산업구조 전환, 신흥국과의 실용 외교 강화, 위험·위기관리 체제, 국제 공조 강화, ⑤ 정치환경: 정부 역할 재정립 등 새로운 국가 거버넌스, 유능한 정부, 성숙한 시민사회를 위한 사회적 자본의 확충 등에 대응하여 '미래비전 2040'을 준비했다.

2) 미래비전 2040의 내용

'미래비전 2040'에 따르면 2040년 우리나라의 1인당 GDP는 6만 달러로 2009년 세계 41위권에서 23위로 뛰어오르게 된다. 전체 경제 규모는 12위에서 10위로 상승하며 명실상부한 G10 국가로 자리 잡는다.

‘미래비전 2040’은 [그림 1-2]와 같이 ‘더 큰 대한민국’이라는 비전을 설정하고 3대 목표와 7대 전략으로 구성되어 있다. ‘미래비전 2040’의 3대 목표는 ① 선진국가, ② 통합국가, ③ 세계국가이다. 이를 달성하기 위한 7대 전략은 ① 유연하고 혁신적인 시장경제, ② 성장을 견인하는 과학기술, ③ 창의적 글로벌 인재, ④ 지속 가능한 능동적 복지, ⑤ 포용과 배려의 개방사회, ⑥ 통합과 균형의 국가 거버넌스, ⑦ 평화와 공영의 국제적 리더십 등이다.

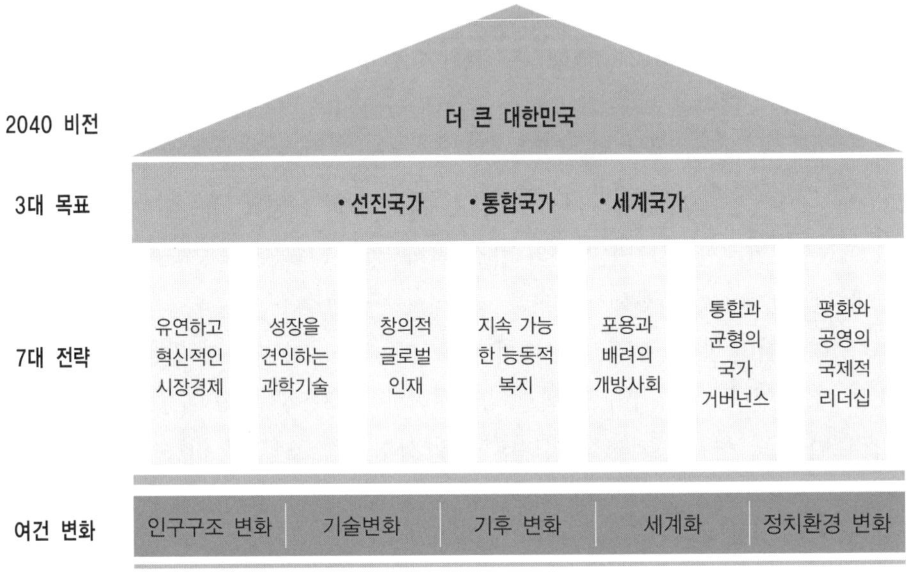

그림 1-2 미래비전 2040의 종합 체계도

자료: 미래기획위원회(2010: 24).

‘미래비전 2040’의 7대 전략을 간략하게 살펴보면 다음과 같다.

(1) 유연하고 혁신적인 시장경제(flexible, innovative market economy)

민간의 자율과 창의를 극대화하는 시장 중심으로 경제를 운용한다. 이를 위해 투자환경 개선, 감세 등 시장 기능을 강화하고, 공정 경쟁을 유도하며, 유연한 노동시장을 조성한다.

규제 · 감독 체계 및 기업 · 금융 법제 등 시장 인프라 정비작업을 지속적으로 추진한다. 이를 위해 장기적으로 기술 발전에 따라 현재의 기업조직, 시장조직 등도 획기적으로 변모시키고, 민간의 창의성과 효율성 극대화를 유도할 수 있는 방향으로 시장 인프라를 정비한다.

또한 내부 지향적 보호주의를 지양하고, 개방과 자유화로 세계화에 대응한다. 이를 위해 새로운 기술을 유인하는 경쟁적 생산시장, 혁신을 장려하는 개방경제 체제를 유지한다.

(2) 성장을 견인하는 과학기술(growth-enhancing science & technology)

기술 벤처 등 시장 기제 및 지식재산권 · 표준 등 기술 인프라를 강화한다. 이를 위해 기술시장과 기술금융을 활성화하고, 국제 표준 및 지식재산권 역량을 강화한다.

창의성 · 수월성 중심의 연구개발 체제로 개편한다. 이를 위해 기초, 원천 연구 투자를 확대하고, 도전적이고 모험적인 연구와 다학제적 연구 지원을 강화한다. 또한 연구자의 자율성과 창의성이 존중되는 '인재 위주'의 연구관리 제도로 혁신시킨다.

국가적 문제와 글로벌 과제 해결을 위한 과학기술 투자를 확대한다. 이를 위해 식량, 환경, 지구 온난화, 에너지 등 지속 발전 기반에 대한 과학기술적 대응을 강화한다.

(3) 창의적 글로벌 인재(creative, global human resources)

입시 중심의 획일적 교육을 혁파하고, 창의성 중심의 학습환경을 조성한다. 구체적으로는 뽑는 시스템에서 키우는 시스템으로, 무엇을 아는 것보다 무엇을 할 수 있는가의 역량을 키우는 학습 시스템으로 전환한다.

세계 최고 수준의 대학을 육성, 고등교육의 다양화 · 글로벌화를 추구한다. 구체적으로는 유학 가는 나라에서 유학 오는 나라로, 브레인 순환을 통한 해외 인력을 활용한다.

교육 개방 및 미래 한국의 성장 동력으로 교육산업을 육성한다. 이를 위해 온라인과 오프라인, 로컬(local)과 글로벌(global), 학교와 학교 밖 등 교육 시스템을 전면 개방하고, 직업교육과 훈련, 성인학습 프로그램 등 교육과 산업의 접목을 추구한다.

(4) 지속 가능한 능동적 복지(sustainable, active welfare)

지속 가능한 복지 체제를 구축한다. 이를 위해 단기적으로는 실업률·빈곤율 변화에, 중장기적으로는 계층·인구 구조 변화에 대응할 수 있는 사회보장 제도가 필요하다.

중산층 복원 및 근로빈곤층 지원 대책을 강화한다. 빈곤의 대물림과 소득 양극화 문제는 반드시 해결해야 할 과제이다. 따라서 근로빈곤층 문제 해결을 위해 소득 보장·취업 지원·복지 서비스 연계를 축으로 하는 근로 연계 복지정책을 강화한다.

사회 서비스를 확충한다. 이를 위해 재정 투입 중심의 사회 서비스 공급 전략에서 벗어나 시장 형성을 촉진할 수 있는 제도를 도입한다. 고용·복지전달 체계를 통합한다. 구체적으로는 소득 보장 체계와 취업 지원 서비스를 연계하는 전달 체계를 구축한다.

(5) 포용과 배려의 개방사회(tolerant, empathic open society)

다양성과 호혜적 개방성을 갖춘 열린 문화를 조성한다. 이를 위해 국민 모두 문화를 통해 좀 더 창의적이고 여유로운 삶을 영위할 수 있는 환경을 조성하고, 공공문화 전달 체계 활성화 및 콘텐츠산업 생태계 조성을 추진한다.

다민족·다문화에 대한 수용과 사회 통합을 실현한다. 구체적으로는 결혼이주 여성 능력 개발, 이주민 세대 사회 통합, 외국인력 차별 철폐를 시행하고, 성·연령·장애에 관계 없이 평등한 기회를 부여하고 처우를 보장한다.

일과 삶이 양립할 수 있는 기반을 구축한다. 이를 위해 유연근로 제도, 가족친화적인 복지·노동 인프라를 확대한다. 또한 정부·공공 부문 인력다양화, 국가정책에 성인지적 관점 통합 등 고학력 여성 인력의 효과적 활용을 추진한다.

(6) 통합과 균형의 국가 거버넌스(integrated, balanced national governance)

시장·민간·정부 간 국가 기능을 합리적으로 재편한다. 구체적으로는 정부의 시장 개입은 최소화되고, 공공 서비스 제공에도 민간의 창의적 기제를 활용하도록 한다. 또한 성숙한 시민사회를 위한 사회적 자본을 확충한다.

통합적 위기관리 등 정부의 정책 역량을 강화한다. 이를 위해 미래 위기에 대응할 수 있는 정부의 역량을 배양하고, 사회·경제 환경 변화에 부응하는 공무원의 전문성을 강화한다.

개방화·분권화·참여 확대 등 행정 쇄신을 추구한다. 특히 지역의 문제를 스스로 책임지고 해결해 나가도록 행정·교육 체제를 재편한다.

(7) 평화와 공영의 국제적 리더십(international leadership for world peace & prosperity)

능동적 세계화로 국제 관계에 새로운 리더십을 실현한다. 특히 녹색성장 전략으로 기후·환경 문제에 선제적으로 대응하고, 글로벌 과제에 적극적으로 참여한다. 또한 문화적·인종적 다양성이 수용되는 개방정책을 추구하고, 이를 통해 글로벌 인재를 활용한다.

ODA 등 국제사회에의 기여 활동을 확대하고, 문화·자원 등 외교 역량을 강화한다. 특히 UN 평화 유지 활동 참여 확대, 개도국과의 발전 경험 공유 등 국제사회에서 적극적인 역할을 수행한다.

동북아 정치·경제 체제의 재구조화에 대응하고, 한반도 상생 발전의 기반을 조성한다. 구체적으로는 동북아 경제 통합과 중국의 체제 변화 등 역내 정치경제 변화에 선제적으로 대비한다. 또한 남북한 경제력 격차 축소, 한반도 경쟁력 차원의 중장기 비전을 마련하여 경제 협력을 지속적으로 추진한다.

'미래비전 2040'은 이러한 7대 전략을 통해 다양한 청사진을 제시했다. 2040년 한반도는 국토 전체가 하나의 국제경제자유구역으로 변모하면서 대륙횡단철도와 국제항만, 국제공항을 잇는 세계적 기종점으로 부각될 것으로 전망됐다. 특히 새만금은 미래 첨단산업의 세계적 중추 거점으로 정착하고, 인천공항은 연간 여객량이 1억 5,000만 명 이상으로 증가할 것으로 예상되었다. 시속 700㎞의 초고속 자기 부상열차로 전국이 1시간 생활권으로 바뀌고, 주택보급률은 120%, 외국인 체류자 수는 350만 명으로 늘어날 것으로 예측되었다.

특히 복수 국적 허용과 해외 우수 인력 유치, 이민과 여성 인력 활용 등 노동 투입을 경제협력개발기구(OECD) 수준으로 확대할 경우, 실질 GDP 성장률이 0.6%포인트가량 확대될 수 있을 것으로 예측했다. 다만 복지 지출을 중심으로 재정 규모가 증가하는 현 추세가 지속될 경우, 연금과 건강보험, 보육 지원, 실업급여 등 공공사회지출 규모가 급격히 늘어나, GDP 대비 2013년 8.9%에서 2040년에는 17.7%까지 높아질 것으로 분석했다.

이러한 '미래비전 2040'은 재정전략이 없다는 비판을 받고 있다. 전문가들은 "복지 부문을 중심으로 재정 지출이 꾸준히 늘어나면서 국가 채무 또는 세금의 증가는 불가피하다"면서 "국가 채무를 무작정 늘릴 수는 없다는 점에서 사실상 '증세의 불가피성'만을 시사하고 있다"고 지적한다. '미래비전 2040'은 복수 국적 허용, 이민 허용 등에서 확인할 수 있듯이 성장 동력을 끌어올리는 데 초점을 맞추고 있지만, 국내총생산 대비 복지 지출 비전은 담겨 있지 않다. 그러므로 많은 전문가가 '미래비전 2040'이 '성장'에 방점을 찍고 있기 때문에 '복지'가 빠져 있고, '복지'설계가 없기 때문에 '장기 재정전략'의 필요성도 인지하지 못한다고 지적하고 있다.

제 3 절 최근의 ICT 국가경쟁력 하락

2030년이든 2040년이든 상관없이 대한민국의 미래가 밝기 위해서는 신성장 동력을 바탕으로 국가경쟁력이 향상되어야 한다. 이러한 국가 발전을 위한 미래 신성장 동력들 가운데 가장 주목받는 분야가 ICT이다. 하지만 현재 우리나라의 ICT산업은 기로에 놓여 있다.

이명박 정부는 지난 국민의 정부 및 참여정부를 묶어서 잃어버린 10년이라고 표현했다. 따라서 전임 정부들과 차별화 전략을 구사하는 과정에서, 그리고 정보화 및 전자정부의 분야에 대한 투자는 포화 상태가 아니냐는 의견에 따라서 정보화 분야에 대한 예산 배정을 삭감했다.

물론 그 배경에는 정보통신부를 해체하고 그 기능을 네 개의 부처로 이전했기 때문에 ICT 주무부처가 사라진 것이 크게 작용했다. 비판적인 사람들은 4대강 사업에 투자하기 위해 의도적으로 정보화 예산을 삭감했다고 주장하기도 한다. 아무튼 그 결과로 최근 ICT 분야의 국제 순위는 하락하는 모습을 보여 주고 있다. 이러한 내용을 간략하게 정리하면 다음과 같다(이하 최천근, 2012: 705-710의 요약 및 수정).

1 ICT 관련 국제지수 현황

정보통신산업과 관련한 국제정보화지수는 유엔(UN), 국제통신연합(International

Telecommunication Union: ITU), 세계경제포럼(World Economic Forum: WEF), 이코노믹 인텔리전스 유닛(Economic Intelligence Unit: EIU), 국제경영개발원(International Institute for Management Development: IMD) 등의 기관에서 평가 목적에 따라 각기 다른 방법으로 지표를 구성하고 정기적으로 평가하여 그 결과를

표 1-1 우리나라의 국가정보화 관련 주요 국제지수 순위

지수명 (작성기관)	우리나라 순위(조상 대상 국가 수)											출처
	2002	2003	2004	2005	2006	2007	2008	2009	2010	2011	2012	
전자정부 발전지수 (UN)	15 (190)	13 (191)	5 (191)	5 (191)	–	–	6 (192)	–	1 (192)	–	1 (198)	United Nations E-Govemment Surey (2002–2012)
온라인 참여지수 (UN)	–	12 (191)	6 (191)	4 (191)	–	–	2 (192)	–	1 (192)	–	1 (198)	United Nations E-Govemment Survey (2002–2012)
정보통신발전지수 (ITU)	3 (154)	–	–	–	–	2 (154)	3 (155)	–	1 (152)	–	–	ITU, Measuring the Information Society (2007–2011)
네트워크 준비지수 (WEF)	20 (75)	14 (82)	20 (102)	24 (104)	14 (115)	19 (122)	9 (127)	11 (134)	15 (133)	10 (138)	12 (142)	WEF, The Networked Readiness Index 2012
국가경쟁력지수 중 기술준비도 부분 (WEF)	19 (80)	11 (102)	18 (104)	11 (117)	12 (125)	7 (131)	13 (134)	15 (133)	19 (139)	18 (142)	–	WEF, The Global Competitiveness Report (2011–2012)
국가경쟁력지수 중 기술 인프라 부분 (IMD)	17 (49)	24 (51)	8 (51)	2 (53)	6 (55)	6 (55)	14 (55)	14 (57)	18 (58)	14 (59)	–	IMD, The World Competitiveness Yearbook (2012)
디지털경제지수 e-비즈니스 준비도 (EIU)	21 (60)	16 (60)	14 (64)	18 (65)	18 (68)	16 (69)	15 (70)	19 (70)	13 (70)	–	–	EIU, Digtal Economy Rankings 2010: Beyond 3-readiness(2010)
IT산업 경쟁력지수 (EIU)	–	–	–	–	–	3 (64)	8 (66)	16 (66)	–	19 (66)	–	EIU,Business Software Alliance(2011)

자료: 최천근(2012: 706).

1) ITU(International Telecommunication Union): 국제전기통신연합, UN 산하 정보통신 전문기구

2) WEF(World Economic Forum): 세계경제포럼, 일명 다보스 포럼

3) IMD(International Institute for Management Development): 스위스 국제경영개발원

4) EIU(The Economist Intelligence Unit): The Economist 그룹 산하 컨설팅 기관

공표하고 있다.

기관별로 살펴보면, UN에서는 '전자정부발전지수(e-Government Development Index: EGDI)'와 '온라인 참여지수(Online Service Index: OSI)'를 활용하여 평가하고 있다. ITU에서는 '정보통신발전지수(ICT Development Index: IDI)를 활용하고 있으며, WEF에서는 '네트워크 준비지수(The Network Readiness Index: NRI)와 국가경쟁력지수(The Global Competitiveness Index: GCI)의 하위 지수 중 하나로 기술준비도 부분(Technological Readiness)을 개발하여 활용하고 있다. EIU에서는 디지털 경제지수(Digital Economy Index: DEI)와 IT산업경쟁력지수(IT Industry Competitiveness Index)를 활용하고 있으며, IMD에서는 국가경쟁력지수(World Competitiveness Index) 중 기술 인프라 부분(Infrastructure)을 활용하고 있다. 각각의 지수와 우리나라에 대한 평가 결과는 <표 1-1>과 같이 종합해 볼 수 있다.

1) UN 전자정부 발전지수

UN의 전자정부 발전지수는 UN경제사회처(Department of Economic and Social Affairs)에서 세계의 전자정부 수준을 평가하기 위한 노력의 일환으로 전자정부 관련 웹의 수준과 ICT 인프라, 인적 자본 등의 측정을 통해 전자정부의 역량과 의지를 평가하는 것이다. <표 1-1>에서 보는 바와 같이, 우리나라는 2002년 전체 190개 국가 중에서 15위에 그쳤으나, 2004년 5위로 상승하고, 2010년에는 전체 192개국 중에서 1위로 평가되었으며, 최근 2012년 평가에서도 1위를 계속 유지하고 있다.

이명박 정부는 2010년 UN의 전자정부 발전지수에서 1위를 차지하자 보도자료를 배포하면서 그동안의 ICT홀대론이 잘못되었고, 이명박 정부가 ICT에 투자한 노력이 국제적으로 입증되었다고 주장했다. 그러나 2010년 UN의 전자정부 평가는 2008년의 자료를 가지고 2009년에 평가한 것이기 때문에, UN에 제출된 자료들은 모두 지난 참여정부에서 이루어낸 결과물이었다.

전자정부의 사업들은 그 투자 대비 효과가 2, 3년이 지나야 나타나게 된다. 따라서 행정의 시차적 접근법에 의하면 UN 전자정부 세계 1위는 모두 참여정부의 공으로 간주되어야 한다.

2) UN의 온라인 참여지수

UN의 전자정부 발전지수와 마찬가지로 UN경제사회처에서 개별 국가의 국민들이 온라인 서비스를 통해 공공정책의 의사결정에 얼마나 용이하게 참여할 수 있는가를 측정하는 지수이다. 좀 더 구체적으로 살펴보면, 온라인 참여지수는 정부기관 웹사이트별로 온라인 정보 제공, 온라인 정책 참여, 온라인 의사결정과 관련된 서비스 제공 정도를 측정해 평가하고 있다.

우리나라는 2003년 평가에서 전체 191개국 중 12위를 차지한 이후, 2005년 평가에서 4위를 차지하고, 2008년 평가에서는 2위를, 급기야 2010년 평가에서는 전체 평가 대상 국가 중에서 1위를 차지했으며, 최근 2012년에도 1위로 평가되는 등 좋은 성적을 보이고 있다.

이 성적 역시도 발전지수와 마찬가지로 지난 참여정부의 공이다. 특히 참여정부는 참여정부라는 이름에 걸맞게 온라인 국민 참여 포털 사업을 추진하여 정부의 정책 결정에 국민들이 참여할 수 있는 기반을 마련했다.

3) ITU의 정보통신 발전지수

ITU의 정보통신 발전지수(ITDI)는 전 세계 국가의 정보통신기술에서 발전의 정도를 비교하고 점검하기 위해 측정하는데, 11개의 하위 지표를 종합하여 생성된 종합지수이다.

정보통신 발전지수는 2008년도에 ITU에 의해 개발되었고, ITU에서 발간하는 『*Measuring the Information Society*』(2009)라는 책에서 처음으로 발표되었다. 정보통신 발전지수는 ICT 접근 정도(Readiness), ICT 이용정보(Use), ICT 활용 능력(capabilitiy) 등 3개 부분으로 구성되어 있다. 연혁적으로 살펴보면, ITU에서는 2003년에 정보통신 발전지수(ITDI)의 전신이라 할 수 있는 디지털 접근지수(Digital Access Index: DAI)를 만들었는데, 이는 전 세계 국가의 국민들이 정보통신기술에 대한 접근과 사용에 대한 전반적인 능력을 측정하는 것이었다. 또한 2005년에는 ITU와 Oribicom이 DAI를 'Inforstate Index(WSIS 2003)'와 통합하여 정보통신 기회지수(ICT-OI)를 만들었다.

우리나라는 2002년 디지털 접근지수에서 전 세계 153개 국가 중에서 3위를 차지했고, 2007년에는 정보통신 기회지수에서 전 세계 154개 국가 중 2위를 차지했으며, 2008년에는 정보통신 발전지수에서 전 세계 159개국 중 3위를 차지했고, 급기야 2010년에 152개국 중에서 1위를 차지했다.

4) WEF의 네트워크 준비지수

WEF의 네트워크 준비지수(NRI)는 프랑스의 INSEAD와 공동으로 정보통신기술에 의해 제공되는 기회를 얼마나 잘 활용하고 있는지에 대해 측정한 것으로 2002년부터 매년 전 세계 국가를 대상으로 평가하여 발표하고 있다. NRI는 국가에 의해 제공되는 정보통신기술의 환경적 요소들 즉 시장, 정치적 그리고 규제적 환경, 사회 기반 시설과 국가의 주요 구성원들의 정보통신기술의 활용에 대한 준비 정도, 그리고 주요 구성원들 사이의 정보통신기술 활용도 등 3개 부분의 71개 지표로 구성되어 있다. WEF는 『*Global Information Technology Report*』라는 책자를 통해 평가 결과를 매년 발표한다.

우리나라는 2002년 75개국 중에서 20위를 차지한 이후 2005년 104개 국가 중에서 24위를 차지했으며, 2008년 127개 국가 중에서 9위를 차지하여 근래 제일 좋은 평가를 받은 이후 2012년 올해 전 세계 142개 국가 중에서 12위의 평가를 받고 있다. 2012년 결과에 의하면, 환경 분야(environment subindex)에서 35위를 차지하여 다소 미흡한 것으로 평가되었는데, 정치환경과 규제환경(political and regulatory environment)에서 43위를 차지하여 미흡한 것으로 평가되었고, 시장과 혁신환경(business and innovation environment)에서 15위를 차지하여 우수한 것으로 평가되었다. 준비도 분야(readiness subindex)에서는 24위로 평가되었는데, 그 하위 분야 중 사회간접자본 및 디지털 콘텐츠 분야(infrastructure and digital content)에서 18위를 차지하고, 구입 능력 분야(affordability)에서 70위를, 기술 분야(skills)에서 27위를 차지했다. 마지막으로 활용 분야(usage subindex)에서는 2위를 차지하여 우수한 평가를 받았는데, 그 하위 분야로 개인의 활용(individual usage)은 2위를, 기업의 활용(business usage)은 12위를, 정부의 활용(government usage)은 1위를 차지했다.

5) WEF의 국가경쟁력지수 중 기술준비도 부분

WEF는 2005년도부터 국가경쟁력의 거시경제학적 그리고 미시경제학적 기반을 측정하기 위한 종합적 도구로서 국가경쟁력지수를 개발했다. WEF는 국가경쟁력을 “한 나라의 생산성의 정도를 결정하는 일련의 제도와 정책과 요인들의 종합”으로 정의했다(World Economic Forum, 2011: 4). WEF는 생산성과 경쟁력에 영향을 미치는 요인들을 12개로 범주화했는데, 제도(institutions), 사회간접자본(infrastructure), 거시경제학적 환경(macroeconomic environment), 보건 및 기초교육(health and primary education), 고등교육 및 훈련(higher education and training), 시장효율성(goods market efficiency), 노동시장 효율성(labor market efficiency), 자본시장 발전도(financial market development), 기술준비도(technological readiness), 시장 규모(market size), 경영의 정교함(business sophistication), 혁신(innovation) 등이 포함된다.

우리나라의 기술준비도 부분에 대한 평가를 살펴보면, 2002년 80개국 중에서 19위로 평가받은 이후, 7위에서 19위 사이를 오르락내리락하는 형태를 보이고 있다. 최종적으로 2011년의 국가경쟁력지수 중 기술준비도 부분에서 전체 142개국 중 18위로 평가를 받았다. 지표별로는 광대역 인터넷 가입자 수에서 4위를, 기업의 신기술 흡수 적극성에서 9위를, 인터넷 이용자 수에서 10위 등 우수한 평가를 받은 것으로 나타났으나, 외국인 직접 투자 및 기술 이전에서 86위를, 인터넷 대역폭에서 48위를, 최신 기술 이용 가능성에서 24위를 받는 등 다소 미흡하다는 평가를 받았다.

6) IMD의 국가경쟁력지수 중 기술 인프라 부분

IMD는 경제 운용 성과, 정부효율성, 기업효율성, 인프라 구축 등 4개 분야에 대한 평가를 기반으로 국가경쟁력지수를 1989년에 처음으로 만들었다. 이 지수는 기업들의 가치 창출과 국민들의 번영을 증진시킬 수 있는 환경을 창출하고 유지시킬 수 있는 국가의 능력을 평가하는 것이다. 1989년 이후 매년 각국의 국가경쟁력을 평가하여 『*World Competitiveness Yearbook*』이라는 책자를 통해 발표하고 있다.

정보통신기술산업의 국가경쟁력을 측정하고 있는 분야는 기술 인프라 부분(infrastructure)인데, 개별 지표들은 GDP 대비 통신 분야 투자비, 유선전화 선수 및 요금, 이동전화 가입자 수 및 요금 통신기술 수준, 연결성, 일인당 컴퓨터 대수 및 이용률, 인터넷 사용지수, 유선 브로드밴드 요금, 브로드밴드 가입자 수, 인터넷 속도, 정보기술 수준, 노동시장에서 자격 있는 엔지니어의 비율, 기업 간 기술 협력, 공공부문과 민간 부문의 벤처, 기술 개발과 응용, 기술 개발을 위한 자금 조달, 기술 분야에 대한 규제, 하이테크 제품의 수출 규모와 비중, 사이버 보안 등으로 구성되어 있다(방송통신위원회, 2011: 38).

기술 인프라 부문에서 우리나라에 대한 평가를 살펴보면, 2002년 전체 49개국에서 17위를 차지했다가, 2005년 2위로 평가받는 등 다른 국가에 비해 경쟁력이 높은 것으로 평가되었으나, 이후 점점 경쟁력이 낮아져서 2010년에는 18위를, 2011년에는 전년 대비 4단계 상승한 14위를 기록했다.

7) EIU의 디지털 경제지수

EIU는 영국이 경제전문지 『이코노미스트(*Economist*)』 산하의 연구기관이다. EIU는 2000년부터 세계 주요 국가에 대해 정보통신기술을 흡수하여 활용하는 능력에 대해 평가하는 '전자준비도(e-readiness index)'를 만들었다. 이후 2010년도에 경제사회적 발전에 정보통신기술의 영향력이 증대되고 있음을 반영하는 차원에서 디지털 경제지수라고 그 명칭을 변경했다. EIU는 매년 약 70개 국가를 상대로 디지털 경제지수를 평가해 발표하고 있다.

디지털 경제지수는 한 국가의 정보통신기술에 대한 사회기반시설의 질과 그 나라 국민, 기업인, 정부가 정보통신기술을 활용하는 능력을 측정하는 것이다. 디지털 경제지수의 지표 구성은 접속, 기술, 인프라, 비즈니스 환경, 사회·문화적 환경, 법적 환경, 정부정책과 비전, 소비자·기업의 도입 등 6개 부분 39개 지표로 구성되어 있다.

우리나라는 2002년 전체 60개 주요 국가 중에서 21위를 차지했고, 2004년에는 64개 국가 중에서 14위를 차지했으며, 2010년에는 전체 70개 국가 중에서 13위를 차지했다. 특히 2010년 평가에서는 정부정책과 비전, 사회·문화적 환경, 접속·기술 인프라 부문에서 우수한 것으로 평가되었으나, 법적 환경과 소비자·기업의 도입 수준, 비즈니스 환경 부문은 다른 부문에 비해 다소 미흡한 것으로 평가되었다.

8) EIU의 IT산업 경쟁력지수

IT산업 경쟁력지수는 EIU에서 조사하고 BSA(Business Software Alliance)에서 발표하는 것으로 세계 주요 국가(약 66개국)에 대해 IT산업의 경쟁력 향상을 위한 지원의 정도를 평가하고 이를 통해 국가 간의 벤치마킹을 장려하기 위한 목적이 있다. 정보통신기술산업의 경쟁력 향상을 위해서는 건전한 기업환경(overall business environment), 최고의 정보통신기술 기반시설(IT infrastructure), 역동적인 인적 자원(human capital), 연구개발 환경(R&D environment), 법적 제도(legal environment)와 공공 서비스(support for IT industry development) 등의 지원이 필요하다고 판단하고, 이러한 6개 분야에 각각 세부 지표(26개)를 만들고, 각 범주 간에 가중치를 부여해 산출한 것이다.

우리나라의 IT산업 경쟁력지수는 2007년에 3위를 기록한 이후, 계속 하락하여 2008년에는 8위, 2009년에는 16위, 2011년에는 전체 66개국 중에서 19위를 차지하고 있다. 2011년 평가를 살펴보면, 비즈니스 환경 부문에서는 2010년 27위에서 1단계 상승한 26위를 차지했으나 아직 미흡한 상태이고, IT 인프라 부문은 2009년 20위에서 1단계 상승한 19위를 차지했다. 인적자원 부문은 2009년 2위에서 2단계 하락하여 4위를 차지했다.

법제도 환경 부문에서는 2009년 33위에서 12단계 상승한 21위를 기록했다. 연구개발 환경 부문은 2009년 8위에서 3단계 하락하여 2011년에는 12위를 차지했다. 마지막은 IT산업 개발 지원 부문은 2009년 27위에서 1단계 하락한 28위를 기록했다. 따라서 비즈니스 환경 부문과 IT산업 발전 지원 부문에서 미흡한 것으로 평가되었다.

2 ICT 관련 경쟁력 분석

현재 대한민국의 주력 수출품은 반도체, 자동차, 조선 및 휴대전화 등이 차지하고 있다. 따라서 ICT산업이 국가 경제에 차지하는 비중은 막대하다. 이러한 ICT 관련 경쟁력을 분석해 보면 다음과 같다.

1) ICT 경쟁력 분석

ICT 국가경쟁력 지수에 대한 평가들은 필요한 데이터와 정보를 수집 및 분석하는 데 일정한 시간이 소요되므로, 국가 간 지수와 순위는 현실과 적어도 1~2년의 시차가 있음을 인정해야 한다(이하 송희준, 2012b). 또한 많은 조사에서 국가 간 지수나 순위는 매년 조금씩 달라지므로 민감하게 반응할 필요도 없다. 그러나 지수 변동이 구조적 추세가 되면 심각한 신호(signal)로 인식해야 한다. 한국의 ICT 경쟁력에서 전자정부 준비(UNDESA)를 제외한 IT 산업경쟁력(BSA), 국가경쟁력(WEF), 네트워크준비(WEF) 등 지수들은 전반적으로 하락 추세이다. 구체적으로 살펴보면 다음과 같다.

첫째, 각국 정부와 글로벌 시장에서 S/W 산업 및 H/W 협력사들의 이익을 대변하기 위해 조직된 사무용 S/W연합(Business S/W Alliance: BSA)이 글로벌 시장조사기관인 EIU(Economist Intelligence Unit)에 의뢰하여 조사한 66개 국가들의 IT 산업경쟁력 보고서에서 한국은 3위(2007)에서 19위(2011)로 하락했다. BSA 지수는 네트워크나 활용도보다는 S/W 산업에 초점을 둔다는 점에서 특히 중요하다. 구체적으로는 인적 자원(4위)을 제외하고, 연구개발 환경(12위), 비즈니스 환경(26위), 발전지원도(28위), IT 인프라(19위), 법제도적 환경(21위)은 예상보다 낮은 순위이다.

둘째, 최근 발표된 세계경제포럼(WEF)의 2012년도 네트워크 준비지수(NRI)는 10위에서 12위로 하락했다. 한국은 전자정부 등 활용도(2위)와 경제・사회적 영향(4위)에서 상위권을 유지했으나, 환경(정치・규제와 비즈니스・혁신)(35위)과 이용 준비도(24위)에서 상대적으로 낮게 평가되었다. 환경의 세부 항목에서 이동전화/유선초고속 인터넷 가격 적정성(70위)과 벤처 캐피털 효용성(100위)이 매우 낮다.

2) ICT산업의 중요성

2008년 이후 IT산업 수출은 전체 산업 수출의 30% 정도이고, 무역흑자에서는 절대적인 비율을 차지하고 있다. 2011년 IT 산업의 흑자액(755억 원)은 다른 전 산업의 적자(442억 원)를 모두 메우고도 333억 원의 흑자를 내었고, 이런 추세는 이미 2000년대 초부터 고착되었다(송희준, 2012b: 4).

무역흑자는 극소수 전자회사의 반도체, 휴대전화, 디스플레이 패널, 컴퓨터 및 주변기기, TV 같은 H/W 제품의 활발한 수출에 힘입고 있다. 하지만 문제는 S/W와 애플리케이션이다. S/W는 연도별 추세 통계의 세부 항목 속에 분류할 수 없을 만큼 빈약하다. 2011년 IT 수출에서 차지하는 S/W 비중(13억 달러)은 전체(1,570억 달러)의 1%에도 미달하고, 그나마 패키지 S/W의 비중은 더욱 낮다. 전자정부 솔루션 등 IT 서비스의 수출이 대부분이고, S/W 산업의 세계 시장 점유율도 매우 낮다.

H/W는 정부의 진흥정책 없이도 대기업들이 잘 하고 있지만, S/W는 정부 개입이 필요한 시장실패 상황이다. S/W는 그 자체는 공공재가 아니지만, 불법 복제로 인한 무임승차 용이성 및 재산권(PR) 인식 부족, 경험재적 특성에서 발생하는 정보비대칭, 생산 요소인 고급 인력의 공급 제약, 높은 투자 리스크와 적절한 인센티브 기재 부재 등은 시장실패 요인에 대한 정부 역할이 필요하다. 이를 위해 정부는 H/W 의존적 수출 체제에서 벗어나 균형적, 위험 분산적 산업구조를 갖추도록 S/W와 애플리케이션 진흥정책을 강화할 필요가 있다.

이처럼 ICT산업은 앞으로도 정부의 적극적인 개입이 필요한 분야이다. 그러므로 최근에는 이러한 ICT산업 전반과 ICT생태계를 전담하는 주무부처를 신설해 미래 우리나라의 신성장 동력을 책임지게 하자는 ICT 전담 독임제 부처안이 힘을 얻고 있다. 이러한 내용은 제4편의 미래 정부를 위한 과제들에서 살펴보기로 한다.

제 4 절 미래 연구의 필요성 및 현황

빅데이터(big data)의 관점에서 본다면 과거 5000년의 긴 시간에 축적된 데이터의 양보다 지난 1년 동안에 생성된 정보의 양이 훨씬 많은 시대에 우리는 살고 있다. 물론 이것은 유튜브(U-Tube) 등의 동영상 데이터 때문이라고 치부할 수도 있겠지만, 어쨌든 우리는 엄청난 정보 폭증의 시대에 살고 있다. 이처럼 현대 사회의 모든 기반에는 정보기술이 자리 잡고 있다.

오래전부터 미래 사회는 지식이 부(富)와 가치를 창출하는 '지식기반 사회'가 될 것이라고 알려져 왔다. 그러나 인터넷으로 대표되는 정보기술은 계층 간의 갈등, 고용 불안, 그리고 양극화의 심화 등 사회 불안을 가중시키는 모습을 보여 주고 있다.

따라서 이제 ICT 기반의 미래 사회 모습을 조망하고, 이에 대응하는 새로운 정부의 역할을 모색해야 할 시점이다.

1 미래 연구의 필요성

1) 미래 연구의 중요성

지난 2008년 미국에서 시작된 금융위기, 국제 원유가 급등, 예기치 못한 재난재해 등 수많은 사회 변화 요인이 발생하면서, 사회 변화 속도 및 미래에 대한 불확실성은 지속적으로 증대하고 있다. 따라서 이러한 사회환경의 급격한 변화와 불확실성으로부터 생존과 지속 가능한 성장을 위해 국가 차원의 체계적인 미래 예측과 이에 근거한 전략적 대응 방안 수립이 필수적으로 요망된다.

이미 세계 여러 나라는 국가 미래예측기관을 중심으로 중장기적 미래예측 활동을 주기적으로 실시하고, 이를 정책에 적극 반영함과 동시에 국민들과 국가 미래 비전을 공유하고 있다. 따라서 이제는 '미래를 대비하고 예측하는 능력'이 국가의 생존과 번영을 위한 최우선 과제로 등장하고 있다. 최근에는 여러 나라가 2020년 이후의 미래를 바라보는 '미래국가보고서'를 내면서 앞다투어 미래를 전망하는 데 주력하고 있다.

2) ICT 기반의 미래

미래 연구는 미래 자체의 연구가 아닌, 정책 혹은 생각 등으로 표출되는 미래의 이미지에 대한 연구이므로, 미래의 이미지로 표현되는 데이터에 대한 검색, 수집 및 분류가 중요한 이슈로 부각되고 있다. 따라서 이를 지원하는 ICT가 중요한 요소로 등장했다.

1990년대 이후 선진국들은 ICT를 경제 성장을 위한 핵심 수단으로 인식하고, 적극 추진했다. 이것은 앞으로 정보사회가 새로운 패러다임이 될 것임을 인지하고, 국가 차원에서 ICT 인프라 확충 및 ICT 산업 육성에 주력한 결과이다. 하지만 이어서 ICT의 적용 범위가 확대되면서 경제뿐만 아니라 국가 사회 시스템의 근본적 변화와 혁신을 선도하는 원동력으로 역할을 하게 되었다.

결국 ICT는 초기에 경제 성장을 위한 수단에서 출발하여 이제는 국가 사회의 인프라로 발전했다. 이에 각국 정부도 초기에는 ICT 자체의 발전에 초점을 두었으나, 점차 기술과 사회 발전을 동반 견인하는 정보화전략을 추진하고 있다.

이처럼 미래 사회를 준비하는 데 ICT가 좀 더 근본적이고 광범위하게 활용될 것으로 기대된다. 구체적으로는 우리가 당면할 글로벌 이슈 중 '기후 변화와 환경오염', '테러 및 안보 위협 증가', '에너지 및 자원 고갈' 문제에 ICT가 중요한 역할을 할 것이라고 전망된다. 따라서 사회가 발전할수록 한 국가의 부와 미래는 자본과 노동보다는 얼마나 혁신적인 ICT를 보유하고 있는가에 의해 좌우될 것이다.

결국 ICT는 미래 사회 변화의 동인이자 근간일 뿐만 아니라, 그 자체로 지속 성장 및 선진국가 실현을 위한 핵심 수단이다. 따라서 ICT의 진화 방향과 이로 인한 사회 각 부문의 변화에 대한 체계적인 전망과 연구를 통해, 최고 수준의 ICT 인프라와 기술을 기반으로 '제2차 ICT 혁명'을 주도하여 세계 경제를 선도할 수 있는 국가전략 수립이 필요하다. 그리고 이를 위해서는 정부부터 먼저 ICT를 활용하여 변화하는 미래 정부의 모습을 보여 주어야 한다.

3) ICT 기반의 미래 정부

ICT는 기술적인 측면에서 급속도로 발전하고 있다. 특히 인터넷 월드와이드웹의 경우, 웹1.0에서 웹2.0을 거쳐 웹3.0 시대에 진입하고 있다. 제1세대 웹1.0은 정보를 제공하는 웹 포털 구축 시대 즉 포털로서의 웹이다. 제2세대 웹2.0은 정보 생산·공유·협동·참여가 가능한 시대 즉 플랫폼으로서의 웹이다. 이어서 제3세대 웹3.0은 개인별 맞춤 정보 제공이 가능한 시대, 즉 모든 환경의 플랫폼으로 기능하는 웹을 의미한다. 따라서 이것은 웹이 일방향 정보 접근에서 양방향 정보 교환(공유·참여)을 거쳐 지능적인 정보 인식의 방향으로 진화하는 것을 의미한다.

이러한 웹의 발전에 대응하여 웹3.0 시대 정부를 정부3.0이라고 부르고 있다. 이러한 정부3.0에서는 시멘틱 웹 활용으로 모든 정부 서비스를 개인의 환경과 선호도에 따라 개인화·지능화하여 제공할 것으로 전망된다. 이러한 시멘틱 웹은 앞으로 지속적으로 발전하여, 언제 어디서나 개인화되고 중단 없는 정부 서비스를 제공하여, 전통적인 정부보다 나은 부가적인 가치를 제공하는 유비쿼터스정부, 모바일정부, 지능형정부 및 스마트정부를 구현시킬 것이다.

따라서 앞으로 미래 정부는 모든 정부 서비스가 온라인으로 처리·제공되어 공공기관 방문이나 대면이 필요 없는 어디에서나 존재하는 정부로 변화할 것이다. 이러한 미래 정부에서 제공되는 행정 서비스를 간략하게 살펴보면 다음과 같다.

우선 네트워크로 연결된 정보기기와 센서 등을 통해 개인의 생활 기록(lifelog)을 저장·분석하여 지능화된 개인별 맞춤 서비스가 제공된다. 또한 사회 인프라 등의 공간 환경, 사물, 사람에 대한 센싱(sensing)을 통해 상황 인식 정보를 감지하여 지능화된 서비스를 제공한다. 이어서 개인 관심사, 선호도 등에 따른 실시간 맞춤정보 제공으로 시민 참여도가 제고되어, 궁극적으로 투명한 정책 결정과 행정 처리가 가능해진다. 그리고 정보 시스템과 디바이스 간, 애플리케이션 간의 링크 자동 설정, 데이터 위치와 상관없이 통합 검색 등이 가능해져서 데이터와 서비스의 가상 통합이 가능해진다.

이러한 미래 정부는 서비스 생산과 제공을 원스톱(one-stop), 또는 제로스톱(zero-stop)으로 처리하는 가상정부(virtual government)로 발전하게 될 것이다(정국환 외, 2006). 이러한 가상정부는 개인화된 정부 웹사이트인 'MyGov'를 통해 구현이 가능하다. 즉, 맞춤형 미래 정부에서는 개인 웹사이트가 국민과 정부의 접속창구로 기능하여, 정부는 개인화된 'MyGov'에 의해 대표 역할을 수행하게 될 것이다(정윤수 외, 2009). 또한 시민 개인의 서비스 수요를 미리 파악하여 해결하는 '오감반응(sense and response)형'의 지능화된 서비스 제공하는 지능형 정부로 진화할 것이다.

2 각국의 미래 연구 현황

세계 여러 나라는 다가오는 미래의 모습을 조망하고 이를 준비하기 위한 노력을 지속적으로 기울여 왔다. 초창기 국가 차원의 미래 연구들은 미래의 기술예측 중심이었으나 점차 사회 변화의 측면으로 연구의 범위가 확대되었다. 주요 국가들의 대표적인 미래 연구 내용들을 살펴보면 다음과 같다(이하 한국정보사회진흥원, 2008의 수정 및 보완).

1) 미국

미국의 국가정보위원회(National Intelligence Council: NIC)는 1979년에 전문지식을 수집하여 정보 커뮤니티(Intelligence Community: IC)를 지원하고, 국가 미래전략을 수립하기 위해 정보기관의 대표적인 싱크탱크 조직으로 설립되었다. NIC는 미국의 모든 정보기관을 총괄하는 국가정보국장(Director of National Intelligence: DNI)을 지원하며, 주로 국가안보 문제, 지구촌 트렌드를 파악하여 미국 정부 및 의회 정책 입안자들에게 정보를 제공하고 있다. 정보기관의 특성상 조직 규모와 인원 등은 공개되지 않고 있으나 학계, 민간기업, 싱크탱크로부터 수백 명의 민간위원을 포함하는 최상의 전문가들을 발탁하여 활용하면서, 국제적 이슈에 대한 정보들을 수집해 분석하고 있다.

NIC는 4년에 한 번씩 주기적으로 지구촌 변화를 야기할 주요 글로벌 트렌드의 영향력과 파급 효과를 분석하여 『글로벌 트렌드 리포트』를 발간해 왔다. 1997년 '글로벌 트렌드 2010'을 처음 발표한 이후, 2008년에 4번째로 '글로벌 트렌드 2025(대변혁 이후의 세계)'를 발표했다.

2) 영국

영국은 지난 2002년 각 부처에서 수립한 국가전략을 재검토하고, 총리에게 신뢰성 있는 정책자문과 분석을 제공하기 위해 기존의 성과혁신처(Performance and Innovation Unit)와 미래전략처(Forward Strategy Unit)를 통합하여 미래전략처(The Prime Minister's Strategy Unit)를 설치했다.

미래전략처는 총리 직속기관으로 내각에 위치하며, 주요 업무와 보고서는 최종 결정권을 갖는 총리에게 보고되고 있다. 주요 업무는 정책과 조정 분야(policy and coordination) 중에서, 국가 정책 및 전략 수립 업무를 담당하는 것이다. 조직은 주요 국내 정책 현안을 다루는 위원회와 이를 지원하는 프로젝트 수행팀들로 구성되어 운영되고 있다. 국가 현안과 긴급한 문제에 초점을 맞춘 유연한 소규모 프로젝트 팀을 구성하여 업무 수행를 수행하며 ① 교육·기능과 어린이, ② 건강과 사회적 보호, ③ 내부 업무, ④ 공공 서비스 증진, ⑤ 에너지·환경·음식물·기반시설·과학·혁신, ⑥ 삶의 기회와 사회 등 6개의 위원회를 중심으로 활동하고 있다.

3) 일본

일본은 국가경쟁력 강화를 위한 국가 핵심 전략 분야를 파악하기 위해 미래의 기술 및 사회 발전에 초점을 둔 미래 예측 활동을 수행해 왔다. 문무과학성(2000년 12월 이전은 과학기술청)은 1971년부터 매 5년마다 과학기술 발전 관련 예측조사를 실시하고 있다.

이어서 2001년 내각에 총리 자문기관인 경제재정자문회의(Council on Economic and Fiscal Policy)를 설치했다. 경제재정자문회의는 일본의 미래 전망 및 대외 경제 정책의 기본 방향을 제시하는 등 사회 전반의 미래 예측 활동을 추진하는 일본 경제 정책의 근간을 형성하는 핵심 기관이다.

경제재정자문회의는 경제재정 전망, 경쟁력, 생활 · 지역, 글로벌화 등 4개 분야로 전문조사회를 구성하고, 2005년 4월에 2030년을 목표로 세 가지 미래상을 제시한 '일본 21세기 비전'을 발표했다.

또한 경제산업성도 2009년 12월에 2020년 미래의 국가경쟁력 향상 및 살기 좋은 국가 재건을 위한 '신성장 전략' 기본 방침을 발표했다. 이러한 전략의 주요 내용은 '수요'와 '고용'을 창출하는 인간 중심의 지속 가능한 경제 성장 달성을 목표로 하면서 ① 녹색사회로의 전환, ② 개척 및 강점 산업 분야 선점, 그리고 ③ 성장 인프라로서 과학 · 기술 및 고용 · 인재 창출 전략을 중점적으로 다루고 있다.

4) 유럽 및 기타

유럽의 집행위원회(EC)는 2010년 3월에 향후 10년의 먹거리 및 비전을 제시한 'EU2020 전략(EUROPE 2020: A European strategy for smart, sustainable and inclusive growth)'을 발표했다. 이러한 EU2020 전략의 3대 비전은 ① 스마트한 성장: 지식, 혁신, 교육 및 디지털 사회의 촉진, ② 지속 가능한 성장: 자원 효율화 및 경쟁력 제고, ③ 통합적인 성장: 노동시장에 대한 참여 증진, 기술 습득 및 빈곤 퇴치 등으로 구성되어 있다.

이들 국가 이외에도 UN의 밀레니엄 프로젝트, 세계미래회의, EIU 및 다보스 포럼(Davos Forum) 등 국제기구 및 민간의 미래 예측 활동도 활발히 진행되고 있다. 특히 2008년 다보스 포럼에서 발표된 미래보고서 「퓨처 매핑(Future Mapping) 2030」

에 따르면, 2030년에 국가 권력은 약화되고 기업, 개인, 온라인 네트워크, NGO의 권력은 높아질 것으로 전망되었다. 구체적으로 현재는 기업의 권력이 14.3%이고 국가의 권력이 69.3%이지만, 2030년이 되면 역전되어 기업의 힘이 85.7%이고 국가의 권력은 30.7%로 감소한다고 전망했다. 또한 개개인의 권력은 현재는 16.8%이지만 2030년에는 83.2%, 온라인 네트워크 그룹의 힘은 현재 18.1%에서 81.9%로, NGO의 힘은 39.4%에서 60.6%로 크게 증가한다는 것이다. 결국 2030년에는 국가의 힘이 기업, 개인 및 NGO보다도 낮은 30.7%를 기록하기 때문에 정부는 국민 설득과 국민 통합을 시도하지 않으면 국가 운영이 불가능한 상태에 이르게 된다는 것이다.

5) 우리나라

우리나라에 미래학이 소개된 지도 40년이 넘었다. 1968년 한국미래학회가 출범했고, 한국 정부는 1971년 최초의 미래연구 보고서인 「서기 2000 년의 한국에 관한 조사연구」를 출간했다. 따라서 시작은 늦지 않았으나 그리 오래 지속되지는 못했다. 이후 간헐적으로 정부 주도의 미래 예측을 시도한 적은 있었지만 체계적이지는 못했다.

이명박 정부는 지난 2008년 5월 대통령 직속기구로 미래기획위원회를 출범시켜서 국가의 미래 비전을 수립하기 위한 조직적인 기반을 마련했다. 미래기획위원회는 국가 미래 예측을 위한 조직적 기반 마련, 사회 통합과 안전, 인구, 환경, 교육, 문화, 에너지, 식량, 수자원, 건강, 정보통신과 미디어, 우주 개발 등 총체적 국가 비전과 전략 수립 역할을 수행한다. 조직 구성은 미래전략 및 사회 통합, 미래환경 및 에너지, 미래산업, 소프트파워 등 4개 분과로 구성되어 있다.

미래기획위원회는 출범 이후에 '저탄소 녹색성장'에 대한 비전을 제시하고 'IT KOREA 5대 미래전략'과, '저출산 대응전략' 등 다양한 분야에서 새로운 비전 및 전략을 지속적으로 수립하고 발표해 왔다(미래기획위원회, 2008a; 2008b). 특히 이명박 대통령은 지난 2008년 8월 15일 광복절 경축사에서, 경제의 에너지 위기를 타개하고 새로운 60년을 맞이하기 위해 '저탄소 녹색성장'을 새로운 비전의 축으로 선포하고, 녹색성장을 통해 다음 세대가 먹고 살거리를 만들고, 환경오염을 줄여 지속 가능한 성장을 하겠다는 미래 비전의 청사진 제시했다.

그러나 이처럼 녹색성장에만 초점이 맞추어져 있기 때문에, 현재 우리나라의 미래

연구는 특정 부문에 국한된 부분적인 대응이라는 한계에 놓여 있다. 따라서 국가적으로 종합적인 미래 예측 체계를 마련하는 것이 시급한 실정이다. 그러므로 이 책에서는 이러한 현실을 감안하여 우리 정부의 미래 행정 변화를 중심으로 살펴보고자 한다.

쉬어가기

미래기술 예측의 오류 Top 10

□ "집에 컴퓨터를 갖고 있으려는 사람은 아무도 없다."– DEC 사의 사장인 올슨(Ken Olson)이 1977년 PC에 대해 말한 내용.

□ "우리는 32비트 운영 시스템을 절대로 만들지 않을 것이다" – 게이츠(Bill Gates)

□ "몇 년 전에 드포리스트(Lee DeForest)가 여러 신문을 통해 대서양 건너편으로 음성을 보낼 수 있을 것이라고 말했다. 이와 같은 엉터리 말에 현혹된 일반 대중들이 그의 회사 주식을 사고 말았다."– 1913년 미(美) 지방 검사가 발명가 포리스트를 Radio Telephone Company 주식을 사기적으로 판매했다는 혐의로 기소하면서.

□ "미국 내에서 통신위성을 통해 전화, 전신, TV, 라디오 서비스를 제공하는 것은 불가능하다."– FCC Commissioner, 크래븐(T. Craven)이 1961년에 한 말. 하지만 1965년에 최초의 통신위성 서비스가 시작되었다.

□ "인간을 다단계 로켓에 싣고 달로 보내서 과학적 관찰을 한 뒤에 다시 지구로 오는 것은 허황된 꿈에 불과할 뿐이며, 앞으로 과학이 아무리 발전하더라도 절대로 있을 수 없는 일이라고 나는 단언할 수 있다"– 미국의 진공관 발명가인 드포리스트가 1926년에 한 말.

□ "로켓은 지구 대기권을 벗어날 수 없을 것이다"–『뉴욕타임스』가 1936년에.

□ "공기보다 무거운 물체로 비행하는 것은 불가능하지는 않다고 하더라도 현실적이지 못하다"– 뉴컴(Simon Newcomb)이 한 말. 하지만 라이트(Wright) 형제가 18개월 뒤에 키티호크(Kittyhawk)에서 첫 비행에 성공했다.

□ "공기보다 무거운 물체의 비행은 불가능하다"– 1895년에 영국의 수학자이면서 물리학자인 켈빈 경(Lord Kelvin)이 한 말.

□ "이보다 더 큰 비행기는 있을 수 없다"– 10명의 승객을 태울 수 있는 247기의 처녀 비행에 성공한 뒤에 보잉(Boeing)의 엔지니어가 한 말.

□ "원자력에 의해 가동되는 진공청소기가 앞으로 10년 후에는 사용될 것이다"– 1955년 르윗(Alex Lewyt) 진공청소기 회사 사장이『뉴욕타임스』에서 한 말.

※ 출처: The List Universe, "Top 30 Failed Technology Predictions"
자료: 한국정보화진흥원(2010a) 재인용

제 2 장 스마트 정보사회에서의 전자정부

오늘날 우리가 살고 있는 세상은 이제 유비쿼터스와 사물 지능통신 기술을 기반으로 하여 스마트사회라는 새로운 패러다임으로 진화하고 있다. 스마트사회의 등장은 단순한 기술 분야의 발전과 이에 따르는 변화만이 아니라, 모든 영역에서 혁명적인 결과를 가져올 것이다.

우선 정보기술이 고도화되면서 지식과 정보는 점차 지능화되고, 새로운 정보통신 기술과 전통의 산업기술이 다양하게 융합하여 똑똑한 새로운 기술 즉 스마트 기술이 등장하고 있다. 이러한 스마트 기술은 사회 변화를 가속화시키는 동인으로 작용하고 있다. 따라서 이제까지 사회 패러다임의 변화와 스마트 기술들의 특징을 간략하게 살펴보고, 스마트사회에서 행정과 정부 서비스의 변화를 알아보고자 한다.

제 1 절 사회 패러다임의 변화와 스마트사회

오늘날 사회는 기술 변화의 소용돌이가 점차 빨라지면서 지난 5000년의 역사보다, 인터넷 등장 이후에, 최근 20년 동안에 더욱 급변하는 모습을 보여 주고 있다. 현재 정보통신 분야의 기술들은 발전할수록 그 발전에 가속도가 붙고 있다. 따라서 우리들은 속도의 시대에 살고 있다.

세계화에 따르는 국가 간 상호작용의 증대, 복잡성의 증가, 기술의 융합 및 서비스의 통합 등은 사회 변화를 가속화시키는 요인으로 작용하고 있다. 농업사회가 산업사회로 전환되는 기간은 6000년에서 7000년 정도가 소요되었다. 그러나 산업사회에서 정보사회로 전환되는 데에는 그것의 1/20도 안 되는 250년 정도밖에 걸리지 않았다. 우리나라의 경우, 30년이 채 넘지 않는 동안에 산업사회에서 급격하게 정보사회로 변화하고 있다. 또한 이러한 정보사회는 [그림 2-1]과 같이 나노-바이오 사회를 넘어, 융합을 거쳐서 스마트사회로 진화하고 있는 실정이다.

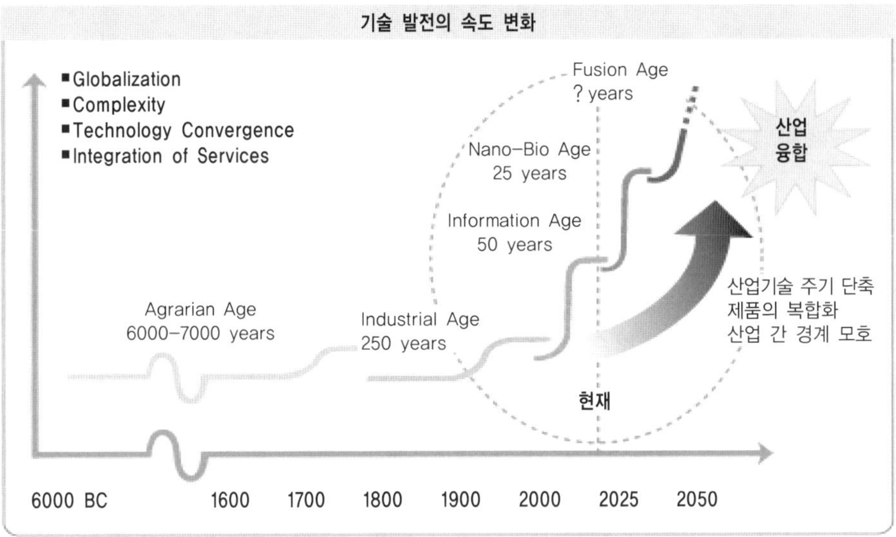

그림 2-1 기술 발전에 따른 사회 변화

자료: NSF(2002, 2005), Ahlquvist(2005) 자료 재구성.

1 인류 역사의 변화와 사회적 특징

인류의 역사는 기술의 발전, 사회적 가치의 변화 등과 같은 여러 핵심 동인에 의해 <표 2-1>과 같이 패러다임의 변화가 이루어지고 있다(이하 김성태, 2011: 17-19).

표 2-1 인류 역사의 변화와 사회적 특징

구분	농업사회	산업사회	정보사회	스마트사회
기술	체력, 근면	제조기술	디지털 기술	네트워크 개방적 협력 스마트 IT
일하는 방식	자급자족 육체적 근면	대량생산 노동집약	지식집약적 수평적 질서	스마트워크
경영전략	자연재해 극복	H/W 중심	S/W 중심	컨버전스 모바일, 1인 기업
인재상	근면한 농부	근면한 공장 노동자	지식 역량 보유 근로자	창의적, 개방적 인재
핵심 가치	공동체 의식	폐쇄적, 정형화	지식, 공유, 개방	유연성, 창의성 인간 중심

자료: 김성태(2011: 18).

1) 농업사회

역사적으로 볼 때, 농업사회는 부족 공동체를 중심으로 농작물을 경작하고 가축의 사육이 가능해지면서 본격적으로 시작되었다. 농업사회에서는 인간의 기초적 노동력을 바탕으로 자연재해를 극복하기 위한 다양한 방법이 개발되고, 이러한 시대적 상황에 맞게 육체적 근면성이 가장 중요한 핵심 덕목으로 고려되었다.

2) 산업사회

산업혁명은 인류의 역사를 농업사회에서 산업사회로 변화시켰다. 이 시대는 기계적 기술을 바탕으로 대량생산 체계가 만들어지고, 이를 통해 인류는 배고픔과 가난으로부터 벗어날 수 있게 되었다. 이 사회에서는 숙련된 공장 노동자들의 역할이 매우 중요했기 때문에 노동자들은 오랫동안 기술을 익히기 위해 훈련을 받았으며, 근면과 성실한 태도가 주요 덕목이었다.

3) 정보사회

산업사회는 컴퓨터의 등장, 정보통신 기술의 발전에 따라서 지식과 정보가 중요시되는 정보사회로 진화했다. 정보사회는 지식과 정보가 사회의 가장 핵심적인 자원이며, 이를 공유하고 개방하는 것이 사회적 가치로서 중요하게 여겨졌다.

4) 스마트사회

정보기술은 유비쿼터스 기술과 융합되고, 사물조차도 지능을 갖게 되는 스마트 기술로 급속하게 변화하고 있다. 따라서 공유와 개방의 정보사회 가치를 기반으로 인간 중심의 창의성과 유연성의 가치가 더욱 중요시되고 있다. 스마트 기술과 사회적 핵심 가치의 변화는 인류의 역사를 정보사회에서 스마트사회로 진화시키고 있다. 스마트 사회의 등장에 따라서 이러한 기술과 가치를 바탕으로 모바일 관련 산업, 1인 기업의 활성화 등 산업 형태가 다양하게 변화하고, 시간과 장소에 구애받지 않고 근무할 수 있는 스마트 워크(smart work)가 일하는 방식으로 자리 잡게 될 것이다.

2 스마트사회 구현을 위한 기술들

스마트사회에서는 음성 인식, 인공지능, 스마트 컴퓨터, 가상환경 등의 발전을 통해 우리가 별도의 조작을 하지 않아도 컴퓨터와 자연스럽게 접촉할 수 있는 환경이 조성될 것이다. 따라서 행정 분야에서는 [그림 2-2]와 같이 이동성, 지능성, 양방향성 및 융합성의 특징을 기반으로 개개인의 특성이 반영된 맞춤형 서비스가 가능해질 것이다(이하 정충식, 2012: 35-38의 수정).

구체적으로는 사물 인터넷(Internet of Things)을 통해 모든 물체에 지능화된 지식 획득을 가능케 하며, 모든 사물, 유무형의 시스템의 지능화를 통해 손쉽게 정보 획득이 가능하고, 객체들 간에 정보 교류가 원활하게 이루어질 것이다. 따라서 모든 사용자에게 더 편하고 유용한 서비스를 제공할 수 있는 기반이 마련되고, 지능화되고 더 똑똑해진 시스템을 사용한 경험을 바탕으로, 사회의 모든 시스템이 더 똑똑해지는 스마트화가 진행될 것이다. 이러한 스마트사회를 구현할 수 있는 기본 기술들을 간략하게 정리하면 다음과 같다.

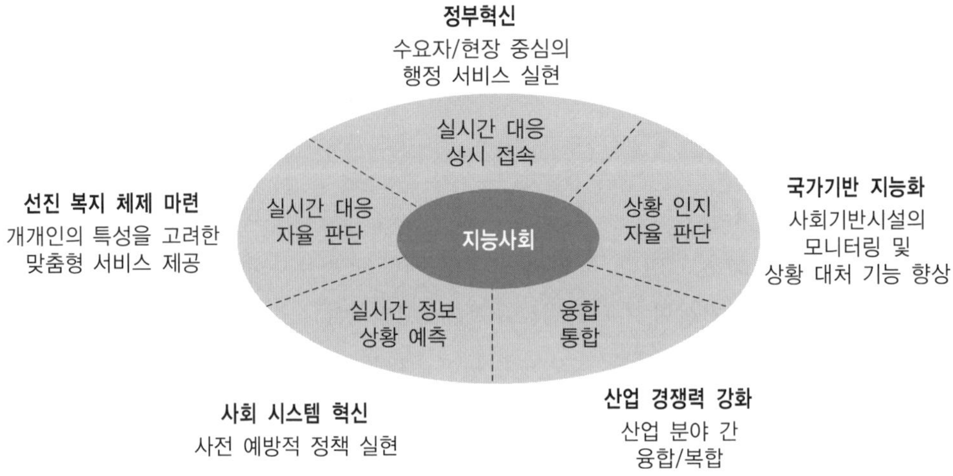

그림 2-2 스마트사회의 모습 및 특징

1) 사물 인터넷

모든 사물이 실시간 웹으로 연결되는 '사물 인터넷' 시대가 도래할 것이다. 사물인터넷(Internet of Things)이란 모든 사물·기기들이 언제, 어디서나 네트워크에 연결되어 상호 정보를 주고받으며 다양한 지능화된 서비스를 제공하는 개념이다. EU는 2009년에 「2020년의 사물 인터넷: 미래 로드맵(Internet of Things in 2020: A Road-map for the Future)」이라는 보고서를 통해 '미래의 인터넷은 점점 더 많은 사물을 포함시키게 될 것'이라고 주장했다.

미국의 『타임』지도 2008년에 최고 발명품의 하나로 '사물 인터넷'을 선정해 앞으로 정보의 수집 및 활용이 '인간 대(對) 인간'에서 '인간 대 사물', 그리고 '사물 대 사물'로 확장되면서 사물 간에 상호 정보 교환 제어를 통해 더욱 지능화된 서비스가 가능하다고 예측했다. 이처럼 '사물 인터넷'은 언제, 어디서나 원하는 서비스를 즉시에 받을 수 있는 스마트사회의 핵심 기반 기술이다.

2) 클라우드 컴퓨팅

클라우드 컴퓨팅(cloud computing)이란 마치 구름처럼 인터넷상에 무형의 상태로 존재하는 H/W, S/W 등의 컴퓨팅 자원을 불러내어 전기를 사용하듯이 IT를 서비스 형태로 공급받는 환경을 의미한다. 위키피디아(Wikipedia)에서는 클라우드 컴퓨팅을 인터넷에 기반한 개발과 컴퓨터 기술의 활용을 말하는 것으로, 인터넷을 통해 동적으로 활용 가능한 가상적 자원들이 제공되는 것으로 정의한다.

클라우드 컴퓨팅 환경을 제공하기 위해 거대 규모의 동적 클라우드 인프라에 대한 수요가 지속적으로 증가할 전망이며, 이를 위해 세계 유수 기업들이 앞다투어 클라우드 시장에 진입하고 있다. 이러한 클라우드 컴퓨팅은 다양한 휴대 단말기를 활용해 시간과 공간의 제약 없는 업무혁신이 가능하져서, 최근 화두가 되고 있는 '스마트 워크'를 위한 필수 기반을 제공하게 될 것이다.

3) 상황 인식 컴퓨팅

스마트사회에서는 상황과 맥락을 이해하는 똑똑한 서비스 기술이 부각되고 있다. 특히 상황 인식 컴퓨팅 기술은 사용자가 처한 위치나 환경 등의 특정 상황을 인지하여 사용자의 요구에 부응하도록 서비스를 제공한다. 스마트사회에서는 컴퓨팅 및 커뮤니케이션 능력을 가진 스마트 객체들이 동적인 환경 변화를 인식하고 이에 적응할 수 있는 상황 인식(context-aware) 특성을 갖게 될 것이다.

따라서 사용자 환경을 인식하는 센서와 센서 네트워킹 기술, 상황정보의 표현 및 저장, 전송, 응용을 위한 표준 플랫폼 기술, 그리고 요구 사항에 부합하는 다양한 상황 인식 응용 서비스 기술 등이 필요하게 될 것이다. 이러한 상황 인식, 상황의 특징 추출, 학습, 추론 등의 지능화된 기법을 적용해 인간 중심의 자율적인 서비스가 가능하게 될 것이다.

4) IT-Bio 융합기술

'인간 수명 연장의 꿈'이 실현되어 감에 따라 정보기기의 편의성에 기반한 바이오 서비스에 대한 수요가 증가하고 있다. 따라서 사용자들이 친숙하게 느끼는 IT기술(단말, 인터페이스, 디스플레이 등)을 기반으로 바이오 서비스(원격의료, 헬스케어 등)를 이용할 수 있다는 점 때문에 BT(Bio Technology) 기반 융합기술은 사용자들에게 많은 관심을 얻고 있다. 이 기술은 생명공학과 다른 첨단 기술의 융합을 통해 새로운 제품 및 서비스를 창출하거나 기존 제품의 성능을 비약적으로 향상시키게 될 전망이다.

기술적으로는 바이오정보를 정보기술을 이용하여 추출·분석·저장한다는 개념이며 구체적으로는 생체정보 인터페이스를 통해 정보기술(IT)과 생명공학기술(BT) 간에 융합을 실현하는 것이다. 이러한 IT-Bio 융합기술은 고령화 등과 맞물려 의료, 보건·복지 등 다양한 서비스 분야에 활용될 전망이다. 특히 초고속망과 집안의 다양한 컴퓨팅 기기들을 활용한 원격의료 분야 및 지문과 홍채 등 생체 인식 기술, 인간의 뇌와 컴퓨터를 연결하는 인터페이스 기술 등의 분야에서 IT와 바이오 기술의 융합을 통해 더욱 많은 애플리케이션이 개발될 것이다.

5) 증강현실

증강현실(Augmented Reality: AR)은 실제의 환경에 객체 및 정보를 끊김없이(seamless) 혼합한 것으로, 가상현실보다 현실감 있게 몰입할 수 있도록 해주는 기술이다. 증강현실 기술은 20년 전만 해도 보잉사에서 항공기 전선을 조립하기 위해 사용하는 전문기술에 속했으나, 이제는 GPS, 디지털 센서, 무선통신 등의 기술 발전으로 휴대폰으로도 다양한 증강현실 기술을 이용할 수 있게 되어 국방, 교육, 의료, 게임 등 다양한 부문에서 빠른 속도로 상용화되고 있다.

특히 스마트폰의 등장과 초고속 무선인터넷의 활성화로 증강현실이 새로운 모바일 애플리케이션으로 주목받기 시작했다. 최근에 스마트폰에 장착된 다양한 센서와 기능(카메라, GPS, 초고속 인터넷, 가속도 센서, 디지털 컴퍼스 등)들은 현재 증강현실을 구현하기 위한 최상의 환경을 제공하고 있다. 특히 소셜 네트워킹 서비스와 같은 전통적인 온라인 인맥 구축 서비스와 이러닝(e-learning) 등에 활용되기 시작하면서, 가상과 현실의 통합화 현상은 가상현실 및 증강현실을 통해 구체화될 수 있을 것으로 기대된다.

6) 소셜 네트워크 서비스

소셜 네트워크 서비스(Social Networking Service: SNS)란 타인과 관계(network)를 맺고, 서로의 의견을 교환할 수 있는 웹 기반의 서비스를 의미한다. 2010년 말 기준으로 현재 전 세계 SNS 이용자 수는 7억 명을 넘어서고 있으며 스마트폰 보급률의 증가와 더불어 그 수치는 점차 증가할 것으로 예측된다. 이러한 SNS를 통해 형성되는 관계망은 기존에 개인이 속한 집단이나 조직, 사회에서의 위치나 지위를 그대로 가져오는 것이 아니라, 모든 사람을 동일하게 수평적 위치에 놓고 자연스럽게 형성된다. 따라서 SNS의 등장은 단순히 인터넷을 기반으로 한 커뮤니케이션 도구라는 개념에서 벗어나 이용자 간의 상호작용을 통해 새로운 삶의 패러다임을 구축했다는 중요한 의미를 지닌다.

이러한 SNS의 일반적 특징들은 다음과 같이 정리된다. 첫째는 자발적 참여이다. 현재 SNS상에서 공급자와 소비자의 구분은 명확치 않으며 모두가 공급자이자 소비자인 프로슈머(prosumer)가 된다. 따라서 참여 욕구가 강하게 나타나는 SNS상에서는 수신자의 몰입과 적극적 참여 의식이 크게 작용한다. 둘째는 다양성이다. SNS는 엄청난 사회의 모든 분야에 걸쳐 연결되며 거대한 네트워크를 통해 창출하는 지식 또한 매우 다양하다. 셋째는 신뢰 기반이다. 소셜 웹은 상호작용이 존재하며 이는 곧 상호감시와 신뢰성 그리고 웹 건전성이 네트워크의 자정작용으로 해결될 수 있음을 의미하며, 이를 통해 콘텐츠의 품질이 제고된다. 넷째는 수평적인 커뮤니케이션이다. SNS의 특징 중 하나는 상하 관계가 없는 자유로운 수평적 커뮤니케이션을 통해 많은 정보가 탄생되고 유통 가능하다는 것이다.

구체적으로는 스마트폰, 넷북 등 모바일 기기와 인터넷의 확산을 통해 블로그, 미니홈피, 트위터 등 새로운 소통 방식의 등장시켰고 따라서 소통 능력의 확대를 가져오게 되었다. 공공 분야에서도 이러한 SNS를 활용해 소통 및 민원 채널로 이용하는 사례가 점차 증가하고 있다.

제 2 절 스마트사회에서 행정의 변화

오늘날 스마트사회의 도래에 대응하여 전자정부의 패러다임도 변모하고 있다. 특히 전자정부의 서비스 측면에서 많은 변화를 보여 주고 있다. 따라서 정부 서비스의 관점에서 전자정부 패러다임의 변화를 살펴보면 다음과 같다.

1 전자정부 패러다임의 변화

1990년대 중반부터 개인용 컴퓨터와 인터넷의 보급으로 시작된 전자정부의 민원 행정 서비스는 정보기술의 발전에 따라서 <표 2-2>와 같이 다양한 패러다임의 변화를 보여 준다.

표 2-2 웹 진화에 따른 정부 서비스 패러다임 변화

구분		산업사회의 전자정부	정보사회의 전자정부	스마트사회의 전자정부
주요 특징		• Government 1.0 • World Wide Web • 정부 중심	• Government 2.0 • Web 2.0 • 시민 중심	• Government 3.0 • Real-World Web • 개인 중심
서비스		- 일방향 정보 제공 - 제한적 정보공개 - 서비스의 시공간 제약 - 공급 위주의 서비스 - 서비스 전자화	- 양방향 정보 제공 - 정보공개 확대 - 모바일 서비스 - 정부/민간 융합 서비스 - 신규 서비스 가치 창출	- 상호작용형 정보 제공 - 실시간 정보공개 - 중단 없는 서비스 - 개인별 맞춤형 서비스 - 서비스의 지능화
접근성		- First-Stop-Shop - 단일 창구(포털)	- One-Stop-Shop - 서비스 연계 시도	- My-Gov - 개인별 정부 서비스 포털
기술 환경	채널	유선 인터넷	유무선 인터넷	유무선 모바일 기기 통합 (채널 통합)
	업무 통합	단위 업무별 처리	프로세스 통합 (공공/민간 협업)	서비스 통합
	기반 기술	브라우저 웹 저장	브로드밴드 Rich Link/ Content Models	시멘틱 기술/ 센서 네트워크

자료: 김성태(2011: 78).

1) 산업사회의 전자정부

인터넷 가상공간의 등장과 함께 시작된 전자정부는 공무원들의 업무 효율성을 증대시키고, 민원인의 대기 시간을 획기적으로 단축시켰다. 정부는 초기에 홈페이지를

통해 단순한 민원 구비서류 정보와 서식을 제공하는 수준에서 출발했다. 이어서 전자정부 단일창구를 통해 다양한 민원행정 서비스가 전자적으로 제공되었기 때문에 국민들은 행정관청을 방문할 필요가 없어졌다. 이른바 '안방민원 시대'가 개막된 것이다.

그러나 제공되는 민원행정 서비스가 단위 업무별로 처리되어, 시간적·공간적인 제약을 받았으며 공급자 위주의 서비스가 제공되었다. 따라서 정부로부터 국민들에게 일방향 정보만이 제공되는 수준이었다. 전자민주주의 관점에서는 정부로부터 시민사회에 대한 정보공개가 활성화되는 단초를 제공했다.

2) 정보사회의 전자정부

산업사회를 거쳐 정보사회의 전자정부로 진화함에 따라 변화한 가장 큰 특징은 민원행정 서비스 제공이 정부 중심에서 시민 중심으로 전환되었다는 것이다. 즉, 정부와 시민들 간에 쌍방향의 의사 교류가 활성화될 수 있는 기반이 마련되어, 참여민주주의를 실현할 수 있는 가능성이 높아졌다. 특히 과거에 제한적으로 공개되던 정보들이 행정정보의 공동 활용과 부처 간 연계를 통해 범위가 확대되었다. 또한 공공과 민간의 협업을 통해 다양한 융합 서비스가 제공되고 있다.

그러나 전자민주주의의 관점에서 볼 때, 시민들이 능동적으로 참여해야만 정부와 소통할 수 있는 한계를 지니고 있다. 따라서 현실적으로 높은 수준의 시민사회 성숙도를 갖추지 못한 상황에서, 정부와 시민들 사이에 신뢰 기반이 형성되지 못하는 문제점이 노출되고 있다.

3) 스마트사회의 전자정부

스마트사회 전자정부의 가장 큰 특징은 개인 중심으로의 변화이다. 즉, 스마트사회에서는 다양한 유무선 모바일 기기들을 통해 개인별 맞춤형 서비스가 My-Gov를 통해 제공될 것이다. 또한 다양한 스마트 정보기술이 정부 업무 및 공공 서비스에 활용되어 전자적 민원행정 서비스의 수준을 고도화시키게 될 것이다.

행정정보의 제공 역시 개인별 맞춤형 정보를 제공하기 때문에 국민과 정부와 협업을 통해 소통할 수 있는 기반이 마련될 것이다. 따라서 국민들의 의견과 제안이 전자정부 기반 위에서 직접적으로 정부 정책에 반영될 수 있도록 시민사회의 성숙도를 높여나갈 필요가 있다.

2 스마트사회의 정부 서비스 변화

스마트사회에서 변화하는 전자정부의 민원행정 서비스는 <표 2-3>과 같이 정리해 볼 수 있다.

표 2-3 스마트정부의 민원행정 서비스 변화

수요자	변화 구분	기존 정부		스마트정부
국민	접근 방법	정부가 정한 방식 (이용 시간 제한/ 지정된 처리 관서)	➡	내가 원하는 방식 (24시간, 지역 무관, 매체 다변화)
	관공서 이용	여러 번 방문 (관청 또는 인터넷) 같은 서류도 필요 시 복수 제출		1회 방문 일괄민원으로 연관 민원 동시 처리
	수혜 방식 (지원금/복지 등)	국민이 자격 증명/신청 필요		정부가 자격 요건 확인 및 지원
	서비스 방식	국민 중심 서비스 (보편적)		개인 중심 서비스 (맞춤형)
공무원	근무 위치	사무실(PC 기반)		위치 무관 (스마트 워크, 모바일 서비스)
	현장 근무	기록은 본부(사무실)에서		현장에서 실시간 기록/관리
	일하는 방식 (재난/안전 등)	사후 복구 위주		사전 예방/예측
국민과 소통	소통창구 운영	통합 창구 (해당 기관에 중계/배포)		통합창구/직접 접수
	정책 반영	통계적/종합적 반영		선별적 직접 반영
	소통 방식	단방향 (국민 → 정부)		양방향 (정책 반영 결과 등 회신)

자료: 한국정보화진흥원(2010a: 17).

스마트사회 전자정부에서 국민들과 공무원들의 일하는 방식의 변화를 간략하게 정리하면 다음과 같다.

1) 내가 편한 시간과 장소에서 내 방식대로(정부가 정한 방식 → 내가 원하는 방식)

지금까지는 정부가 정한 방식대로 국민들이 따라야 했다. 행정 업무 처리를 위해서는 동사무소와 구청 및 거주지 관할 행정관청을 민원인이 알아서 찾아가야 했다. 또한 물리적인 장소의 접근만이 아니라 가상공간의 홈페이지에서도 시간 제약을 받았다.

그러나 스마트사회에서는 이러한 불편들이 사라지고, 국민들은 본인이 원하는 시간과 장소에서 원하는 방식으로 정부의 서비스를 이용하게 될 것이다. 구체적으로는 정부를 만나는 시간과 장소 및 방법까지 정부가 아니라 국민이 스스로 선택하도록 스마트 전자정부의 기반이 제공될 것이다.

2) 방문은 한 번으로(온라인으로도 여러 번 방문 → 어디든 한 번에 완료)

스마트사회 전자정부 민원행정 서비스에서 가장 중요한 것은 국민들이 관공서를 이용하는 횟수를 획기적으로 줄이는 것이다. 이를 위해서는 정보 시스템의 고도화도 중요하지만, 좀 더 강조되어야 하는 분야가 업무 처리 방식의 변화일 것이다. 정부도 오래전부터 행정 업무 처리의 절차를 간소화하고 구비서류를 감축하기 위한 노력을 기울여 왔다.

앞으로 스마트 기술을 활용하여 정부가 보유하고 있는 다양한 행정정보를 공동 활용하면서, 이를 기관 내에서 기관 간으로, 그리고 공공 부문에서 민간 부문의 영역까지 대상 기관을 확장하여 연계 시스템을 구축할 것이다. 이에 따라서 일괄 민원행정 서비스를 제공할 수 있게 되어, 인터넷 민원창구든 관공서를 방문하든 간에 단 한번으로 복합민원도 처리될 것이다. 다만 이 경우, 국민들의 개인정보가 오・남용되지 않도록 정보의 조회 결과를 철저하게 기록으로 남겨서 관리할 필요성이 있다.

3) 알아서 처리하는 맞춤 서비스(국민 → 개인 중심으로)

앞으로의 전자정부 서비스는 국민의 요구에 반응(response)하는 것이 아니라 먼저 알아서 반응(sensing)하는 식으로 변화할 것이다. 즉, 국민들이 여러 가지의 민원행정 서비스를 신청하지 않더라도, 정부가 스스로 감지해서 해당 행정 서비스를 선제적으로 제공하는 것을 의미한다. 여기에는 장애인보조금, 노령연금, 실업수당 및 육아 휴직급여 등 다양한 행정 업무가 해당될 수 있다. '권력 위에 잠자는 자는 국가가 보호하지 않는다'는 현재의 정부 서비스 행태는 스마트사회에서는 더 이상 용납되지 않을 것이다.

또한 정부는 모든 국민을 대상으로 하여 행정 서비스를 제공하고 있다. 그러나 국민들은 연령과 직업, 거주 지역에 따라서 각기 다른 서비스를 필요로 한다. 이제까지는 투자의 효과를 극대화하기 위해 폭넓은 계층을 우선 대상으로 하여 서비스를 제공해 왔다. 그러나 앞으로는 직장인, 주부, 장애인, 다문화가정 외국인, 학생, 노인 및 해외 거주자에 이르기까지 다양한 계층에 맞도록 민원행정 서비스가 개인화될 것이다. 국민들은 스마트 정보기술의 발전으로 자동차세 납부 고지, 예비군훈련 소집 통보, 자동차 검사 안내, 건강검진 통지 및 훈련 연기 신청에 이르기까지 다양한 분야에서 개인화된 맞춤형 서비스를 최적화된 방법으로 제공받게 될 것이다.

4) 스마트워크의 확산(사무실에서 기록/관리 → 현장에서 실시간 점검/기록)

공공 부문에서 근무하는 사람들의 상당 부문은 사무실이 아니라 현장에서 일하고 있다. 가축 질병 검역, 국제 협상, 자동차 관리, 우편 업무, 산림자원 관리 등 수많은 분야의 공무원들은 업무의 특성상 현장에 나가서 일해야 한다. 이제까지는 현장에서 일하더라도 사무실로 복귀하여 정보 시스템에 자료를 입력하여 관리하는 것으로 업무가 마무리되었다. 하지만 앞으로는 다양한 모바일 기기를 활용하여 현장에서 업무를 수행하고 바로 입력하는 것이 가능해졌다. 따라서 업무의 효율성과 생산성이 증대되는 것은 물론 위기관리의 대응성도 크게 향상될 것이다.

저자가 산림청을 방문하여 직접 확인했던 사례를 설명하면 다음과 같다. 산림청 공무원들 가운데는 직접 산에 가서 나무들의 크기를 재는 사람들이 있다. 과거에 이들은 더운 여름이나 추운 겨울날에도 산에 가서 나무의 지름을 측정하고, 이것을 종이 대장에 기입한 이후에, 사무실로 복귀하여 컴퓨터에 일일이 데이터를 입력했다. 하지만 이제 스마트 워크의 시대에 걸맞게 산에서 나무의 지름을 측정하는 도구가 바로 데이터를 시스템에 전송하기 때문에 중간에 했던 종이 문서의 작업이나 사무실에서의 입력이 사라지게 되었다.

따라서 이제 행정정보를 구성하는 데이터들이 모두 모바일 기기를 활용하여 현장에서 전자적으로 발생하는 장소에서 바로 자동 입력 및 전송되는 방식으로 바뀌고 있는 것이다. 특히 자연재해 분야에서는 현장의 재해 발생 상황 및 피해 현황을 실시간으로 보고하고 관리하여, 대피와 구조 분야에서 위기 대응 능력이 향상될 것이다. 이처럼 스마트정부에서는 클라우드 컴퓨팅을 기반으로 하여 모바일 기기들을 활용하여 재택근무, 스마트 워크 센터근무, 현장근무 등 다양한 형태의 업무 처리 환경이 마련될 것이다

5) 사고 조치보다 예방이 최선(사후 응급복구 위주 → 사전 예방)

정부의 기본 역할 중에 하나인 국민의 생명과 안전을 보장하는 재난, 안전의 영역에서는 사고가 발생한 이후에 최대한 빠른 기간 내에 복구하는 것이 이제까지의 정책 목표였다. 즉, 사후 응급 복구를 목표로 하여 정부의 업무 프로세스를 재설계하고 시스템을 구축해 왔다. 그러나 스마트정부에서는 이러한 정책 목표는 사전 예방으로 바뀌고 있다.

정부는 이제까지 축적된 방대한 양의 정보를 지능형 정보기술을 활용하여 통합해 검색하고, 이를 바탕으로 재난사고를 사전에 예방하고 재산과 인명 피해를 최소화하는 정책목표를 설정했다. 스마트 정보기술을 활용하여, 전염병과 가축 질병, 태풍과 폭우 등 자연재해와 재난 분야에서 위기관리와 위험 예측을 통해 발생 가능성을 낮추고 피해를 줄이는 방안이 마련될 것이다.

6) 국민과의 소통으로 진화하는 정부(일방적/형식적 → 능동적/환류)

기존의 전자정부를 통해 구축된 정부의 홈페이지들은 국민들의 민원에 대한 답변을 시작으로 다양한 민원행정 서비스를 제공함으로써 정부와 민간 간에 협력의 구심점으로 역할해 왔다. 이러한 웹은 이제 정보를 자발적으로 공개하고 네트워킹하는 단계로 발전했다. 즉, 개방과 참여 그리고 공유의 가치를 바탕으로 하는 이러한 시대에 공공 부문 역시도 대응해야 한다(김문조 외, 2011).

오늘날의 정보환경에서는 어떤 사회적인 문제가 시간과 공간의 제약 없이 전국적

인 이슈가 되고 바로 집단행동이 가능해져서, 국민들이 국회를 통하지 않고 바로 정부와 소통할 수 있는 기반이 마련되었다. 이처럼 소셜 미디어와 소셜 네트워크 서비스의 확산은 국민과 정부의 소통 방식을 진일보시킬 것으로 전망된다. 소셜 미디어는 앞으로도 정부 정책이나 홍보 수단으로 활용되어 국민과의 소통이 증가될 것이다. 또한 스마트 전자정부에서는 국민과의 소통을 기반으로 정부가 보유하고 있는 방대한 양의 정보와 연계시켜서 가치를 확장할 수 있도록 새로운 국민체감형 서비스 모델이 제공될 것이다.

쉬어가기

지난 30년간 세상을 바꾼 30대 발명품

지난 2009년 2월 16일, 미국 공영방송 PBS와 와튼스쿨은 방송 30주년 기념으로 지난 30년간 사회와 삶을 근본적으로 변화시킨 30대 발명품을 선정해 발표했다.

1. Internet/Broadband/World Wide Web(인터넷/브로드밴드/월드와이드웹)
2. PC/Laptop Computers(PC/노트북 컴퓨터)
3. Mobile Phones(휴대전화)
4. E-Mail(이메일)
5. DNA Testing & Sequencing/Human Genome Mapping(DNA 테스트 기술/게놈지도)
6. Magnetic Resonance Imaging(자기공명 단층촬영 장치)
7. Microprocessors(마이크로프로세서)
8. Fiber Optics(광섬유)
9. Office Softwares(사무용 소프트웨어)
10. Non-Invasive Laser/Robotic Surgery(비침습 레이저 수술/로봇 수술)
11. Open Source Software and Services(오픈소스 소프트웨어/서비스)
12. Light Emitting Diode products(발광 다이오드 제품)
13. Liquid Crystal Displays(액정화면 LCD)
14. GPS(위치정보 시스템)
15. Online shopping/E-commerce/Auctions(온라인 쇼핑/e-커머스/옥션)
16. Media File Compression(미디어 파일 압축)
17. Microfinance(무담보 소액 금융 지원)
18. Photovoltaic Solar Energy(광전지 태양 에너지)
19. Large Scale Wind Turbines(대규모 풍력발전기)
20. Social Networking via Internet(소셜 네트워크)
21. Graphic User Interface(GUI: 그래픽 사용자 인터페이스)

22. Digital Photography/Videography(디지털 카메라/비디오)
23. RFID and Applications(RFID/애플리케이션)
24. Genetically Modified Plants(유전자 변형 식물)
25. Biofuels(바이오 연료)
26. Bar Codes and Scanners(바코드와 스캐닝)
27. ATMs(자동현금인출기)
28. Stents(의료용 인조철망)
29. SRAM/Flash Memory(S램 플래시 메모리)
30. Anti-Retroviral Treatment for AIDS(에이즈 치료 기술)

자료: 한국정보화진흥원(2009).

Part 02

정부 내에서 정보기술 환경의 변화

우리나라는 세계 최고의 ICT강국으로 자리매김하고 있다. 정보통신기술은 오늘날 한국 사회의 모든 분야에 적용되어, 우리의 생활환경을 급속하게 변모시키고 있다. 이러한 변화는 정부의 여러 부문에서 일어나고 있다. 따라서 미래 사회와 정보기술의 상호 발전에 대한 전망은 미래 예측의 가장 중요한 요건이다. 그러므로 제2편에서는 우리나라 정부에서 활용하고 있는 정보통신기술의 현황 및 발전 추세 등을 살펴보고자 한다.

오늘날 정보기술 분야에서 가장 큰 이슈를 제공해 주는 것은 물론 클라우드 컴퓨팅이다. 하지만 오래전부터 유비쿼터스 정보기술 역시도 큰 비중을 차지하고 있다. 또한 최근에는 빅데이터 정보기술의 활용도 주요 관심사로 부각하고 있다. 그리고 이러한 정보기술들이 행정에 도입되어 활용되는 핵심 분야에 행정정보의 공유 및 정부통합전산센터가 자리 잡고 있다. 따라서 제2편에서는 이들 현황을 살펴보고자 한다.

제 3 장 유비쿼터스 정보기술

오늘날 정보통신 분야에서 가장 주목을 끌고 있는 개념은 '유비쿼터스(ubiqutous)'라는 용어일 것이다. 유비쿼터스는 오늘날의 정보사회에 엄청난 영향력을 가져올 것으로 예상되는 신개념 정보기술을 지칭한다. 이 단어는 유비쿼터스 컴퓨팅(ubiquitous computing)이나 유비쿼터스 네트워크(ubiquitous network) 등에서와 같이 새로운 정보통신 환경과 패러다임들을 논의하는 데 활발하게 사용되고 있다.

따라서 이 장에서는 우선 유비쿼터스의 개념과 구성을 알아보고, 이어서 유비쿼터스의 기반 기술인 사물지능 통신망을 중심으로 살펴보고자 한다.

제 1 절 유비쿼터스 컴퓨팅의 도래

1 유비쿼터스 컴퓨팅의 기원

'유비쿼터스(ubiquitous)'의 어원은 '편재한다' 또는 '어디든 존재한다'는 의미를 가진 라틴어이다. 일반적으로 물, 공기처럼 도처에 편재한 자연자원이나, 신이 언제 어디서나 시공을 초월하여 존재한다는 것을 표현할 때 이용되어 왔다.

유비쿼터스 정보화의 효시는 1988년 제록스(Xerox)사 팔로 알토(Palo Alto) 연구소(PARC)의 연구원이었던 마크 와이저(Mark Weiser)가 유비쿼터스 컴퓨팅이란 개념을 제시하면서 시작되었다(Weiser, 1991). 그는 차세대 컴퓨터 환경에 대비하여 '사용하기 쉬운 컴퓨터'의 개념에서 출발했다. 즉, 컴퓨터를 사용해 일을 하는 사람이 일보다는 컴퓨터 조작에 더 몰두해야 하는 불편함을 지적하며 인간 중심의 컴퓨팅 기술로서 유비쿼터스 컴퓨팅 비전을 주장했다.

이 개념은 실세계의 각종 사물과 물리적 환경 전반(물리공간)에 걸쳐 컴퓨터들이 편재되게 하되, 이것이 사용자들에게는 컴퓨터로서 겉모습이 드러나지 않도록 환경 내에 효과적으로 심어지고 통합되도록 함으로써 사용자들이 컴퓨터라는 거부감을 느끼지 않고서도 언제, 어디서나 도처에 존재하는 컴퓨터들을 편리하게 이용할 수 있게 한다는 것이다. 즉, 가장 심오한 기술은 사라지는 기술이라 하면서 주변 환경과의 구별이 안 될 때까지 일상생활 속에 파고들어가는 특성을 강조했다.

와이저는 『사이언티픽 아메리칸(*Scientific American*)』 1991년 9월호에 u-컴퓨팅에 관한 논문을 게재했고, 이는 유비쿼터스 컴퓨팅을 이해하는 데 많은 도움을 주고 있다. 미래의 컴퓨터는 우리가 그 존재를 의식하지 않는 형태로 생활 속에 점점 파고들어 확산될 것이며, 한 개의 방에 수백 대의 컴퓨터가 있고, 그것들이 케이블과 무선 양쪽의 네트워크로 상호 접속되어 있을 것임을 말했다.

2 유비쿼터스 컴퓨팅의 전망

스위스 취리히 ETH 연구소의 프리드만 매턴(Friedemann Mattern)은 유비쿼터스 컴퓨팅 기술이란 "현실세계와 가상세계와의 차이를 연결하는 다리를 놓을 수 있는 새로운 기술"이라고 정의하면서, 다음과 같은 점을 들어 유비쿼터스 컴퓨팅 기술의 도래를 전망했다(Mattern, 2001).

첫째, 앞으로의 컴퓨팅은 과거의 '많은 사람을 위한 하나의 컴퓨터(one computer for many people)' 시대에서 현재의 '각 개인을 위한 하나의 컴퓨터(one computer for everyone)' 시대를 지나 '각 개인을 위한 많은 컴퓨터(many computers for everyone)' 시대가 될 것이다.

둘째, 현재의 인터넷은 특정한 시점이나 지점에서만 접속이 가능했으나 앞으로는 언제, 어디서나, 어떤 단말기로든지, 무엇을 하려고 하든지 접속이 가능한 유비쿼터스 접속(ubiquitous access)을 실현해 줄 것이다.

셋째, 오늘날의 인터넷이 모든 컴퓨터를 연결하는 것이었다면, 앞으로의 인터넷은 일상생활에서의 모든 환경과 사물에 컴퓨터를 집어넣어 지능화시키고, 이들을 서로 대화할 수 있도록 연결시킬 것이다. 즉 모든 사물이 지능화되면 사물 인터넷(Internet of Things)이 등장할 것이다.

넷째, 우리가 활용하는 아주 작은 컴퓨터들은 우리가 의식할 수 없을 정도로 사물에 내재되어(embedded), 보이지 않게 되며, 아주 조용할 뿐만 아니라, 복잡한 조작을 하지 않아도 스스로 주어진 일을 처리하는 컴퓨팅 시대가 될 것이다.

3 유비쿼터스 컴퓨팅의 특성

유비쿼터스 컴퓨팅・네트워크 기술의 특성은 다음과 같이 정리될 수 있다.

첫째, 사물과 환경에 컴퓨터를 내재시킴으로써 그 기능을 지능화하고, 나아가서는 환경의 특성까지도 개인에 맞게 전환・지능화할 수 있는 데 있다.

둘째, 사물 스스로 주위의 환경에 존재하는 사물의 정체성을 식별할 수 있으며, 여타 사물과 환경으로 만들어지는 공간의 형상을 지각할 수도 있다.

셋째, 환경, 사물의 변화 특성, 공간 이동을 연속적으로 감식, 진단, 추적할 수 있으며 그 정보를 실시간 공유할 수 있다.

넷째, 사람이 애써 의식하거나 조작하지 않아도 사물들 간의 의사소통과 정보 수・발신이 T2T(thing to thing) 상에서 자발적으로 이루어지며, 그 결과를 자동적으로 사람에게 제공해 줄 수 있다.

다섯째, 유무선 네트워크의 통합과 다양한 포스트 PC 단말기를 통해 언제, 어디서나, 어떠한 형태이든지 네트워크로의 접속이 가능하다는 것이다.

여섯째, 물리공간이나 전자공간과는 달리 고정되어 있건 이동하든지 간에 수많은 사물과 단말기에 주소(IPv6)가 부여되어 위치와 주체가 일체화될 수 있다는 점 등이다.

이러한 유비쿼터스 컴퓨팅 세상은 한마디로 죽어 있는 물리공간의 부활 또는 물리공간의 지능화로 말할 수 있다. 즉, 사물에 지능형 센서가 심어지고, 이들이 단거리 무선 커뮤니케이션으로 연계됨으로써 사물이 지각하고, 사고하고, 커뮤니케이션하고, 스스로 행동하는 세상을 말한다. 이러한 특성으로 인해 유비쿼터스 컴퓨팅 기술은 우리가 살고 있는 일상적인 생활공간과 기능적으로 연계됨으로써 과거 정보화 패러다임과는 차원이 다른 정보 서비스와 애플리케이션을 제공할 것이다(한국전산원, 2004).

제 2 절 유비쿼터스 컴퓨팅의 환경 및 구성 내용

1 유비쿼터스 컴퓨팅의 기반 환경

유비쿼터스 컴퓨팅의 기반은 다음과 같이 정리할 수 있다.

1) 공간 및 지리적 제약이 없는 환경

기존의 유선 정보기술에서 서비스를 이용할 수 있는 장소는 회선에 연결된 단말기기가 설치된 장소뿐으로 이른바 '점의 집합'이었다. 한편 오래전부터 무선통신의 개발과 활용도 이루어져 왔지만, 이용자나 용도는 한정되어 있었다. 휴대전화 등의 보급에 따라 이러한 정보통신 이용의 공간적 제약은 상당히 해소되었지만 서비스 영역에 따르는 제약 등은 여전히 남아 있다. 그러나 향후 유비쿼터스 정보기술로 인한 기반 환경은 다양한 정보통신 인프라를 단절 없이(seamless) 접속함으로써 이러한 공간적·지리적 제약을 가능한 한 해소하고, 이용자가 어디에 있더라도 그 자리에서 필요한 정보통신을 이용할 수 있는 환경이다.

2) 통신용량 및 통신 속도의 제약이 없는 환경

최근 고속 통신회선이 빠르게 확산되고 있지만, 현재 개인이 일반적으로 이용할 수 있는 정보통신 서비스에서는 영상 등의 멀티미디어 정보를 자유롭게 교환하기에는 용량이 부족할 뿐만 아니라 동시에 여러 이용자가 집중하게 되면 성능이 저하되는 등 네트워크 용량의 한계가 서비스 이용에 여러 제약을 주고 있다. 그러나 향후 유비쿼터스 정보기술로 인한 기반 환경은 사용자에게 가까운 액세스 회선의 고속화뿐만 아니라 통신망이 줄기에 해당되는 백본 부분의 현격한 대용량화로 이러한 전송능력 및 처리 능력의 제약을 제거함으로써, 누구나 이용하고자 하는 시간에 충분히 고속 정보통신 인프라를 이용할 수 있으리라고 기대된다.

3) 네트워크 · 단말 · 서비스 및 콘텐츠 선택의 제약이 없는 환경

기존의 정보기술에서는 제공 회사나 인프라에 따라 이용할 수 있는 단말 · 서비스 · 콘텐츠의 사양 등이 정해지는 일이 많았기 때문에 하나의 통신단말에서는 특정 회사의 서비스만을 이용할 수 있는 등 결과적으로 이용자의 서비스 선택의 자유를 제한했었다. 그러나 향후 유비쿼터스 정보기술로 인한 기반 환경은 정보통신망과 단말기기를 자유롭게 조합해서 이용할 수 있으며, 이용자가 적절한 대가를 지불하면 그 때의 상황에 맞추어 사용할 네트워크 · 단말기기 · 서비스나 콘텐츠를 각각 자유롭게 선택해 이용할 수 있다.

4) 통신 대상의 제약이 없는 환경

기존의 정보기술 환경에서는 대부분이 통신 서비스별로 사용할 수 있는 단말의 종류가 제한되어 있었기 때문에 생활환경을 형성하는 일용품 중에서 통신 기능을 지니는 것은 극히 제한적이었다. 그러나 유비쿼터스 정보기술로 인한 기반 환경은 통신 기능의 탑재가 훨씬 쉬워지고, 네트워크에 접속해서 정보를 교환하는 단말기기의 범위가 현저하게 확대될 것이다. PC나 PDA, 휴대전화 등 기존에 통신단말로 사용되어 온 기기는 물론, 차세대 TV나 이른바 정보가전, 나아가서는 테이블이나 의자, 조명기구, 자동차, 로봇, 의류, 장식품, 간판이나 광고 등 신변 주변의 많은 것이 네트워크에 접속됨으로써, 용도에 맞춘 정보통신에 의해 좀 더 편리한 기능이 제공되는 환경이 구축될 것이다.

2 유비쿼터스 컴퓨팅의 구성 내용

유비쿼터스 컴퓨팅을 이해하려면 개인용 컴퓨터가 컴퓨터의 전부가 아니라는 인식부터 새롭게 해야 한다. PC의 문제점으로는 다음과 같은 사항들이 거론되어 왔다. 즉, 사용하기 불편하고 조작법이 어려우며, 동일한 자판 조작으로 모든 소프트웨어 대응이 무리라는 것이다. 컴퓨터의 종류는 매우 다양하며 PC는 그 일부에 불과하다. 전 세계에서 사용되는 컴퓨터 중 PC는 1%에 불과하다고 해도 과언이 아니다. 즉, 휴대전화, 팩스, 복사기, 엘리베이터, 고속전철, 라디오, 전기밥솥, 에어컨, 세탁기 등의 내부에 마이크로컴퓨터가 내장되었음을 상기할 필요가 있다. 반도체의 발달로 컴퓨터 본체가 마이크로프로세서의 형태로 소형화되었기 때문이다. 유비쿼터스 컴퓨팅에서는 이들 컴퓨터끼리 연락하는 컴퓨터 사회를 촉진할 것이다. 모든 물체 안에 컴퓨터가 내장되어 서로 네트워크로 연결된다면 일대 변혁이 초래될 것으로 전망된다.

[그림 3-1]은 유비쿼터스 컴퓨팅이 어떠한 내용을 구성하고 있는지를 보여 준다. 각각에 대해 상세히 설명하면 다음과 같다.

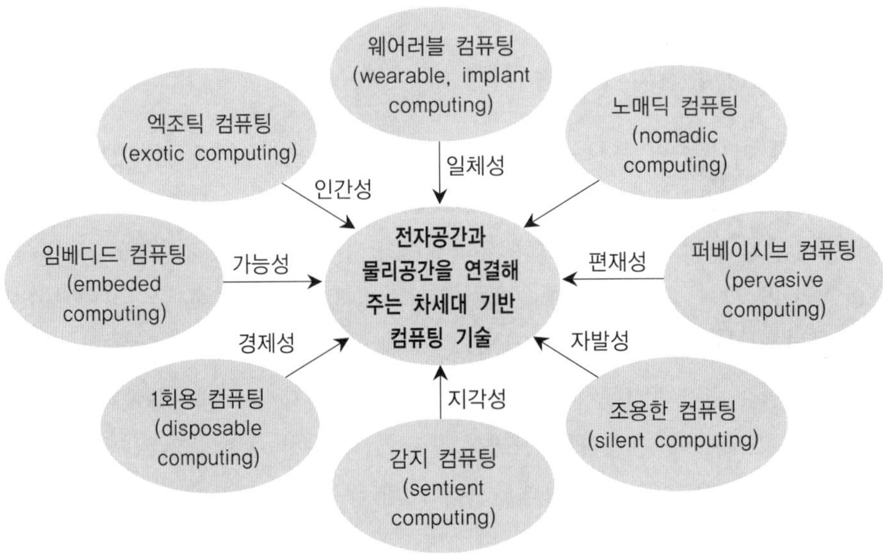

그림 3-1 유비쿼터스 컴퓨팅 개념의 구성 내용

1) 웨어러블 컴퓨팅(wearable computing)

유비쿼터스 컴퓨팅 기술의 출발점으로서 컴퓨터를 옷이나 안경처럼 착용할 수 있게 해줌으로써 컴퓨터를 들고 다니기 거추장스러운 것에서 인간의 몸의 일부로 만드는 데 기여하는 기술이다. 현재 입는 컴퓨팅 기술은 앞으로 체내이식형 컴퓨팅(implant computing) 기술로 발전해 나가고 있다.

2) 임베디드 컴퓨팅(embedded computing)

사물에 컴퓨터 칩(microchip) 등을 심어 사물을 지능화하는 컴퓨팅으로서 예를 들면 다리, 빌딩 등과 같은 건축물에 마이크로칩을 설치해서 자동적으로 안전진단을 하고 조치를 취하는 것이다.

3) 감지 컴퓨팅(sentient computing)

컴퓨터가 센서 등을 통해 사용자의 상황을 인식하여 사용자가 필요로 하는 정보를 제공해 주는 컴퓨팅 기술이다.

4) 노매딕 컴퓨팅(nomadic computing)

노매딕 컴퓨팅 환경은 어떠한 장소에서든 이미 다양한 정보기기가 편재되어 있어, 사용자가 정보기기를 굳이 휴대할 필요가 없는 환경을 말한다. 사용자는 장소와 상관없이 일정 사용자 인증을 거쳐 다양한 정보기기를 이용해 동일한 데이터에 접근할 수 있다.

5) 퍼베이시브 컴퓨팅(pervasive computing)

어디든지, 어떠한 사물이든지 컴퓨터를 심어 도처에 편재되도록 하여 현재의 전기나 가전 기기처럼 일상화된다는 비전을 담고 있다.

6) 1회용 컴퓨팅(disposable computing)

컴퓨터를 1회용 종이처럼 매우 저렴화시키는 것인데, 1회용 컴퓨터의 실현은 아무리 하찮은 물건일지라도 컴퓨터를 심을 수 있음을 의미한다.

7) 엑조틱 컴퓨팅(exotic computing)

스스로 생각하여 현실세계와 가상세계를 연계해 주는 컴퓨팅을 실현하는 기술이다.

제 3 절 사물지능 통신망의 구축

1 사물지능 통신의 개념

사물 지능 통신이란 사람 대 사물, 사물 대 사물 간 지능통신 서비스를 언제 어디서나 안전하고 편리하게 실시간으로 이용할 수 있는 미래 정보통신 융합 ICT 인프라를 의미한다. 그러므로 좁은 의미의 사물통신은 기계 간의 통신 및 사람이 동작하는 디바이스와 기계 간의 통신을 말한다. 넓은 의미로는 통신과 ICT 기술을 결합하여 원격지의 사물정보를 확인할 수 있는 여러 가지 방안을 포괄한다.

이러한 사물통신은 RFID, 무선랜 등 기타 수단에 상관없이 인터넷으로 사물을 판독, 인식, 위치 확인, 주소 확인 등 사람과 사물이 상호작용하는 센서 네트워크(Ubiquitous Sensor Network: USN 센서를 네트워크로 구성한 것으로, 인간 중심의 유비쿼터스 패러다임이 확대되면서 세계적으로 활발하게 연구되고 있는 기술 중의 하나임)의 고도화를 지향한다.

이러한 지능형 사물통신망은 '사물 인터넷(Internet of Things)'을 통신의 관점에서 지칭하는 것이다. 이러한 사물 인터넷 개념의 등장은 이제까지와는 완전히 다른 정보통신 환경을 제공하여 이른바 IT혁명을 가능하게 하는 수단이 되고 있다. 간단하게 이야기하면 운전자 없이도 자동차가 집을 찾아갈 수 있다는 것이고, 풀어서 말하면 술 취한 운전자가 음주운전을 하지 않고도 집으로 차를 가지고 갈 수 있게 되는 것이다. 실제로 현재 유튜브 동영상에는 구글이 미국의 라스베이거스 사막에서 무인자동차를 실험하고 있는 장면이 나와 있다 .

이러한 사물지능 통신은 [그림 3-2]와 같이 공공 부문에서 다양하게 활용될 것으로 전망된다.

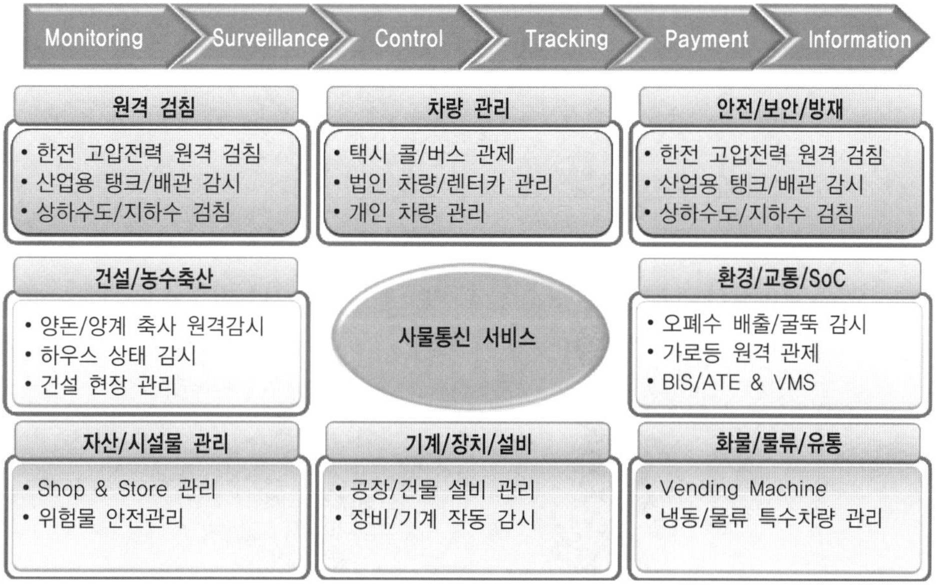

그림 3-2 사물지능 통신 응용 서비스 사례

사물 인터넷이라는 용어는 지난 2003년 『포브스(*Forbes*)』지에 '사물들의 인터넷(Internet of Things)'이라는 기사가 실리면서 처음 알려졌다. 이후 2005년에 국제전기통신연합(ITU)이 『사물 인터넷(*The Internet of Things*)』이라는 연차보고서를 발표하면서, 앞으로 미래 IT혁명의 기본 틀을 사물 인터넷이 담당하게 될 것이라고 예측했다. 이 보고서는 사물 인터넷을 "세상에 존재하는 모든 사물을 네트워크로 연결해 인간과 사물, 사물과 사물 간에 언제 어디서나 서로 소통할 수 있도록 하는 새로운 정보통신 기반"이라고 전망했다. 이어서 2008년에는 『타임(*TIME*)』지가 올해 최고의 발명품으로 사물 인터넷을 선정했다.

지난 2008년 미국의 국가정보위원회는 2025년까지 다양한 분야에서 미국의 국가경쟁력에 영향을 미칠 수 있는 6대 와해성 기술(disruptive civil technologies) 중에 하나로 사물 인터넷을 선정했다. 일본 역시도 2008년 UNS(Ubiquitous Network

Society) 전략II를 통해 11대 전략 중 '센싱 유비쿼터스 시공 기반'을 선정해 환경·재해 등 사회문제를 사물통신 기반을 통해 해결하고자 하고 있다. 유럽도 제7차 프레임워크 프로그램 7대 과제 중 '미래 네트워크 기반'을 선정하여 미래 정보 인프라가 수십억의 인구와 수조에 달하는 사물과 연결할 것을 대비해 네트워크 및 서비스 인프라 구축을 추진하고 있다.

2 우리 정부의 추진 계획

앞으로의 사회에서는 [그림 3-3]과 같이 정보통신망이 사물정보와 결합되면서 다양한 지능형 서비스, 응용 서비스를 위한 핵심 경쟁 요소로 등장하게 될 것이다.

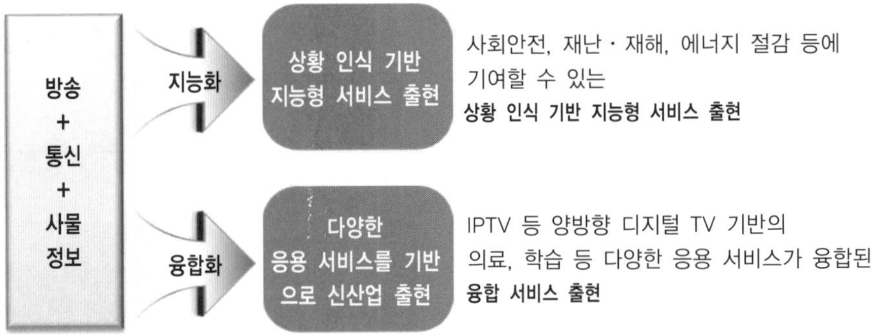

그림 3-3 ICT 융·복합 산업의 출현

지난 2004년 (구)정보통신부는 IT839 3대 인프라의 하나로 센서네트워크(USN)를 선정, 신규 서비스 발굴·검증을 중점 추진했으나, 인프라 공동 구축 및 정보 공동 이용이 미흡했고, 2008년 정부조직 개편 이후에 정부의 종합계획은 없는 상태였다.

우리 정부는 u-기상, u-환경, u-안전 등 u-서비스 모델 발굴을 위해 전국에 총 27건의 USN 시범사업(2005~2008년)을 추진했고, 지난 2008년부터 41개 지방자치단체가 56개 지구에서 u-City 사업을 추진 중이나 부처·기관별 개별적 인프라 구축 및 기존 방송통신망 활용 미흡으로 자원의 낭비와 중복 투자의 우려가 제기되었다.

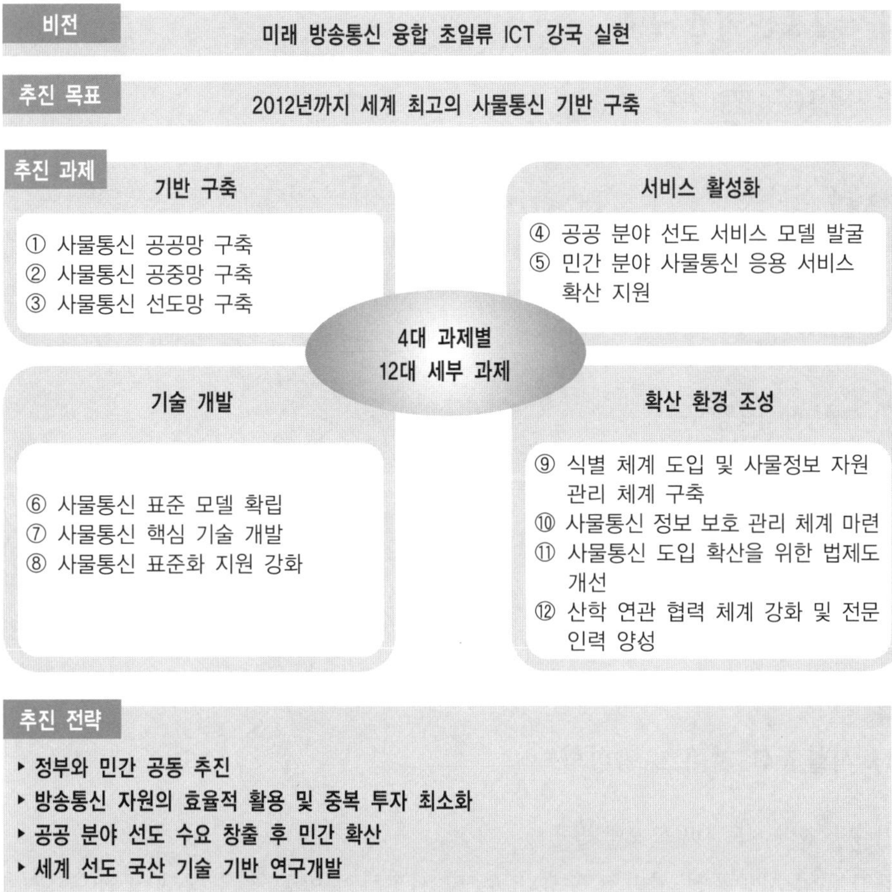

그림 3-4 사물통신 기반 구축의 비전과 과제

이에 우리 정부도 2009년 10월에 미래 사물통신의 시대를 선도하기 위해 [그림 3-4]와 같이 '사물통신 기반 구축 기본계획'을 확정하여 발표했다(방송통신위원회, 2009).

이 기본계획에 의하면 과거 초고속 정보통신 기반의 조기 구축이라는 경험을 바탕으로 2012년까지 세계 최고의 사물통신 기반을 구축하여 정보통신 융합을 통한 ICT 강국을 실현하겠다는 의지를 표명하고 있다. 이러한 기본계획의 내용을 간략하게 정리하면 다음과 같다(방송통신위원회, 2009).

1) 사물통신 기반 구축

(1) 사물통신 공공망 구축

2012년까지 국가 · 지방자치단체 등 공공기관이 저렴하고 안전하게 이용할 수 있는 사물통신 공공망을 구축한다. 구체적으로는 정부 · 지자체 · 통신사업자들이 상호 협력하여 구축하고, 통신망은 통신사업자망을 활용하고 단말(센서, 기기 등)은 자가 설치를 원칙으로 하며, 기상 · 환경 · 수질 등 공공 사물정보 수집 분야를 우선적으로 지원한다.

(2) 사물통신 공중망 구축

통신사업자는 광대역 방송통신망을 기반으로 누구나 안전하고 저렴하게 이용이 가능한 사물통신 공중망을 구축한다.

(3) 사물통신 선도망 구축

사물통신 관련 기술 · 서비스 등을 시험 · 검증할 수 있는 사물통신 선도망을 구축한다.

2) 사물통신 서비스 활성화

(1) 공공 분야 선도 서비스 모델 발굴

공공 분야 사물통신 서비스 수요 조사 및 선도사업 발굴 등을 통해 공공 부문 선도 서비스 프로젝트를 추진한다.

(2) 민간 분야 사물통신 응용 서비스 확산 지원

우선 공공 · 민간 사물정보 융 · 복합 서비스 모델을 발굴하고 확산을 지원한다. 또한 저탄소 녹색성장에 기반이 되는 융합 ICT 서비스 발굴 및 확산을 지원한다.

3) 사물통신 기술 개발

(1) 사물통신 표준 모델 개발 · 보급

효율적인 사물통신 기반 구축 및 운영을 위한 네트워크 구조 및 기술 규격, 서비스 제공 기준 등에 관한 표준 모델을 개발하여 보급한다.

(2) 사물통신 핵심 기술 개발

센서 등 사물통신 기기와 가입자망 접속을 위한 인터페이스 및 개방형 통합 플랫폼을 개발한다. 또한 사물통신 무선 접속 정합 기술 및 정보 보호 기술 개발을 지원한다.

(3) 사물통신 표준화 지원 강화

사물통신 국내외 표준화 선도 및 지적재산권 확보를 지원한다.

4) 사물통신 확산 환경 조성

(1) 식별 체계 도입 및 사물정보 자원 관리 체계 구축

IPv6 기반의 안전하고 효율적인 사물통신 서비스 제공을 위한 식별 체계 도입, 사물정보 자원 관리 체계를 구축해 운영한다.

(2) 사물통신 정보보호 관리 체계 개발

사물통신 및 응용 서비스의 안전하고 신뢰성 있는 사물 정보 수집·전달을 위한 정보보호 관리 체계를 마련한다.

(3) 사물통신 도입·확산을 위한 법·제도 개선

(가칭) 사물통신 기반 구축 및 사물정보 이용 활성화에 관한 법률 제정 등 법·제도 개선을 추진한다.

(4) 산학 연관 협력 체계 강화 및 전문 인력 양성

정책 추진 및 반영을 위한 산학 연관 협력 체계 구축과 산업 경쟁력 강화를 위한 전문 인력을 양성한다.

정부는 이러한 사물 기반의 통신망 구축을 위해 민간 투자 유도 및 수요·공급의 선순환구조 창출을 위한 기반 기술 개발, 사물통신 선도망 구축·운영, 시범사업 등에 2012년까지 216억 원을 투자할 예정이다. 또한 상용화 기술 개발, 상용망 구축·운영, 응용 서비스 개발·보급 등은 민간 자체 재원으로 추진할 계획이다.

쉬어가기

세계미래학회가 발표한 2010~2025 미래 전망 20

세계미래학회는 2010년 5월 앞으로의 2010~2025 미래 전망 20을 다음과 같이 발표했다.

① 유전자 조작을 통한 인간 개량 경쟁
② 해수의 소금 제거가 최대 산업으로
③ 전세계 커버하는 초고속 무선인터넷망
④ 2025년쯤 1년에 한 살씩 평균수명 연장
⑤ 생명공학 발달로 바이오 폭력 급증
⑥ 인공지능 사용한 자동 발명시스템 유행
⑦ 일본 가정에 2015년까지 도우미 로봇

⑧ 특수 안경 필요 없는 나노 3D TV 등장
⑨ 운전도 가능한 인공지능 개발
⑩ 2020년까지 전기자동차 완전 실용화
⑪ 중국에선 종교 확산, 중동은 세속화
⑫ 극초단파 기술로 폐쇄 유전에서 채유
⑬ 해조류 활용한 값싼 바이오연료 사용
⑭ 실험실에서 다이아몬드 대량 생산
⑮ 1982~1998년 출생자들의 사회 변혁
⑯ 초고속 퀀텀 컴퓨터 상용화
⑰ 태양광 발전 효율 지금의 2배로
⑱ 제품 · 서비스 개발 소비자가 주도
⑲ 2015년쯤 '가상교육'이 교육 주류로
⑳ 유전자 연구로 유전 질환 정복

제 4 장 클라우드 컴퓨팅 기술

오늘날 정보통신기술 분야에서 미래 성장동력으로 가장 주목받는 분야가 클라우드 컴퓨팅(cloud computing)이다. 이러한 클라우드 컴퓨팅은 그 난해한 개념과 우려에도 불구하고 다양한 국가와 기업들이 앞다투어 채택하고 있는 실정이다. 우리 정부도 이러한 세계적인 흐름에 맞추어 정보자원 통합의 관점에서 이를 적극적으로 추진하고 있다. 이러한 내용을 간략하게 살펴보면 다음과 같다.

제 1 절 클라우드 컴퓨팅의 등장

1 클라우드 컴퓨팅의 개념

클라우드 컴퓨팅은 PC, PDA, 모바일 등 다양한 단말기를 이용하여 사용자들이 ICT 자원을 필요할 때마다 사용료를 주고 자유롭게 빌려 쓰는 것을 의미한다. 구체적으로는 서버, 스토리지, S/W 등 ICT 자원을 구매하여 소유하지 않고, 필요할 때마다 인터넷을 통해 서비스 형태(as a service)로 이용하는 방식이다. 이를 위해 서비스 공급자는 가상화 기술을 접목하여 분산된 ICT 자원을 통합하여 확장성 높고 유연한 자원 할당 서비스를 제공한다. 또한 사용자는 언제 어디서나 인터넷에 접속할 수 있는 다양한 형태의 단말기를 이용하여 저렴하고 향상된 ICT 서비스 이용이 가능하다.

이처럼 클라우드 컴퓨팅은 H/W, S/W 등 IT자원을 필요한 만큼 빌려 쓰고 사용량에 따라 요금을 지불하는 서비스로서, 시스템 도입 비용 절감 및 신속한 IT 서비스 구축과 제공 등의 장점으로 인해 전 세계적으로 그 중요성이 부각되고 있다. 아울러 스마트폰의 확산에 따른 모바일 기반 행정 서비스 수요 증가도 모바일 클라우드 등의 환경을 촉진시키고 있다. 이미 주요 선진국들은 클라우드 컴퓨팅의 효과를 인식하고 각종 중장기 계획을 수립하여 추진 중에 있다.

2 해외 동향

이미 주요 선진국들은 클라우드 컴퓨팅의 효과를 인식하고 정부 차원의 활성화 정책을 수립하여 추진 중이다. 미국의 Cloud First 전략, 영국의 G-Cloud 계획, 일본의 가스미가세키 프로젝트 등이 그 예라 할 수 있다.

1) 미국

현재 미국 정부 IT전략의 주축이 되고 있는 것은 지난 2010년 12월에 발표된 '연방정부 IT관리 쇄신을 위한 25개 실행 계획(25 Point Implementation Plan to Reform Federal Information Technology Management)'이다. 이 계획은 연방정부 기관의 IT 조달 비용(연간 800억 달러) 절감을 위해 IT 프로그램 관리 개선과 운용 효율화 촉진을 목적으로 정리된 것이다.

이러한 25개 실행 계획은 달성 기간을 18개월 간으로 설정하여 2012년 6월까지 연방CIO위원회와 연방정부기관이 최우선 IT전략으로 추진하고 있다. 이러한 25개 실행 계획에는 클라우드 전략인 'FCCI', 'FDCCI' 등의 이니셔티브를 주요한 요소로 포함하고 있으며 실행 계획의 '제1부'가 데이터센터 통합·축소와 클라우드 도입 등이다. 이러한 미국 연방정부의 클라우드 정책을 자세히 살펴보면 <표 4-1>과 같다.

표 4-1 미국 연방정부의 주요 클라우드 정책 및 계획

주요 계획	내용
FCCI	• 주요 전략 목표는 IT인프라 통합(consolidation)과 가상화(virtualization) • 클라우드를 이용한 IT 비전을 확립, 공통 솔루션 선정이나 통합 추진 ※ FCCI : Federal Cloud Computing Initiative(2009. 3)
FDCCI	• 데이터센터 운영비용 절감을 위한 6단계 공공데이터센터 통합계획 ※ FDCCI : Federal Data Center consolidation Initiative(2010. 8)
Cloud First Policy	• 2011년에 최소 한 개 이상의 시스템을 클라우드 환경으로 전환 유도 • 연간 800억 달러의 IT 예산 중 25%를 클라우드 환경 전환에 활용 ※ 25 Point Implementation Plan To Reform Federal Information Technology Management (2010. 12)
FCCS	• 향후 클라우드 이행 계획을 ① 클라우드로 이행할 IT서비스 선택, ② 클라우드로 이행, ③ 이행 후 관리 체계 구축 등 3단계로 구분 • 클라우드 도입 가속화를 위해 기관별 클라우드 이행 IT서비스 3개를 정하게 하고, 실행 완료 요구(1개는 12개월 내, 2개는 18개월 내 실행) ※ FCCS : Federal Cloud Computing Strategy(2011. 2)
25개 실행계획	• 행동 계획 A : 클라우드 서비스('Light Technology')와 공유 솔루션 적용 – 실행 항목: ① 데이터센터 축소(800곳)를 위한 실행 계획 수립(2015년까지), ② 연방정부 전용 데이터센터의 온라인 조달 사이트 시작, ③ 'Cloud First' 정책 이행과 클라우드전략 입안, ④ IaaS 솔루션 도입, ⑤ 연방정부기관 공통으로 SaaS 기반 메일 서비스 도입, ⑥ 연방정부기관 간 공유 서비스 발전을 위한 전략 구상 ※ 데이터센터 통합 · 축소와 클라우드 이행은 FCCI나 FDCCI 등의 연방정부 지침에서 이미 강조되었기 때문에 이 계획에서는 최우선으로 실행해야 항목으로 자리매김
Apps.gov	• '생산성 향상 툴, 기초 인프라 제공'을 위한 사이트로, 연방정부 마켓 플레이스 ※ 제공 서비스 : Business와 Productivity Apps, Cloud IT Services, Social Media Apps 등 4개 분야

2) 영국

영국 정부는 지난 2009년 6월에 발표한 차세대 IT정책인 'Digital Britain'에서, 클라우드 시스템이 그 어떤 정보 시스템 공동 이용보다 효과가 있다면서 정부 내 도입과 활용의 촉진을 명시했다. 이를 위해 범정부 차원의 클라우드 기반인 'G-Cloud'를 구축하고, 향후 클라우드에 의한 가상 PSN(Public Service Network)으로 행정 서비스를 제공할 예정이다.

한편 2011년 3월에 발표한 'Government ICT Strategy'에서는 IT사업 개선을 위

해 비용 절감과 투자 효과를 올리는 것이 중요하다고 언급하며 클라우드 정책을 지원할 것을 명기했다. 또한 실행 과정에서는 보안상의 우려가 큰 퍼블릭 클라우드가 아닌 프라이빗 클라우드 모델을 우선적으로 채용할 것을 밝히고 있다.

3) 일본

일본 정부는 2009년 7월에 발표한 'i-Japan전략 2015'에서 클라우드 정책의 추진을 명시하고 있다. 구체적으로는 정보 시스템 효율화와 비용 절감을 위해 클라우드 기술을 활용하여, '가스미가세키 클라우드'와 '자치체 클라우드'를 추진한다는 것이다. 가스미가세키 클라우드는 클라우드 기술을 활용, 부처 간 또는 지자체 정보 시스템의 통합화 · 집약화와 정보 시스템 구축 · 운용 등의 효율화 · 저비용화를 도모하는 것이다. 자치체 클라우드는 전국 3개소(홋카이도, 교토, 사가)에 실험용 자치체 클라우드를 설치하고, 주로 주민용 클라우드 서비스 실증실험을 추진하는 것이다. 이어서 2010년 5월에 발표한 '새로운 정보통신기술 전략'에서도 클라우드 기반의 정부 정보 시스템의 통합과 집약화 추진을 통한 행정쇄신을 포함시켰다.

제 2 절 공공 부문 클라우드 도입 현황

현재 클라우드 컴퓨팅의 국내 기술 수준은 클라우드 컴퓨팅이 가장 활발한 미국과 비교하면 약 4년 정도 뒤떨어져 있는 것으로 평가된다. 특히 네트워크 구축 · 운영 측면의 경쟁력은 뛰어나지만, 가상화 · 플랫폼과 같은 핵심 기술이 없어 글로벌 외국 기업의 국내 시장 잠식 위협과 클라우드 컴퓨팅 핵심 기술에 대한 외국 의존도 심화 등이 우려된다. 따라서 정부는 지속적으로 다양한 정책을 수립해 오고 있다.

1 2009년 클라우드 활성화 종합계획

지난 2009년 12월에 행정안전부 · 지식경제부 · 방송통신위원회 등 3개 부처는 공

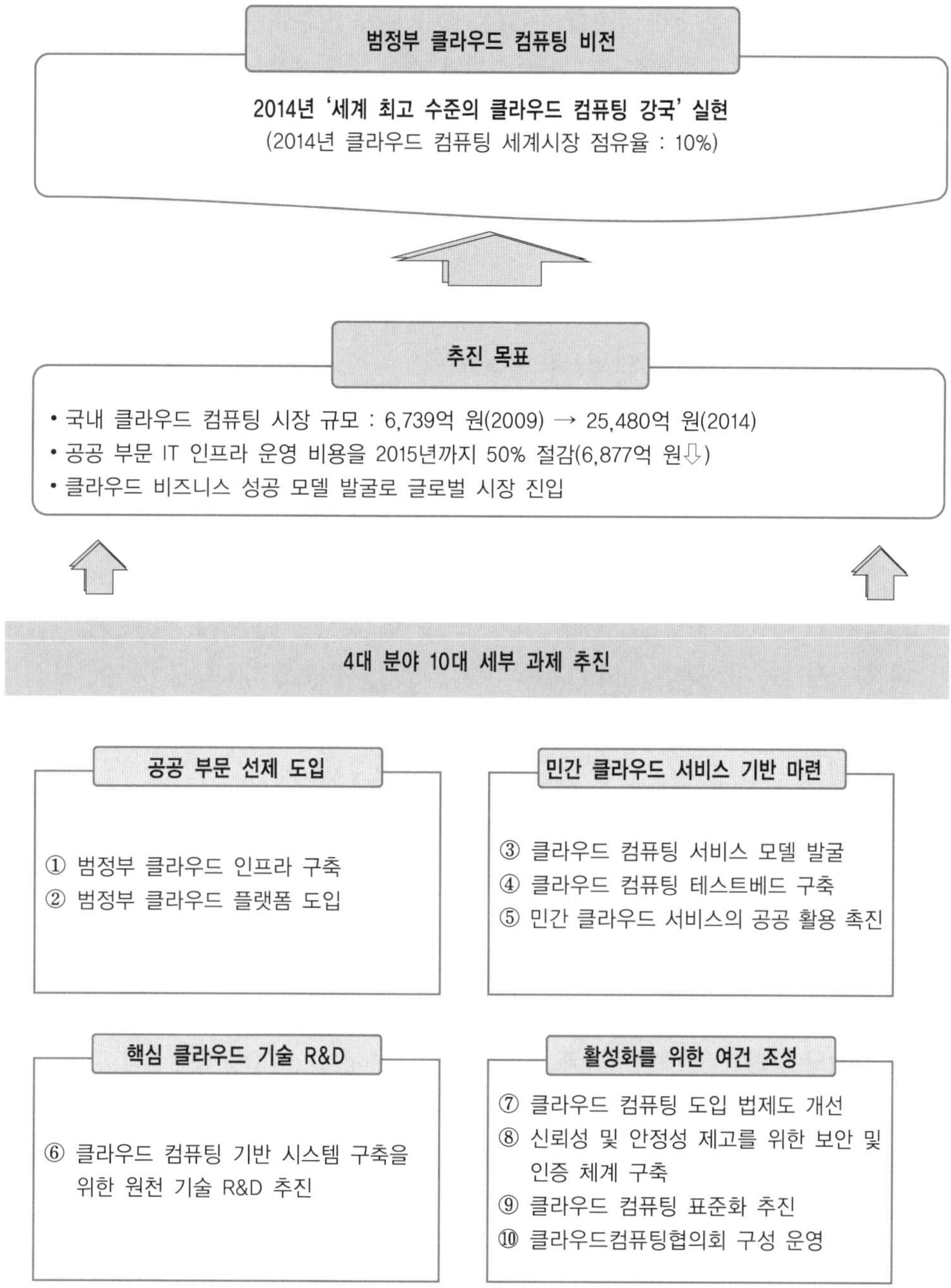

그림 4-1 범정부 클라우드 비전 및 목표

동으로 기업과 공공 분야가 상생할 수 있는 생태계 조성에 초점을 맞춘 범정부 '클라우드 컴퓨팅 활성화 종합계획'을 [그림 4-1]과 같이 발표했다(행정안전부 · 지식경제부 · 방송통신위원회, 2009). 이 계획에는 2014년까지 국내 클라우드 컴퓨팅 시장을 현재(6,739억 원)의 4배인 2조 5천억 원 규모로 키우고, 세계 시장 점유율을 10%까지 확대하는 등 세계 최고 수준의 클라우드 컴퓨팅 강국으로 도약하고자 하는 정부의 목표가 담겨 있다.

클라우드 컴퓨팅 종합계획은 ① 공공 부문 선제 도입을 통한 수요 창출, ② 민간 클라우드 서비스 출현 기반 마련, ③ 핵심 클라우드 기술 R&D를 통한 기술력 강화, ④ 클라우드 서비스 활성화 여건 조성 등 4대 분야 10대 세부 과제를 담고 있다.

이러한 클라우드 4대 분야 10대 추진 과제는 다음과 같이 정리할 수 있다.

(1) 공공 부문 선제 도입

공공 부문에 클라우드 컴퓨팅을 선도적으로 적용하여 국내 초기 시장 수요를 창출하고, 국가 IT자원의 운영 효율성을 획기적으로 향상시킬 계획이다. 정부통합전산센터 내 중소형 및 저사용률 서버(1,970대)를 고성능 서버(255대)로 통합하여 시스템 사용량에 따라 H/W 자원을 탄력적으로 할당할 예정이다. 아울러 연말정산, 신종플루, 입시 발표, G20 홈페이지 등 사용량이 일시적으로 폭주하는 시스템 또는 한시적으로 필요한 시스템을 대상으로 일시적 H/W 자원 수요에 대응하기 위한 'Emergency Pool'을 구축할 계획이다.

클라우드 기반으로 표준화된 가상 개발환경을 공공정보화사업 수주 업체에 제공하는 클라우드 플랫폼 시범 서비스를 추진할 계획이다. 클라우드 플랫폼 서비스는 국가적인 IT 비즈니스 육성정책 및 국내 S/W 개발 업체의 편의성 등을 고려하여 국가정보화지원센터(누리꿈 스퀘어) 내에 시범환경을 구축하고, 2010년에는 5개 공공 프로젝트를 대상으로 시범 적용하여 개발비용 절감 효과, 개발 기간 단축 효과 등을 산정할 예정이다. 2011년 중앙부처 대상 정식 서비스, 2012년 이후 지방자치단체, 산하기관에 단계적으로 확대 추진할 예정이다.

(2) 민간 클라우드 서비스 기반 마련

민간 분야 시범사업을 통해 성공 모델을 확산하는 등 민간의 다양한 클라우드 서비스 출현을 위한 기반을 마련하고자 했다. 2014년까지 IPTV, 모바일 등 초고속 정보통신망 활용 서비스와 그린 PC방, u-Work 등 녹색성장을 견인하는 서비스 등 클라우드 8대 시범 서비스를 단계적으로 구축할 계획이다. 클라우드 컴퓨팅 테스트베드를 구축하여 정부 주도 시범사업 외에 민간에서도 다양한 클라우드 서비스가 개발·제공될 수 있도록 환경을 조성할 예정이다.

또한 민간에서 제공하는 클라우드 서비스(SaaS)를 시범기관을 지정하여 공공 부문에 적극적으로 도입·적용·확산하고자 한다. 정부 및 공공기관의 IT 서비스를 개방하여 민간에 개방·공유 시 사회적 파급 효과가 높은 교통, 방재, 보육, 취업 등의 국민 생활과 밀접한 100대 서비스를 단계적으로 구축하여 다양한 민간 클라우드 서비스가 생겨날 수 있는 기반을 조성할 계획이다

(3) 핵심 클라우드 기술 R&D

클라우드 컴퓨팅 인프라 및 플랫폼 분야 기반 기술을 조기에 확보하고 서비스 상용화를 위한 응용기술 개발을 본격 추진하여, 우리나라 기술경쟁력을 한층 강화할 계획이다. 2010~2014년까지 약 582억 원을 투자하여 클라우드 플랫폼 및 응용 서비스 관련 클라우드 핵심 기술을 개발하고, R&D 결과를 시범사업과 연계함으로써 해당 기술을 검증하고 보완해 나갈 예정이다.

(4) 클라우드 활성화를 위한 여건 조성

시스템 장애, 보안사고 시 이용자 권익 보호를 위한 제도 정비 등 클라우드 컴퓨팅 활성화를 위한 여건을 조성해 나갈 예정이다. 클라우드 서비스 사업자의 권한 남용 방지를 위한 법·제도 정비와 서비스 계약(SLA), 과금 및 정산 등 서비스 가이드라인을 마련하고, 서비스의 안정성과 신뢰성 확보를 위해 보안 침해사고에 대비한 대응체계를 구축하고 서비스 품질인증 제도를 마련할 계획이다. 또한 공공과 민간 클라우드 서비스 상호 운용성 확보를 위한 표준을 제정하고, 관련 부처와 민간 전문가 등으로 구성해 국내 역량을 결집하고 부처 간 긴밀한 정책 공조 체제를 이끌어 갈 수 있는 범정부적 단일 추진 체계 마련을 위해 '범정부 클라우드 컴퓨팅정책협의회'를 구성해 지속적으로 운영해 나갈 예정이다.

이어 2011년 5월에는 ① 글로벌 클라우드 서비스 창출을 통한 경제 활성화, ② 공공 분야 IT 인프라의 선진화·효율화, ③ 믿고 안전하게 쓸 수 있는 이용 환경 조성 등을 통해 2015년까지 우리나라를 글로벌 클라우드 강국으로 육성하기 위한 '클라우

드 컴퓨팅 확산 및 경쟁력 강화 전략'을 발표했다.

이처럼 정부는 국내 클라우드 서비스 조기 활성화 여건 조성을 위해 공공 분야에서 선도적으로 클라우드 컴퓨팅을 도입하고 민간 분야의 시범사업을 통해 클라우드 서비스 성공 모델을 개발하는 한편, 시스템 장애, 보안사고 시 이용자 권익 보호를 위한 제도 정비를 병행할 예정이다.

또한 해외 기업이 이미 기술을 선점한 인프라 분야보다는 플랫폼, 응용 서비스 분야의 기술 개발을 중점적으로 추진하고, R&D 결과를 시범사업과 연계함으로써 해당 기술의 검증·보완을 동시에 추진할 계획이다.

'클라우드 기반 범정부 IT거버넌스' 비전 및 세부 추진 과제

비전: **국민에게 편리한 세계 최고의 선진 국가 IT인프라 구축(2015)**

목표:
- IT 비용 30% 절감
- 스마트 워크 활용 공무원 30%
- 중단 없는 고품질 공공 IT 서비스 구현

과제:
- **IT자원 효율성 제고**
  - 클라우드 기반 IT자원 통합 추진
  - 범정부 공동 플랫폼 구축
- **스마트 서비스 인프라 마련**
  - 스마트 오피스 업무환경 구축
  - 대국민 서비스 고도화
- **국가정보화 추진 체계 보완**
  - 클라우드 활성화 기반 조성

5대 과제	주요 내용
① 클라우드 기반 자원 통합	• 정부통합전산센터를 범정부 클라우드센터로 육성하고 공공 IT 인프라 30%를 클라우드로 전환
② 범정부 공동 플랫폼 구현	• 정보 시스템 개발에 필요한 환경을 클라우드로 표준화해 개발 기간 단축 및 상호 운용성 향상
③ 스마트 오피스 업무환경 구축	• 클라우드 PC 도입, 모바일 오피스 구현 등을 통해 30% 이상의 공무원이 스마트워크 가능한 환경 조성
④ 대국민 서비스 고도화	• 클라우드 서비스 품질 제고, 클라우드 기반 새로운 서비스 발굴
⑤ 클라우드 활성화 기반 조성	• 클라우드 활성화에 필요한 법제도, 정비, 정보 보호·보안 강화 방안 수립, 기술 가이드라인 마련 등

그림 4-2 클라우드 기반의 범정부 IT거버넌스 비전과 전략

2 2011년 클라우드 기반의 IT거버넌스 추진계획

2011년 6월 행정안전부는 앞의 [그림 4-2]와 같이 스마트 시대에 맞는 선진 국가 IT 인프라 구현을 위해 '클라우드 기반 범정부 IT거버넌스 추진계획'을 수립하여 발표했다(행정안전부, 2011b).

이러한 클라우드 기반의 IT거버넌스 비전과 전략은 클라우드 기반의 정부 정보자원 이용·관리의 효율성 제고로 정보화의 실질적 성과 창출 및 범정부 IT거버넌스 패러다임을 전환시키기 위한 것이다. 이러한 IT거버넌스를 통해 각 기관별로 흩어져 있던 정보자원을 저비용·고효율 구조의 클라우드로 전환하여 국가 IT 인프라의 관리에 소요되는 비용을 절감하고, 스마트 워크 확대를 위한 기반을 구축하는 한편, 무중단 고품질 대국민 서비스를 구현해 나갈 수 있을 것이다. 이러한 세부 내용은 다음과 같다.

(1) 클라우드 기반 자원 통합

공공 부문 정보자원의 단계적 클라우드 전환 및 통합으로 저비용·고효율 구조의 국가 IT 인프라를 구현하여 관리에 소요되는 비용을 30% 이상 절감할 수 있도록 추진할 예정이다. 우선 정부통합전산센터를 범정부 클라우드 데이터센터로 육성하여 중앙부처 대상 클라우드 정보자원 서비스를 제공하고, 향후에는 지자체 및 공공기관까지 서비스 범위를 확대할 계획이다.

(2) 범정부 공통 플랫폼 구축

아울러 정보 시스템 개발 및 테스트에 필요한 H/W 및 S/W 일체를 개방형 표준에 따라 규격화하여 클라우드 기반으로 제공함으로써 시스템 구축 기간을 단축하고 서비스 품질 및 상호 운용성을 제고할 예정이다.

(3) 스마트 오피스 업무환경 구축

또한 기존의 데스크톱 PC 기반 업무환경을 클라우드 PC 환경으로 전환하여 언제 어디서나 다양한 단말기를 통해 업무를 처리할 수 있는 스마트 오피스 업무환경을 구축할 예정이다. '클라우드 PC'란 중앙의 서버에 구성된 가상 PC를 온라인을 통해 사용하는 것을 말하며, 현재 사용 중인 업무용 PC를 클라우드 환경에 적합한 저전력

소형 단말기로 교체할 경우 소비 전력의 80% 이상을 절감할 수 있다. 공공 부문의 PC 전체(약 120만 대)를 저전력 PC로 교체하는 경우, 고리원전 1호기 발전용량(587MW)의 절반 이상(312MW)을 절감할 수 있을 것으로 예상된다.

(4) 대국민 서비스 고도화

아울러 수요에 따라 유연하고 신속하게 설비를 증설할 수 있는 클라우드 컴퓨팅의 특성을 활용하여 갑자기 접속자가 폭주하는 경우에도 중단 없는 고품질 서비스를 제공할 수 있도록 주요 대국민 서비스를 대상으로 적용 방안을 연구하고 높은 접근성, 간편한 정보 공유, 저비용·고효율 등 클라우드의 특성을 반영한 새로운 공공 서비스 모델을 발굴해 나갈 계획이다.

(5) 클라우드 활성화 기반 조성

클라우드 컴퓨팅으로 국가 IT 인프라를 선진화하기 위해서는 법제도, 예산, IT 운영 프로세스 등 국가정보화 추진 체계 전반의 변화가 필요하다. 이에 따라 공공 분야 클라우드 활성화에 필요한 법제도 정비, 정보 보호 및 보안 강화 방안 수립, 기술 가이드라인 마련 등을 조속히 추진할 예정이다.

또한 공공 부문 클라우드 활용을 위한 컨설팅과 기술 지원, 프로젝트 관리 등을 수행할 PMO(Project Management Office) 조직을 구성하여 운영하고 공공과 민간 클라우드 서비스 간 상호 운용성 확보를 위한 표준 마련 및 다양한 이해관계자의 의견을 수렴할 수 있는 범정부 협의체, 자문위원회 등을 지속적으로 운영해 나갈 예정이다.

제 3 절 시사점

이러한 클라우드 서비스를 통해 기존의 정부 정보자원 관리의 방식에서 시작하여 IT거버넌스에 이르기까지 다양한 분야에서 매우 큰 변화가 초래될 것이다. 따라서 정부는 다양한 분야에서 이에 대처해야 한다.

1 정부의 정책 분야

클라우드 서비스의 확산에 따라서 정부는 다음과 같은 분야에서 정책 방안을 모색해야 한다.

1) 범국가 거버넌스 차원의 '클라우드 전담 지원조직' 설치와 역할 강화

클라우드 추진 특성상 정책적 · 기술적 거버넌스가 불가피하므로, 추진의 효율화와 성공적인 관리를 위한 전담 지원조직을 설치하여 운영할 필요가 있다. 앞에서 살펴본 것처럼 미국과 영국 등도 범정부 클라우드 사업의 추진을 위해 강력한 리더십 하에 거버넌스 체계를 정립하여 운영하고 있다. 이러한 '클라우드 지원조직'은 개별 시스템이나 프로젝트 관점이 아닌 조직 전체와 중장기적 관점에서 프로세스 전반에 대응하여 국가정보화 사업의 비전과 아키텍처 정의, 지침 수립, 사업관리 및 프로세스 표준화 등을 추진해야 한다.

2) 보안문제 해결

클라우드 컴퓨팅을 활용하는 데 가장 중요하게 부각되는 요인이 바로 보안이다. 개인이든 기업이든 간에 자신의 정보가 다른 기관에 저장되어 있다고 할 때, 보안에 대한 의구심이 해소되지 않는 한 더 이상 서비스를 받을 수 없을 것이다. 따라서 정부는 통합 가상화, 이용자 데이터 집중 관리라는 클라우드 특성에 맞도록 데이터 처리, 장애 시 대처, 사업자 책임 등에 관한 보안 지침과 제도를 마련해야 한다. 이것은 클라우드 사업자와 이용자 간에 서비스 내용 범위 품질 등에 관한 보증 기준을 공통으로 인식하는 SLA(Service Level Agreement) 기준을 수립하는 것을 의미한다.

3) 업무절차 개선

클라우드 환경을 구현하는 것은 단순히 주요 정보기술을 도입하는 것이 아니라 업무 처리 전 과정의 재구조화(BPR)가 핵심으로 부상한다. 따라서 클라우드 기반으로 정보자원을 운영하고 정보를 관리하기 위해서는 무엇보다 업무 프로세스를 분석하고 표준화하는 것이 우선되어야 한다. 즉 업무 프로세스에 대한 이해와 분석, 그리고 업무 처리 절차에 대한 재구조화가 필요하기 때문에 조직 전체에 대한 혁신이 수반된다. 따라서 공공 부문의 경우, 강력한 리더십으로 이를 지원할 수 있는 체계가 마련되어야 한다.

4) 법제도 정비

클라우드의 이용을 촉진하기 위해서는 새로운 기술의 도입과 활용을 저해하는 법과 제도의 정비가 우선되어야 한다. 즉 정보 시스템의 자원을 빌려 쓰는 형태의 클라우드 환경을 반영하지 못하는 기존 법령을 개정해야 한다. 또한 공공 부문이 선도하여 민간 클라우드 서비스를 활용하기 위해 필요한 제도적 기반도 마련할 필요성이 있다. 구체적으로는 클라우드 과금 모델이 적용 가능한 제도를 마련하고, 다국적 기업의 출현으로 인한, 국경을 초월한 클라우드 서비스에 대한 관할권 문제도 해결 되어야 한다. 특히 국제적으로 데이터센터(IDC) 입지 선정이나 데이터 소유권 문제 등의 법제도 문제도 검토해 정립할 필요성이 있다.

2 새로운 접근의 필요성

클라우드는 현재 단순한 기술적 기반으로 인식되고 있지만, 점차 사회구조와 환경, 산업구조를 변화시키는 인프라로 발전할 전망이다. 따라서 앞으로는 정부의 모든 업무 처리에서 클라우드 자원을 가상화해 효율적으로 공유하고, 업무절차를 표준화해서 비용 절감과 서비스 품질을 담보하는 것이 중요하다. 이에 따라 클라우드는 공공 부문만이 아니라 국가 사회 전반에 걸쳐서 전략적 제휴 외에 거버넌스나 사회 서비스의 책임을 담보하는 데 주요한 키를 잡는 도구로 발전할 전망이다.

실제로 현재 클라우드 서비스는 모바일 디바이스, 무선 네트워크, 빅데이터(big data) 분석과 SNS 같은 획기적 기술에 의해 가속화되고, 서로 밀접하게 연계되고 있다. 따라서 클라우드를 단순 기술 기반이 아닌 사회 시스템을 변화시킬 수 있는 주요 변화 요인으로 생각하는 인식의 전환이 필요하다.

그러므로 공공 부문의 신뢰성 및 공익성을 목적으로 하는 클라우드의 도입 전략이 필요하다. 즉 공공 부문은 민간 부문과는 달리 개인 정보의 보호, 국가 시스템의 안정적 운영 등 공공 부문의 특성을 고려한 안정적인 클라우드 도입 전략이 필요하다. 구체적으로는 보안, 안정성, 신뢰성, 표준화 등 클라우드 서비스의 기술 성숙도를 고려한 적용 시점 및 방안이 마련되어야 한다. 또한 공공 부문 간에 빌려 쓰는 서비스는 민간의 요금 정책을 따르기보다는 공공자원의 공동 활용 및 공익을 목적으로 한 활용 정책이 필요하다. 이를 위해서는 앞으로 공공자원 및 공통 이용 서비스에 대한 개방을 의무화할 필요도 있다.

마지막으로는 공공 부문의 특성을 고려한 구체적인 도입의 가이드라인이 마련되어야 한다. 이러한 가이드라인에는 클라우드 전환 가능 업무 분석, 클라우드 서비스 도입 방법, 고려 사항 등 공공 부문에서 도입 시 직접적으로 활용할 수 있는 내용이 마련되어야 한다.

쉬어가기

정부통합전산센터의 클라우드 컴퓨팅 구축 계획

2013년부터 정부 중앙부처에서 정보 시스템을 새로 만들거나 교체할 때에는 클라우드 신기술이 전면 적용된다. 클라우드 기술을 적용하면, 필요한 만큼만 IT자원을 할당하고 사용 후에 반납하는 구조로 개선되어 시스템 구축·운영비용을 크게 줄일 수 있게 된다.

행정안전부는 이 같은 내용의 범정부 클라우드 컴퓨팅 추진 정보화전략 계획을 수립하고, 4월 30일(월) 서필언 제1차관 주재로 결과 보고회를 개최했다.

최근 국내외 많은 기업과 해외 선진국 정부도 IT비용을 절감할 수 있는 클라우드 신기술을 주목하고 있다.

시스템 증가로 IT예산의 70%를 기존 시스템의 유지 관리에 지출해야 하는 현상은 국·내외 모든 조직이 직면한 공통적인 정보기술의 문제이다.

많은 기업이 클라우드에 관심을 보이는 것은 클라우드가 IT자원에 가상화 기술을 적용해 여러 기관이 함께 쓸 수 있도록 공유하고 필요한 양만큼만 공급해서 사용할 수 있는 기술이기 때문이다.

정부통합전산센터는 2009년부터 47개 중앙부처의 IT자원 수요를 모아 고성능 서버로 통합해 공동 활용하는 '제1단계 정보자원 통합사업'을 추진해 왔다.

2011년도까지 개별 서버 1,334대를 통합하여 총 1,023억 원의 비용을 절감했고, 금년도에 660대 서버를 추가로 통합하면 510억 원이 절감되어, 금년도 말에는 중앙부처 IT자원의 구축·운영비 30%(1,533억 원) 절감이 예상된다.

자료: 2012년 4월 30일, 행정안전부 뉴스

제 5 장 빅데이터 정보기술

모바일 인터넷과 소셜 미디어의 등장으로 폭증하는 데이터가 경제적 자산이 되는 '빅데이터 시대'가 도래했다. 이러한 빅데이터 시대에는 기존 시스템으로는 분석이 불가능했던 대규모 데이터에 대한 분석 처리가 가능해져서, 융합 지식 창출을 통한 정부 운영 효율화 및 투명성 제고, 맞춤형 국민 서비스 제공 요구가 증대하게 되었다. 따라서 이제 세계 여러 나라는 이러한 빅데이터의 활용을 통해 정부의 업무 처리 방식을 혁신시키고 있다.

제 1 절 빅데이터 시대의 도래

1 빅데이터의 정의

행정에 도입되어 영향을 미치는 정보기술들 가운데 가장 최근에 큰 주목을 받고 있는 분야가 바로 빅데이터(big data)이다. 사회 영역에 활용되는 빅데이터는 "대용량 데이터를 활용·분석하여 가치 있는 정보를 추출하고, 생성된 지식을 바탕으로 능동적으로 대응하거나 변화를 예측하기 위한 정보화 기술"로 정의된다(국가정보화전략위원회, 2011). 이 밖에도 다음과 같이 다양하게 정의될 수 있다.

우선 기술적으로는 "다양한 종류의 대규모 데이터로부터 저렴한 비용으로 가치를 추출하고, 데이터의 초고속 수집, 발굴, 분석을 지원하도록 고안된 차세대 기술 및 아키텍처"로 정의된다. 또한 규모의 측면에서는 "일반적인 데이터베이스 SW가 저장, 관리, 분석할 수 있는 범위를 초과하는 규모의 데이터"로 정의할 수 있다. 그리고 방법적으로는 "빅데이터는 당초 수십-수천 테라바이트에 달하는 거대한 데이터 집합 자체만을 지칭했으나, 점차 관련 도구, 플랫폼, 분석기법까지 포괄하는 용어"로 변화하고 있다.

2 빅데이터의 등장 배경

이러한 빅데이터가 등장하게 되는 배경은 다음과 같다. 우선 모바일 인터넷과 소셜 미디어의 등장으로 폭증하는 데이터가 경제적 자산이 되는 '빅데이터 시대'가 도래하게 되었다. 또한 과학과 정보기술 분야의 패러다임은 기존 H/W(과거)와 S/W(현재) 중심에서 데이터 빅뱅을 활용, 정치·사회·경제 등 제반 이슈와 연계된 분석·예측으로 진화하고 있다.

이에 따라서 단순히 정보를 전달하던 웹1.0에서, 참여와 소통을 기반으로 집단 지성을 창출하는 웹 2.0을 지나, 데이터 분석으로 융합 지식을 창출하는 웹 3.0 시대가 도래하고 있다. 이와 함께 융합 지식 창출을 통한 정부 운영 효율화 및 투명성 제고, 맞춤형 국민 서비스 제공의 요구들이 증대하고 있다. 특히 국내·외 경제·사회 정세를 실시간으로 파악하는 분석력을 확보하여, 질병·금융위기 등 위협에 대한 빠른 대응이 필요한 시대가 되었다. 더 나아가 정부가 보유하고 있는 데이터의 공개·활용으로 정부의 인건비 절감, 세수(稅收) 투명성 확보 및 국민 복지 향상 등 효율적인 정부를 구현하는 것이 가능하게 되었다.

3 빅데이터의 해외 활용 사례

우선 세계 여러 나라는 미래의 국가 경쟁력이 '빅데이터'의 활용에 달려 있음을 파악하고 정책적으로 이를 추진하고 있다. 2010년 12월에 미국 대통령 과학기술자문위원회는 「Designing a Digital Future」 보고서에서 "모든 미국 연방정부 기관은 빅데이터 전략이 필요하다"고 강조했다. 구체적으로 스마트폰과 소셜 네트워크 효과로 디지털 공간의 데이터 빅뱅이 발생하여 정부 차원의 데이터 지식 확보 및 활용 방안을 요구했다. 이러한 해외 활용 사례들을 좀 더 구체적으로 살펴보면 다음과 같다.

1) 국가 안보

우선 재난과 방재 분야에서 국가 안전을 위협하는 글로벌 요인이나 질병, 위기 등을 수평적 리스닝을 통해 분석하여 선도적으로 대응하고 있다. 구체적으로는 기후 변화, 해상오염 방지, 방사능 유출 탐지 분야 등 광범위한 지역에 걸쳐 생성되는 대용량 정보를 실시간으로 처리하고 있다.

특히 미국, 영국, 일본 등 방재 선진국들은 첨단장비나 센서를 활용하여 다양한 감시 체제를 연계, 구축하여 재난 예방에서 상호 협력하고 있다. 또한 금융 사기, 자금세탁 방지 및 고객 행동분석 솔루션 등에도 활용된다.

이어서 태풍, 강수량, 지진 등의 정보를 분석하여 쓰나미, 홍수 등의 가능성을 예측하는 데 활용하며, 국가 안보의 위협 요인을 사전에 감지하여 대응하고 있다. 특히 세계적으로 국가 안전(homeland security)에 대한 관심 및 투자가 증대함에 따라서 상황 인지 및 공유 정보분석을 통해 정부·민간의 정보 활용 효과를 극대화시키고 있다. 실제로 미국 정부는 9·11 테러 이후에 국가 안보를 위해 정보(intelligence) 부문에 연간 200조 원 이상을 투입하고 있다. 따라서 소셜 네트워크, 신문, 잡지, 기사 등으로부터 수집된 정보를 분석하여 테러 동향을 파악하고, 테러 징후를 사전에 예측하고 있다.

2) 국가 인프라 혁신

국가 경제의 측면에서는 빅데이터를 활용하여 물가 안정화 및 글로벌 금융위기에 대한 대응력을 확보하려고 한다. 구체적으로는 정유, 통신 등 독과점 산업의 가격 결정 구조 개선 등에 빅데이터 분석을 활용하여 물가 안정에 기여하고 있다. 또한 글로벌 금융위기에 대응력을 높이기 위해 시장 감시 및 국제 금융정보 수집 및 분석에 활용하고 있다.

의료 및 과학기술의 측면에서는 데이터 분석을 통한 새로운 연구 성과 도출로 국가 경쟁력을 제고하고 있다. 구체적으로는 유전자 · 질병 · 진료 데이터 분석을 통해 의료기술 분야의 향상을 가져오고, 유전자 데이터 분석을 통해 질병 발생 확률을 예측하고 있다. 또한 검색 데이터 및 소셜 데이터 분석을 통해 질병 확산에 대한 상황 분석을 시도하고 있다. 특히 구글은 현재에도 지역별 검색어 분석을 통해 전 세계 독감 확산 지도를 서비스하고 있다. 이 서비스는 의료 당국에서 조사를 통해 알게 되는 정보보다 빠르고 정확한 것으로 알려져 있다.

교통 및 항만 분야에서는 차량, 선박 교통량 및 환경 데이터 분석 및 예측을 통해 교통망 · 항만 시스템을 최적화하는 데 활용되고 있다. 구체적으로는 도로에 설치된 카메라, 소음 측정기, 오염도 측정기 등에서 수집된 다량의 데이터를 분석하여 교통량 측정 및 교통 정책 수립에 활용하고 있다. 또한 다양한 데이터를 융합 처리함으로써 선박 추적 및 선박 운항 정밀도를 개선하여 선박 운항의 효율성을 개선시키고 있다.

3) 정부 효율성 향상

빅데이터 활용을 기반으로 정부의 효율적 운영이 가능해져서 국가경쟁력 제고에 기여하고 있다. 특히 최근에는 공공 업무에 필요한 정보의 양이 급격히 증가하고 있어 효율적인 공공 업무 처리 시스템을 위해 빅데이터 기법을 활용하고 있다. 구체적으로는 독일연방 노동기구에서는 실업자 이력, 고용 중재, 사람들이 직장을 구하는 데 걸리는 시간과 고용주에 대한 방대한 량의 데이터를 분석, 분류하여 고용 중재에 활용하고 있다.

제 2 절 빅데이터의 활용 및 3대 요소

1 빅데이터의 활용 가치

이러한 빅데이터의 활용 가치를 살펴보면 다음과 같다. 최근에 빅데이터는 정부, 기업, 의료, 학술연구 부문에서 그 가치가 입증됨에 따라서 다양한 분야에서 도입과 활용이 확대되는 추세에 있다. 특히 이러한 빅데이터의 활용은 기존의 정부 운영 방식과 조직에 큰 변화를 가져올 수 있다. 구체적으로는 기존 정부·공공 데이터의 수직적·단절적 활용에서 기관 간 연동을 통한 수평적 활용으로 혁신하여 실시간 이슈를 탐지하고 선제적으로 대응하는 정부를 구현할 수 있다.

즉, 이제까지의 수직적인 데이터 활용(as-is)에서 앞으로는 수평적인 데이터 연동 활용(to-be)을 통해 기관 간 데이터의 상호 접근으로 포괄적 정보를 생성하고, 기관별 웹페이지를 통해 제공되는 정보를 '보는' 형태에서 실시간으로 변화하는 데이터를 '활용·분석'하는 형태로 전환시킬 수 있다. 따라서 정부 내에서 빅데이터 활용 시에는 예산 절감, 대내외 변화에 대한 신속한 대처, 삶의 질과 정부 신뢰도 향상이 가능해질 것이다.

구체적으로는 공공 데이터와 소셜 데이터 등을 분석하여 대내외의 이슈와 변화를 감지하고 시기적절하게 대책을 수립한다면 구제역이나 조류독감 및 국제 금융위기 등의 이슈를 사전에 인지·분석하여 피해를 최소화시킬 수 있게 될 것이다. 또한 공공 데이터의 공개로 국가 운영을 투명화·효율화하여 정부 신뢰도를 향상시키게 될 것이다.

이처럼 공공 분야에 빅데이터를 활용할 경우, 그 경제적 효과는 우리나라에서만 10조 원 이상으로 추정된다. 특히 모바일 혁명의 시대를 맞이하여, 스마트사회에서는 이러한 빅데이터가 핵심 자원이며, 이를 수집·분석하는 새로운 빅데이터 기업과 신산업이 출현하고 있다. 구체적으로 구글 등 글로벌 선진 기업들은 웹사이트 방문 기록, 검색 통계, 소셜 미디어 기록 등 빅데이터 분석을 활용한 새로운 비즈니스 모델에 주목하고 있다.

따라서 분석·예측 시대의 도래로 빅데이터를 활용하는 효율적인 정부 운영을 도모하는 선진국들의 현황으로 볼 때, 빅데이터를 활용하지 못하는 정부는 국제 사회에서 국가경쟁력 하락의 위험과 대면하게 될 것이다. 또 하나 정책적으로는 데이터 활용에 따른 우려 불식을 위해 '정보 익명성(anonymizing)'과 '수집 데이터 비저장' 등을 포함하는 공공 데이터 활용 가이드라인을 수립하는 것이 필요하다.

2 빅데이터의 3대 요소

빅데이터의 3대 구성 요소로는 [그림 5-1]과 같이 자원, 기술 및 인력이 포함된다. 우선 빅데이터를 핵심 자원으로 인식하는 것이 중요하다. 이어서 이러한 빅데이터에서 신기술을 활용하여 중요한 의미를 추출하는 것이 필요하다. 마지막으로는 이러한 과정을 수행할 수 있는 전문 인력이 요망된다. 따라서 이러한 3대 구성 요소를 살펴보면 다음과 같다(정지선, 2012).

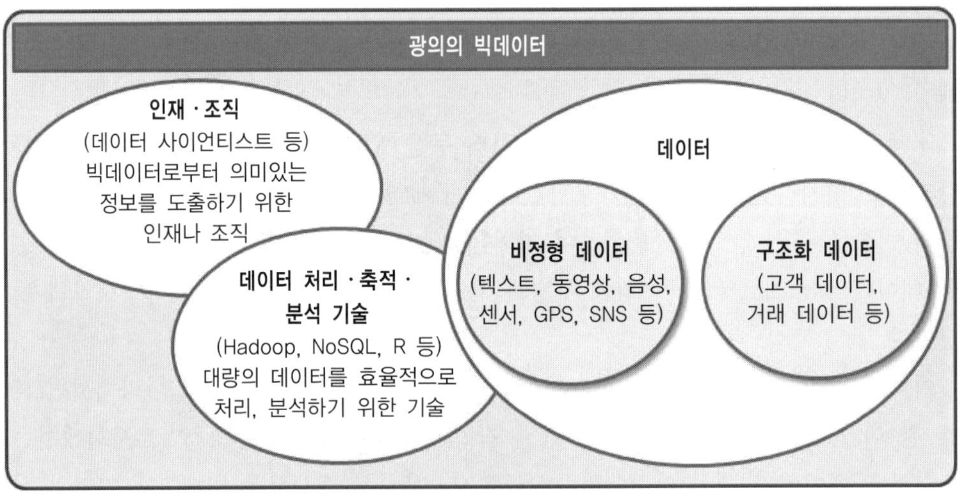

그림 5-1 빅데이터의 구성 요소

1) 자원

미래 사회에는 데이터들이 상호 연결되면서 이러한 데이터 자원들은 무한하게 확장될 것이다. 따라서 데이터 경제의 시대에서는 이것을 관리하고 활용하여 자원으로 인식하는 것이 더욱 중요해진다.

빅데이터 시대에서 자원을 확보하는 방안은 생성, 수집(검색), 공유와 연계 및 참여, 협력 등 단계적으로 확장이 가능하다. 최근에는 웹, 소셜 미디어, 포털 데이터 검색 등을 분석하여 여론 확인 및 정책평가 등에 활용하기도 한다. 따라서 이를 위해 국내외적으로 공공 데이터의 개방을 확대하는 추세이며, 공공 오픈 데이터를 활용해 다양한 환경분석이 가능해졌다.

2) 기술

과거에도 데이터를 분석하는 기술들은 통계학이나 전산학의 분야에서 많이 존재했다. 하지만 최근에는 빅데이터의 등장으로 과거와는 다르게 차별적으로 발전하고 있는 실정이다. 과거 정보사회와 오늘날 스마트 시대의 가장 큰 차이점은 데이터의 분석 기술에 '추론'의 단계가 포함된다는 것이다. 새롭게 추가된 추론의 영역은 ICT산업의 신성장 동력으로 활용될 수 있으며, 차세대 맞춤형 행정 서비스를 가능하게 해주는 기반이 되고 있다.

미국의 IBM은 사람의 말을 듣고 이해하고 대안을 제시할 수 있는, 인공지능 컴퓨터인 왓슨(Watson)을 개발해 활용하고 있다. 이러한 왓슨은 2011년 2월, 퀴즈 쇼인 제퍼디(Jeopardy)에 출연하여 압도적인 차이로 승리를 거두었다. 왓슨은 사람들이 쓰는 자연언어로 된 질문에 신속, 정확하게 답변할 수 있는 인공지능 시스템을 탑재하고 있다. 이러한 인공지능 시스템을 가능하게 하는 중요한 정보기술 분야가 바로 정보의 분석 기술이다. 수많은 데이터들 가운데서 철저한 조사와 분석을 수행하여 정확한 답을 제시할 수 있는 능력을 컴퓨터가 보유하게 된 것이다.

이러한 왓슨의 능력은 의료 분야와 금융 분야에서 급속하게 활용 범위가 확대되고 있다. 의료 분야에서는 방대한 환자의 진료 기록들 가운데서 임상 정보를 추출하여 환자의 재방문 횟수를 줄이는 데 활용된다. 금융 분야에서는 데이터 분석을 통해 투자를 지원하는 데 활용된다.

3) 인력

구조화되어 있지 않은 대규모의 데이터에서 숨겨진 정보를 찾아낼 수 있는 데이터 사이언티스트(data scientist)는 스마트 시대에 최고의 인재로 대접받고 있다. 빅데이터 시대에는 데이터를 관리하고 분석할 수 있는 인력의 중요성이 강조되면서 데이터 사이언티스트에 대한 관심이 높아지고 있다. 하지만 이러한 역량을 갖춘 인재는 매우 부족한 실정이다.

따라서 앞으로 이러한 인력에 대한 수요는 급증할 것이며, 이에 대한 대비를 서둘러야 한다. 2012년 3월 미국의 과학기술정책실에서는 빅데이터 R&D 계획인 '빅데이터 연구개발 이니셔티브'를 발표하면서, 빅데이터 기술 개발 및 활용에 필요한 인력 확대 계획을 주요 전략으로 채택했다. 국내에서는 충북대학교가 종합적으로 데이터를 관리하고 분석할 수 있는 인력을 양성하기 위해 2012년에 '비즈니스 데이터 융합학과'를 신설했다. 또한 국민대학교 역시도 이러한 빅데이터 관련 학과를 개설했다.

제 3 절 빅데이터 추진 전략

우리 정부는 빅데이터 추진의 비전으로 [그림 5-2]와 같이 융합 지식과 분석행정으로 스마트 정부를 실현하는 것을 설정했다. 이어서 2011년 11월 범정부적인 빅데이터 추진전략을 수립했다(국가정보화전략위원회, 2011). 구체적인 추진 전략으로는 정부가 빅데이터 활용 및 인프라 기반 조성을 선도적으로 추진하기 위해 빅데이터 활용추진단을 신설하여, 부처 데이터의 연계/협력 채널 구축, 개인 정보 보호, 데이터 품질관리, 지능형 분석 등의 업무를 총괄하고, 다부처 분석조직을 총괄하고자 한다. 또한 빅데이터 국가 경쟁력 함양을 위한 국가적·사회적 기반을 정비하고, 산·학·연 협력의 산업 원천 기술 개발로 빅데이터의 주요 핵심 기반을 확보하고자 한다.

이러한 빅데이터 추진 전략의 세부 추진 과제들은 다음과 같다.

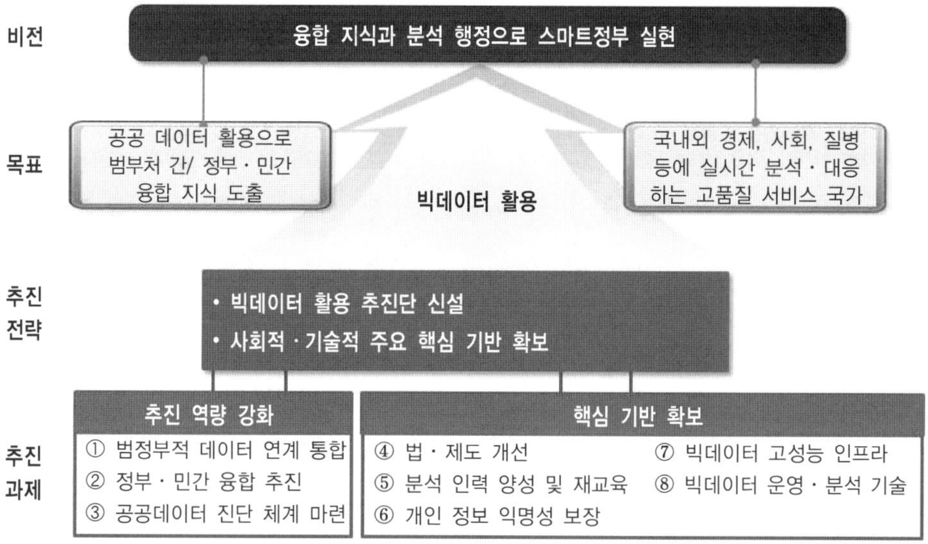

그림 5-2 우리 정부의 빅데이터 추진 비전과 전략

자료: 국가정보화전략위원회(2011).

1 빅데이터 추진 역량 강화

1) 범정부적 데이터 연계·분석 체계 구축

기존의 행정정보공동이용센터 등을 확대해 부처 및 공공기관의 정보를 지속적으로 연계·수집할 수 있는 체계를 수립한다. 구체적으로는 행정 업무 수행 관련 체계를 연계하여 범정부적 차원에서 업무와 지식을 융합·분석할 수 있는 지식행정 체계를 구축한다.

또한 예측 기반의 국정 운영 혁신을 위해 국가 전반의 데이터 수집·분석 체계를 마련한다. 구체적으로는 다양한 사회 현상을 데이터 기반으로 분석해 정확한 정책을 수립한다. 그리고 국내외 경제·사회·과학기술 관련 주요 예측치, 전망, 사회 변화 트렌드 등 데이터 축적 및 분석 시스템를 구축한다.

2) 정부 · 민간 데이터 융합 추진

소셜 미디어, 포털 데이터 등과 같은 민간 데이터와 공공 데이터의 연계·활용을 위한 체계 및 기술을 확립한다. 구체적으로는 산·학 등이 보유한 각종 정보를 범국가적으로 연계·수집할 수 있도록 저장소를 구축해 운영한다. 여기에서는 각 기관별 소셜 미디어 정보, 각종 보고서, 정책, 전자화문서 등 주요 비정형 데이터들을 수집하고 가공한다.

또한 공공 데이터의 단계적 개방으로 민간의 가치 창출 및 기업 활동 강화를 지원한다. 구체적으로는 원시 데이터, 분석 데이터, 가시화 단계로 구분하여 데이터 개방 수준을 상세화하고, 각 수준별로 데이터를 공개하고 활용한다. 특히 공공 데이터를 활용한 중소기업 및 개인 창업자 등에 비즈니스 기회 제공을 위한 다양한 사례를 제시한다.

그리고 민간기업의 공공 데이터 접근에 따른 '데이터 라이센스' 규약을 신설하여 데이터 활용의 공익성을 확보한다.

3) 공공 데이터 진단 체계 구축

공공 데이터의 효율적 관리를 위해 범정부적인 MDM(Master Data Management) 체계[1]를 구축한다. 구체적으로는 각 요소별, 영역별 등으로 다양한 분류 체계를 통한 정보 접근, 키워드 검색 및 분석 등이 가능한 시스템을 구축한다.

또한 범부처 데이터 공동 활용을 위해 품질관리 기준 및 체계를 마련한다. 특히 국가 차원의 공공정보 품질 관리활동의 선순환 환류 체계를 평가하기 위해 품질 성과 평가 모델을 구축한다. 구체적으로는 공유 서비스 고도화를 위한 공공 데이터 품질관리 거버넌스 체계를 확보한다.

또한 이미 구축되어 있는 데이터에 대해 범정부 차원에서 품질 정비사업을 집중적으로 추진한다. 이를 통해 불일치, 낮은 품질, 현행화 지연 등으로 인해 국가적 데이터 활용에 저해가 되는 데이터들에 대해 품질 보정활동을 추진한다. 구체적으로는 범정부 대상으로 데이터 품질 현황조사 및 대책 수립을 위한 품질진단을 수행하여 품

---

1) 다수의 시스템에서 활용되고 중앙에서 통제·관리되어야 하는 표준 참조 데이터를 의미한다.

질 정비 활동의 실효성 증대를 도모한다.

2 빅데이터 핵심 기반 확보

1) 법 · 제도 개선

정부는 범국가적 빅데이터 활용 추진 기본계획를 수립하고 관련 법령들을 개정할 예정이다. 구체적으로는 빅데이터 활용을 위한 핵심 전략 및 비전, 추진 과제, 범부처 추진 체계, 중장기 로드맵 등을 포함한 '융합지식 기반 구축 기본계획'를 수립할 예정이다. 또한 빅데이터 활성화 전문조직(빅데이터 활용 추진단)의 설립 등 빅데이터 추진 및 활성화를 위한 법적 근거를 마련하고, 각 부처 및 분야의 정보 연계 · 분석 활성화를 위한 관련 법과 제도 등도 정비할 예정이다.

그리고 공공 부문의 빅데이터 분석 서비스 활용 촉진 방안 및 성과관리 체계를 확립할 예정이다. 구체적으로는 기관별 정책 수립, 현업 업무 수행, 업무평가 등에 빅데이터 분석 서비스 활용 방안을 마련하고, 빅데이터 기반으로 업무 프로세스를 재설계할 계획이다. 이를 위해 빅데이터 분석 등을 활용하여 정부 업무 개선에 대한 기관별 지속적인 모니터링, 보고 체계 등을 확립할 계획이다.

2) 분석 인력 양성 및 재교육

빅데이터 시대의 새로운 인력 수요에 대응하여 빅데이터 분석을 위한 전문 인력을 양성할 계획이다. 구체적으로 데이터의 관리자와 전문 분석가, 기술 인력 등 전문 인력 양성과 빅데이터 관련 신규 일자리 창출을 추진한다. 특히 정보분석 전문 인력 교육 및 정보분석사 자격증 등을 시행할 예정이다.

또한 빅데이터 활용 역량 강화를 위한 다양한 재교육 프로그램을 제공한다. 구체적으로는 빅데이터를 활용한 다양한 우수 사례 발굴, 기업 업무별 적용 지원, 분석기법 교육 등으로 공공과 민간 부문의 빅데이터 활용 역량을 강화시킨다.

3) 개인 정보 익명성 보장 체계 확립

안전하고 신뢰할 수 있는 공공 데이터 공개 및 활용을 위해 개인 정보와 프라이버시 보호 관련 기본 원칙을 체계화할 예정이다. 구체적으로는 공공 데이터 활용에 따른 국민 불안 해소를 위해 공공 데이터 활용 시 개인 정보 침해 최소화 장치를 마련한다. 이를 위해 목적 명확화의 원칙, 수집 제한의 원칙 등의 개인정보보호법상의 원칙은 물론 빅데이터의 수집·이용·제공 등에서 개인 식별 정보의 변환 및 삭제의 원칙, 데이터 원본보다는 집계(aggregation) 값의 활용 원칙 등을 마련하여, 민감한 개인 정보에 대해 정보 보안 수준별 권한 및 관리 체계를 명확히 제시한다.

또한 빅데이터의 안전한 공유와 유통을 위해 강화된 보안 대책을 마련한다. 구체적으로는 불필요한 데이터 사용을 원천적으로 차단하고, 빅데이터 불법 수집 및 오남용 방지를 위한 처벌 규정 도입 및 보안성 모니터링 체계를 상시화한다.

그리고 데이터의 개방·공유·활용에 따른 정부 공공 데이터 활용 가이드라인 마련한다. 구체적으로는 개인 정보가 노출되지 않도록 개인 식별 속성 제거, 암호화 등에 관한 원칙 수립 및 소셜 데이터를 연계하여 개방·공유·활용 등의 경우는 원본 데이터, 위치정보 등에 대한 비저장 및 개인 비식별 등의 원칙을 마련한다.

4) 빅데이터 관련 인프라 기술 개발

정부는 외국산 제품의 국내 빅데이터 시장 잠식을 방지하기 위해 대용량 분산 시스템 관련 핵심 기술을 확보할 예정이다. 여기에는 다양한 데이터베이스 기술 및 클라우드 컴퓨팅 기반 기술, 그리고 개인의 익명성 보장을 위한 빅데이터 보안 기술 등이 포함된다.

또한 정부 부처들 간에 그리고 공공과 민간의 데이터들 사이에 산재된 데이터 간의 연계·공유를 위한 융합·분석 프레임워크 기술을 개발할 예정이다. 구체적으로는 노동·교육·복지 등과 같이 관련된 분야의 데이터 모델 간의 연계를 통한 지식 융합을 시도할 것이다. 더 나아가 공공 서비스별 특화 서비스 제공을 위한 분석기술을 제공할 것이다. 구체적으로는 기상 데이터와 소셜 웹 상의 독감 데이터의 상관 관계 분석, 고객들의 소비 패턴과 의료/바이오 데이터 상관 관계 등을 제공할 수 있을 것이다.

5) 빅데이터 운영·분석 기술 개발

빅데이터의 국내 기술 경쟁력 강화를 위해 핵심 기술들을 국산화시킬 예정이다. 구체적으로는 글로벌 대표 기업들이 독점하고 있는 대용량 데이터의 수집, 해석, 정보 추출, 정보 분석, 정보 저장과 관리, 정보 검색과 질의, 가시화 등 빅데이터 관련 핵심 기술의 국산화를 추진할 것이다.

또한 비정형 정보의 효과적인 분석을 위한 고도화된 최신 분석 요소 기술들도 개발할 예정이다. 구체적으로는 한국어 및 다국어 언어 처리, 텍스트 마이닝(text mining), 이미지 및 영상 분석, 음향 분석, 소셜 네트워크 분석, 의미적 데이터 마이닝 등과 같은 다양한 비정형 정보에 대한 분석기술 개발과 적용을 통해 사실 간의 연관성 추적과 미래 예측이 가능해질 것이다.

그리고 급속도로 성장하는 소셜 미디어 환경에 대응하기 위한 소셜 스트림 데이터의 관리 및 분석 플랫폼을 구축할 예정이다. 이를 위해 웹 상의 다양한 소셜 스트림 데이터(social stream data)에 대한 즉시적인 취합, 분석, 해석, 관찰 및 정보 추출을 위한 실시간, 대용량 분산 프레임 워크 등을 개발할 것이다. 또한 도메인별 빅데이터 운영 기술 및 사용자 중심의 정보 시각화 기술도 개발할 예정이다.

쉬어가기

빅데이터 정보기술의 국내외 도입 현황

빅데이터를 공공 부문에서 활용하고 있는 국내외 사례는 다음과 같다.

*** 국내 공공 분야**

• 국민권익위원회

국민권익위원회는 2011년부터 각 부처의 온라인 민원정보를 수집, 관리, 분류, 분석 및 예측하는 민원정보 분석 시스템을 구축하여 운영하고 있다. 이 시스템은 월별 · 지역별 주요 민원 캘린더를 제작하여 사회적 이슈를 민원 지도 형태로 제공하고, 반복 민원에 대한 대책을 마련했으며, 사회문제로 확산될 수 있는 민원의 사전 파악을 위해 주요 이슈에 대한 국민의 의견을 자동 분석, 경보 및 예보 체계를 구축했다.

• 한국석유공사

석유공사는 고유가에 따른 소비자 부담을 줄이기 위해 유가정보를 예측하여 제공하는 오피넷 시스템을 구축했다. 오피넷 시스템은 국제 유가를 기반으로 1주일 뒤의 국내 정유사와 지역별 판매가격을 예측 · 자료로 제공하여, 유가에 민감한 국내 물가 안정에 기여하고 있다. 국내 1,300여 개 주유소의 현재 유가를 국민에게 제공하여, 인근 주유소 간 가격 경쟁 체제를 유도하고 있다.

• 국립보건연구원

중앙인체자원은행을 운영하여 한국인의 질병 원인 규명, 진단 · 치료법 연구 · 개발에 필요한 인체자원을 확보하여 제공하고 있다. 전국 17개 병원에서 52만 명의 인체자원 정보를 확보하고, 2011년까지 25만 명의 정보를 454개 보건의료 분야 연구개발(논문 159편)에 제공하고 있다.

*** 해외 공공 분야**

• 미국

오바마 정부는 2012년 3월에 국방부 등 6개 연방기관이 빅데이터 기술 개발에 2억 달러 이상을 투입하는 '빅데이터 연구개발 이니셔티브' 추진

• 영국

영국은 공공 부문의 정보 공유 및 활용을 위한 데이터 원스톱 서비스를 제공(data.gov.uk)하고 있다. 정부의 투명성 제고, 국민의 권리 향상, 데이터의 공개를 통한 경제적 · 사회적 가치 증대, 차세대 웹에서 주도권 획득 등의 목표를 지니고 있다.

제 6 장 행정정보의 공유 및 정부통합전산센터

과거에 국민들이 행정기관에 제출하는 구비서류의 다수는 다른 행정기관에서 발급받아야 하는 서류였다. 따라서 국민들의 입장에서는 과다한 행정기관의 방문을 행정편의에 따라 요구받아 오고 있는 실정이었다. 이러한 상황을 해소하기 위해 국민의 행정기관 방문 횟수를 줄이고, 민원 처리를 편리하게 할 수 있도록 행정기관들 사이의 정보 공유가 중요하게 대두되고 있다.

또한 범정부 차원의 정보자원 공동 활용 체계가 미흡하고, 부처 간의 중복 투자 및 과다 구축의 우려가 있어 왔다. 이에 따라서 정보자원의 효율성을 제고하고 예산을 절감하기 위해, 정부통합전산센터를 중심으로 하여 정보자원의 보안과 통합 등을 전담하도록 했다.

현재 행정정보의 공유와 정부통합전산센터는 24시간 전자적 민원행정 서비스를 지원하면서, 우리나라 전자정부의 심장 역할을 수행하고 있다. 그러므로 향후 미래 전자정부의 발전에 핵심적인 기반을 제공하게 될 것이다. 이러한 내용을 간략하게 살펴보면 다음과 같다.

제 1 절 행정정보 공동 활용

1 공공 서비스의 새로운 패러다임 변화

최근에 정보통신기술의 급속한 발전은 행정정보의 공동 활용 분야에서 다음과 같은 변화를 가져와 새로운 민원행정 서비스 방식을 요구하고 있다(김경섭, 2010).

1) 공공정보의 개방 수요 증가

과거 특정 분야에 대한 전문 역량을 기반으로 제공하던 정보 및 서비스들이 IT기술의 진화와 정보 및 서비스의 표준화 등의 발전으로 정보, 서비스, 네트워크, 단말기 등 다양한 분야에서 융·복합 환경이 조성되었다. 현재 융·복합 또는 컨버전스라는 단어는 더 이상 새로운 IT 용어가 아니며, 주변에서 손쉽게 접하게 되는 산업적 현상으로 자리매김하게 되었다.

이러한 추세는 비단 민간 분야의 정보 및 서비스에만 국한되는 것이 아니라, 공공분야에서 제공하고 있는 정보 및 서비스에 대해서도 다양한 분야에서 자유롭게 융·복합하여 이용할 수 있도록 공공 서비스 제공의 패러다임 변화를 요구하고 있다(이하 김경섭, 2010의 수정). 공공 분야에서 보유하고 있는 지리정보, 주민정보, 위치정보, 교통정보 등 민간에서 보유하기 어려운, 그리고 활용 가치가 높은 행정·공공정보를 이용하고자 하는 수요가 급증하고 있다. 따라서 정보와 서비스의 융·복합 추세는 민간뿐만 아니라 공공에서 보유하고 있는 정보, 서비스들을 다양한 채널로 개방하고, 누구나 이용해 새로운 가치를 창출할 수 있는 토양이 되도록 새로운 공공 서비스 체계를 수립해야 할 필요성이 있다.

2) 반응행정에서 선제 행정 서비스로 전환

IT는 정보 공유를 촉진하고 정보사회를 발전시키는 기본 동인으로 간주된다. 정보사회의 구성 요소는 정보의 라이프 사이클(생산/유통/이용/보존/폐기)과 연관되어 있으며, 사이클 단계별로 IT의 응용과 밀접한 연관을 맺고 있다. 정보는 정보사회에서 중요한 생산 요소이고 행정 서비스의 기본 투입 요소이다. 이런 정보를 과거보다 손쉽게 획득하고 재가공하며, 동시에 생산할 수 있는 시대에 살고 있는 국민들은 행정 서비스에서도 과거와 전혀 다른 형태로 접근하기 시작했다.

과거 통상적 대민(對民) 서비스는 국민이 특정 문제를 해결하기 위해 대민 서비스 창구에 행정 서비스를 신청하고, 정부는 대민 서비스를 국민에게 전달하면 종결되는 방식이었다. 따라서 정부나 국민 모두의 입장에서 대민 서비스의 개념은 사후적 접근 및 처리로 수행되는 지극히 수동적인 행태의 모습이었다.

그러나 정보사회에서 가장 기본적인 동인인 정보의 유통 및 공유가 개인 간, 조직 간, 개인-조직 간 활발하게 일어나면서 정보 획득의 비용이 제로에 가까워지고, 수집 채널이 다양화되면서 기존 조직 수준 또는 규모가 있는 집단에서 획득할 수 있는 정보들이 개인도 손쉽게 획득하고 재생산할 수 있는 기반 환경이 조성되었다. 따라서 그동안 대민 서비스에서 수동적인 국민 개개인이 자신의 권리와 목소리를 외부로 표출하고 관련 정보를 신속하게 유통시킬 수 있는 파급력을 가지게 되었다.

다시 말해, 국민 개개인의 특성은 대민 서비스 이용 시에 소극적이고 수동적이며 특정 문제가 발생할 경우에만 관심을 갖는 존재에서, 적극적으로 자신의 의견을 피력하고, 정책 수립 단계에서 종결 단계까지 관여하는 정책 참여자이자, 이용자이고, 다시 생산자의 역할을 수행하는 프로슈머(prosumer)로 바뀌게 되었다.

그러므로 향후 각종 대민 서비스들은 기존의 신청으로부터 시작되는 반응 서비스 체계로는 국민의 기대 수준에 부응하기에 역부족인 상황이다. 따라서 이러한 변화에 대응하기 위해 행정 및 공공 서비스는 국민이 서비스를 찾기 이전에 먼저 찾아가는 선제적 서비스 체계로 근본적인 개선이 요구되고 있다.

3) 서비스와 정보 공유 채널의 확산

다양한 콘텐츠와 컨텍스트가 모바일 기기 및 네트워크 기반으로 전방위적인 소통과 공유의 형태로 진화하고 있다. 일례로 단문 중심의 정보·의견 공유의 장인 트위터, 싸이월드, 카카오톡 등이 스마트 기기의 확산과 맞물려 급속하게 확산되고 있다. 이로 인해 과거 인터넷 기반의 정보 공유의 시·공간적 제약을 완전하게 파괴하면서 공간, 시간의 제약에 관계없이 다양한 정보의 공유와 양방향 의사소통이 유례 없는 속도로 확산되고 있다.

이에 발맞추어 많은 공공기관 및 민간기업에서는 실시간 양방향 정보·의사소통 채널 및 서비스를 마케팅 및 피드백 채널로 활용하기 시작했다. 이러한 기술 및 서비스의 변화는 고객 및 국민이 과거 정보를 독점하던 주체에 대해 역으로 감시하는 기능을 강화하고, 자신과 관계된 모든 유형(정보, 서비스, 제품 등)에 대해 기획 단계에서부터 적극적으로 참여하고 자신의 의견을 직접적으로 전달하고자 하는 현상으로 나타났다. 따라서 공공-민간, 공급자-수요자, 공공-공공, 민간-민간, 단체-개인, 개인-개인 등의 이해관계 전반에서 정보의 공유와 소통 및 참여가 필수적인 요소로 부각되고 있다.

모바일 네트워크 미디어와 서비스의 확대는 정보 수집의 경로를 더욱 다양화시키고, 획득 비용이 제로에 가까워지고, 확산 파급력은 폭발적으로 증가시키게 되어, 과거 어떠한 정보 공유 및 의사소통 채널보다 강력한 도구로 부상하고 있다. 이러한 사회 전반의 현상은 민간 영역에서의 홍보, 고객 니즈 분석, 고객 피드백 수용 등 다양한 활용 사례들로 나타나고 있으며, 행정 및 공공기관에도 국민의 정보 공유, 의사소통, 감시 등의 형태로 강력하게 요구하고 있다.

4) 정보 공유 기술의 진화

기술적 측면에서의 변화를 살펴보면, 시스템 구축에서부터 서비스 제공 부문까지 정보 공유를 위한 다양한 노력과 발전이 있어 왔다. 효율적인 시스템 구축을 위해 조직의 개발 경험, 기술 노하우 등 정보화 자원을 재활용할 수 있도록 컴포넌트 기반의 개발방법론(Component Based Development: CBD) 등이 등장했다. 과거 정보 시스템 구축에서 개발 역량 공유, 개발 산출물 재활용이라는 개념은 원천 소스로부터 복제하는 방법을 통해 확산해 나갔다.

이러한 복제 관점에서의 정보 공유 기술들은 복제를 통해 확산되는 동안, 원천 정보의 업그레이드, 수정 등의 변화를 관리할 수 없으며, 확산의 속도가 제한적이라는 한계점을 가지고 있었다. 정보 시스템 구축에서 현재까지도 여전히 주류를 이루고 있는 복제에 의한 공유 방식은 다변화하는 내외부 환경에 정보 시스템을 유기적으로 변화시키고 대응하기에는 변화관리가 어려운 단점을 가지고 있었다. 그러나 이제 '서비스'라는 개념이 도입되면서 정보 시스템뿐만 아니라, 전자정부 서비스 형태에도 유연한 구조로 전환시킬 수 있는 기술적 기반이 마련되었다.

현재 서비스 지향 아키텍처(Service Oriented Architecture: SOA) 개념이 정보 시스템 구축에서부터 응용 서비스 제공까지 광범위한 영역에서 나타나고 있다. 서비스 개념을 도입한 정보 시스템 설계 방법은 정보 시스템의 구조뿐만 아니라, 제공되는 서비스 형태에도 영향을 주게 되었다. 또한 정보 공유 측면에서는 기존 1 : 1 방식의 연계 및 공유 방식은 발생하는 공유기관의 증대에 따라 복잡성과 비용이 비례적으로 증대하는 단점이 있었다.

그러나 이제 SOA 도입으로 공유기관의 추가에 따른 별도 비용의 발생 없이 무한으로 정보 공유를 실현하고, 서비스 간의 융 · 복합이 가능한 기반 환경을 제공하게 되었다. 이와 동시에 기획에서 최종 테스트까지 정보 시스템 구축에 소요되는 비용, 기간, 노력 등이 전자정부 표준 개발 프레임 워크 및 오픈 소스 기반의 개발 프레임워크와 공통 컴포넌트의 확대 보급으로 현저하게 절감할 수 있는 환경이 마련되어 시스템의 구축에서부터 행정 · 공공 서비스 제공까지 공유와 활용이 가능하게 되었다.

이러한 기술적 발전이 정보 시스템, 행정 · 공공 서비스, 정보 공유, 사용자의 서비스 재생산 환경(프로슈머) 등을 가능하도록 지원하고, 과거 기술적 제약으로 실현이 어려웠던 하나된 전자정부(connected government)로 발전시키는 견인차 역할을 하게 되었다.

2 행정정보 공동 활용의 필요성

이러한 행정정보 공동 활용 사업의 필요성은 다음과 같이 정리해 볼 수 있다.

첫째, 행정정보 공유 개선 방안을 정부 정책으로 채택하여 정부 내부의 행정개혁을 추진함으로써 국민의 행정 서비스 요구에 부응할 필요가 있다. 이를 위해 행정 · 공공 · 금융기관 간 구비서류 정보의 공유를 통한 징구 폐지가 필요하다. 구체적으로는 '행정정보공유센터'를 통해 정부기관이 보유하고 있는 행정 DB를 연계하여 행정 · 공공 · 금융기관의 구비서류 징구의 폐지를 통한 근본적인 업무 처리 절차의 개선이 요망된다.

둘째, 정부에 대한 국민의 요구가 증가하고 있다는 점이다. 즉, 국민들이 정부 정책에 대해 적극적으로 의견을 제시하고 있으며, 행정 감시 및 투명한 행정에 대한 요구가 증가하고 있다. 더 나아가 행정 서비스에 대한 국민들의 요구 수준이 높아지고 있으므로 이에 적극적으로 대처할 필요가 있다.

셋째, 행정정보 공유 확대를 위한 정보화 전략계획에 의해 정의된 새로운 행정정보 공유 체계 구축이 필요하게 되었다. '행정정보공유센터'를 중심으로 하는 범정부(행정, 공공, 금융) 행정정보 공유 체계 구축을 위한 종합적인 정보화 전략계획에 따른 후속 사업이 추진되어야 한다. 이러한 사업은 수립된 행정정보공유센터의 기능 및 역할에 충족되는 센터를 구축하며, 업무 처리를 위한 공동 이용 열람 내역을 행정정보공유센터에서 보관할 수 있는 증적 관리 시스템도 구축할 예정이다. 특히 중요하게 부각되는 것은 "정보 주체자의 자기통제권 강화를 위해 사전 동의 및 정보 주체자 본인의 정보를 누가, 언제, 어디서, 어떤 정보를 이용했는지 인터넷으로 확인 가능한 서비스를 제공할 예정"인 점이다.

넷째, 공공 및 금융기관으로의 서비스 대상 확대 및 대상 정보 확대(40종에서 70종으로)에 따른 인프라 확충이 필요하다. 행정기관 위주로 운영되던 행정정보 공유 시스템을 행정·공공·금융기관으로 대상 기관을 확대하여 통합, 운영할 수 있도록 범정부 행정정보공유센터를 구축할 필요성이 제기되었다. 또한 공동 이용 대상 정보의 단계적 확대(2002) 17종→(2005) 24종→(2006) 34종→(2007) 42종→(2008) 71종→(2009) 80종→(2010) 92종→(2011) 120종 등에 따른 시스템의 확충도 필요하다.

다섯째, 개인 정보 보호 강화를 통해 국민에게 신뢰받는 정부의 실현이 필요하다. 이 사업을 통해 행정정보 및 개인 정보 보호를 위한 보안 체계 구축을 실현하고 행정정보 공동 이용 확대에 따른 부작용을 최소화할 예정이다. 이에 따라서 행정정보 유출 및 개인 정보 오남용을 사전에 방지할 수 있는 대책을 마련해 안전한 전자정부 서비스의 기반을 구축하고자 했다.

우리 정부는 2005년 7월 대통령 주재 국정과제회의에서 행정정보 공동 이용을 위한 문제점 등을 인식하고 행정정보 공유 과제를 주요 정부정책으로 채택했다. 이에 따라 2005년 11월 '행정정보공유추진위원회'와 '행정정보공유추진단'을 설치해 '행정정보 공유를 위한 기본계획' 수립과 추진 체계를 정비했다. 이어서 2005년 12월부터

1단계 사업을 본격적으로 추진했으며, 현재까지 지속적으로 고도화 사업을 진행하여 행정정보 대상 정보 및 대상 기관을 확대하는 사업을 추진하고 있다.

3 행정정보 공동 이용 현황

행정정보공동이용센터는 2005년 행정정보 공유 확대를 위한 기반 구축사업을 시작으로 2012년 수요자 맞춤형 행정정보 공동 이용 체계 구축사업까지를 추진해 오고 있다. 행정정보공동이용센터를 통해 제공되는 공동 이용 서비스는 크게 행정정보 조회 서비스, 전자민원 서류관리 서비스, 정보 유통 서비스의 총 세 가지로 구분된다.

1) 행정정보 조회 서비스

행정정보 조회 서비스는 2012년을 기준으로 총 120종의 구비서류 행정정보를 414개 기관에서 열람 가능하도록 제공해 주는 서비스이다. 초기 구비서류(대장 중심) 열람을 중심으로 제공하던 서비스에서 개인 정보 보호 문제, 사무당 필요 구비서류의 반복 열람의 불편함 등을 해소하기 위한 원 스크린(one screen) 서비스로 고도화되어 제공되고 있다. 원 스크린 서비스는 사무 처리를 위해 필요한 필수 정보 항목들만을 도출하여 한 화면에서 사무 처리에 필요한 정보를 일괄적으로 제공해 주는 서비스이다. 2010년부터 405종의 사무에 대해 원 스크린 서비스가 제공되고 있으며, 2012년 전체 공동 이용 사무 이용률의 99.8% 이상을 차지하는 600여 종의 사무를 대상으로 구축·제공되고 있다.

2) 전자민원 서류관리 서비스

전자민원 서류관리 서비스는 공동 이용되는 82종의 행정정보 이외에, 민원인이 민원신청서 등을 온라인으로 등록하고 민원처리 담당자가 동록된 신청서 등을 확인할 수 있는 서비스 모델이다. 2009년 전자민원창구 민원24(구 G4C)의 617종 온라인 민원사무와 연계하는 시범 구축을 통해 검증의 단계를 거치고, 2010년 위택스(Wetax) '부동산등록제 신고' 민원사무, 농업진흥청 '농약제조(수입) 품목' 등 13종 민원사무와 확대 연계하는 등 본격적인 확산을 진행했다. 궁극적으로 모든 전자민원창구와 연계되면, 온라인 민원 완결 서비스가 실현될 것으로 기대하고 있다.

3) 정보 유통 서비스

정보 유통 서비스는 2002년 사회복지 관련 업무에 필요한 정보를 제공받기 위해 전자인사정보 시스템(PPSS), 행정EDI 시스템, 생산적 복지 공동 이용 시스템 간 연계 체계를 구축했고, 이후 행정EDI를 이용하여 구축된 관련 서비스 및 시스템을 행정정보 중계 시스템으로 명칭을 변경하고 통합한 것이 정보 유통 서비스의 시초가 되었다.

시스템 간의 정보를 중계하는 역할로 시작하여 2010년부터 행정정보 오프라인 유통의 온라인 전환, 대량정보 매칭 서비스, 개방형 유통 서비스 등으로 고도화된 기능을 제공하고 있다. 정보 유통 서비스는 단건 또는 대량의 맞춤정보를 암호화하여 기관 간 빠르고 안전하게 연계를 지원하는 서비스로, 여권 만료 예고 서비스(분배), 행복e음 복지 대상자 선정 서비스(취합), 부동산 실거래 신고정보 유통 서비스(전송) 등 현재 약 360여 개 기관, 1,130여 개 시스템 간 정보 유통을 지원하고 있다.

4 행정정보 공동 활용의 기대 효과

행정정보 공유 확대는 결국 국민들의 불편을 가능한 한 최소화한다는 목적을 두고 있다. 다양한 관계 기관들이 행정정보를 공유하게 되면 서류 발급을 줄일 수 있고, 이는 민원인들의 행정기관 방문 최소화로 이어져 결국 국민들이 일일이 관계 기관을 방문해 서류를 준비해야 하는 불편을 줄일 수 있다. 구비서류를 제출하지 않고 신청서만 제출하게 됨에 따라 과거에는 서류를 준비하는 데 최대 10일 정도 소요되었으나 이제는 즉시 처리할 수 있어 국민들은 신속하게 민원을 처리할 수 있을 뿐만 아니라, 서류 준비에 필요한 시간을 크게 절약할 수 있게 되었다. 공동 이용 대상 정보 확대로 2011년에는 월 300만 건 이상의 정보가 공동 활용되어 민원인의 불편이 대폭 감소되었으며, 행정 업무의 효율성 및 생산성이 향상되었다.

또한 행정기관의 민원창구에서는 증명서 발급 수요 감축에 따라 약 2천 명의 민원

담당 공무원을 사회복지와 같은 현장 중심의 업무에 투입할 수 있게 되는 등 인력 절감 효과도 크게 기대할 수 있게 되었다. 이러한 행정정보 공동 활용의 정성적인 기대효과는 다음과 같이 정리해 볼 수 있다.

1) 구비서류 유통 관련 대국민 서비스 개선

공동 이용 대상 정보를 120종으로 확대함으로써 민원인의 구비서류 준비를 위한 기관 방문의 불편을 감소시켰다. 또한 행정정보 공유를 통해 정보를 열람할 수 있는 정보도 확대되어, 행정기관뿐 아니라 공공·금융기관에서도 해당 구비서류를 제출하지 않고 민원을 처리할 수 있는 기반을 마련했다. 진위 확인 서비스를 통해 업무 처리에 필요한 최소한의 정보만을 제공하여 과다한 개인 정보 노출을 원천적으로 방지한다. 또한 정보공유센터 기반 강화 및 연계 체계 고도화를 통해 공무원 및 업무 담당자의 업무 생산성을 극대화한다. 민원신청서만 작성하고, 구비서류를 준비할 필요가 없어 인·허가 및 대출 신청 등의 업무 간소화를 통해 시간 및 비용이 절감된다.

2) 행정·공공·금융기관의 업무 처리 혁신

행정·공공·금융기관의 업무 프로세스가 획기적으로 개선되었다. 기존의 종이증명서 대신 구비서류 정보를 실시간으로 확인할 수 있어 신속 정확하게 민원을 처리할 수 있고, 유통 서류의 위·변조 문제를 근본적으로 차단한다. 이에 따라서 기존의 종이증명서 보관에 따른 행정적·재정적 낭비를 방지할 수 있다. 또한 행정기관 민원창구의 획기적인 업무 개선을 이룩할 수 있다. 이처럼 증명서 발급이 획기적으로 감축되어 시군구, 읍면동 등 구비서류를 발급하는 행정기관 민원창구를 현장 지원 중심으로 전환하는 것이 가능해졌다.

3) 행정정보공유센터 구축을 통한 행정의 신뢰도 제고

행정정보공유센터를 통해 각 행정기관이 보유하고 있는 정보의 일치성 및 무결성을 보장함으로써 전자정부의 신뢰성을 제고할 수 있게 되었다. 또한 다양한 행정기관 보유 정보를 필요로 하는 기관에서 사용할 수 있도록 행정정보 공유 체계를 구현함으로써 전자정부의 업무 효율성도 제고했다. 이를 바탕으로 행정정보공유센터의 안정적 인프라 확충을 통한 공무원의 체감 만족도를 향상시켰다.

제 2 절 정부통합전산센터의 현황

지난 2000년대 이후로 우리나라 전자정부 사업은 정보화 총괄 부처에서 주도하되 개별 부처에서 자율적으로 추진하는 방식으로 진행되어 왔다. 정보화 총괄 부처는 정보화 사업을 지원하고 개별 부처는 부처의 특성에 맞춰 업무를 개발하고 관련 장비를 구축 및 운영하는 방식이었다. 그 결과 각 부처의 IT 활용도는 단기간 내에 괄목할 만큼 향상되고 정보화 수요도 크게 증대되었다.

하지만 개별 부처마다 서로 독립적으로 정보화를 추진해 왔기 때문에 부처별로 운영 인력의 수준이 제각각이었고, 부처의 전산실 규모나 관리환경도 모두 다른 환경이 조성되었다. 또한 각 기관이 별도로 정보 시스템을 구축했기 때문에 비슷한 업무에 정보화 예산이 중복 투자되는 경우가 적지 않았다. 특히 한 사람이 관리하는 서버 수가 민간 선진 기업의 평균 10분의 1 수준에 불과해, 정보자원 운영의 효율성도 매우 낮았다. 더 큰 문제는 각 부처마다 보안 수준이 상이하고 대다수의 정보 시스템들이 해킹 및 바이러스 등 사이버 위협에 그대로 노출되어 있다는 점이었다.

따라서 정부는 이 같은 문제점들을 개선하고 향후 안정적이며 지속적으로 성장 가능한 튼튼한 전자정부 기반을 구축하기 위해 세계 최초로 정부 부문 통합 데이터센터 구축사업을 추진하게 되었다. 이러한 내용을 간략하게 살펴보면 다음과 같다(이하 김경섭, 2011의 요약 및 수정).

1 정부통합전산센터의 구축 및 현황

1) 구축 경과

정부통합전산센터의 구축은 지난 2002년 국민의 정부 시절에 정부 차원에서 범정부 통합전산 환경에 대한 혁신 방안(BPR)이 마련되면서 시작되었다. 이어서 참여정부는 2003년에는 이를 토대로 정부통합전산센터 구축사업을 '전자정부 로드맵 31대 과제'로 포함시켰다. 이에 따라서 2004년 7월 통합센터 구축에 대한 구체적인 정보화 전략계획(ISP)를 시작으로 대통령 보고, 국무회의 상정, 부처 의견 수렴 등을 거치고 2005년 11월에 1센터인 대전통합전산센터가 출범하게 되었다. 대전통합전산센터에는 24개 중앙행정기관의 정보 시스템이 옮겨져서 2006년 10월 모든 이전이 마무리되었다.

이어서 2007년 11월에 2센터인 광주통합전산센터가 완공되었다. 광주통합전산센터에는 나머지 24개 부처의 정보 시스템 이전이 추진되어, 2007년 말까지 거의 모든 중앙행정기관의 정보 시스템이 2개의 데이터센터에 성공적으로 분산 이전되었다.

현재 정부통합전산센터는 대한민국 모든 중앙행정기관의 정보 시스템들을 통합 운영 및 관리하고 있으며, 정보 시스템에 대한 안전한 보호·보안 및 재해복구와 중앙부처 정보화 사업에 대한 기술 지원 임무 등을 수행하고 있다.

2) 구축 현황

정부통합전산센터는 현재 대한민국 전자정부의 심장 역할을 하고 있다고 볼 수 있다. 이러한 정부통합전산센터의 현황을 요약하면 다음과 같다.

(1) 안정적인 전자정부 인프라 운영

정부통합전산센터는 2010년 10월 데이터센터 부문에서 미래정부상(Future-Government Award)을 수상하면서 세계 수준의 정부 데이터센터라는 공신력을 획득했으며, 매년 수백 명의 해외 고위급 IT 관료가 방문하는 전자정부 벤치마킹 사이트가 되었다.

정부통합전산센터가 이러한 평가를 얻게 된 근본적인 배경에는 통합센터가 한국의 전자정부에 매우 안정적인 IT 인프라와 관리환경을 제공하고 있으며, 비용과 효율성 면에서도 가시적인 운영 성과들이 속속 나타나고 있기 때문이다.

실제로, 정부통합전산센터 설립 전인 2004년 장비당 월평균 장애 시간이 67분이었으나 2010년에는 4.9초로 줄어들었으며, 시스템의 가동률은 2010년 말 현재 99.9999%를 기록하고 있다. 이것은 관리 대상 장비 수가 2004년 약 4,000여 대에서 2010년 약 18,000여 대로 5배가량 증가한 것을 감안하면 매우 의미 있는 수치이다.

(2) 최적의 물리적 기반 환경 조성

2개의 데이터센터가 실시간 상호 백업 체계를 이루고 있는 정부통합전산센터는 애초부터 세계 최고 수준의 데이터센터로 설계 구축되었다. 건축구조는 내진 특등급을 적용하고 하중도 1,000kg/㎡까지 견딜 수 있도록 했다. 기반 설비는 입주기관 정보시스템의 설치 및 운영을 위한 상면 공간, 무중단 전원 공급 및 항온항습, 물리적 보안 등을 종합적으로 고려해 설계되었기 때문에 각종 재해 및 재난에도 정보자원을 안전하게 운영할 수 있도록 했다.

특히 최근에는 온실가스 저감을 위한 그린IDC 정책을 채택하고, 다양한 그린 기술을 활용하여 탄소 배출과 전력 소비를 획기적으로 줄여나가고 있다. 도입 장비는 기본적으로 에너지 고효율 제품을 선정하고, 신재생 에너지 도입, 외기 냉각 방식 채택, 전산랙 표준화, 전력 모니터링 자동화 등 다양한 신기술을 적용하여 데이터센터의 에너지 효율을 최대화했다.

(3) 효율적인 시스템 통합 운영 환경 구축

정부통합전산센터가 주목할 만한 성과를 이루어낼 수 있었던 것은 센터의 설립과 동시에 구축했던 '통합 운영 관리 체계'에 상당 부분 기인한 것이라 할 수 있다. 통합 운영 관리 체계는 정보 서비스 운영관리 부문의 국제 표준인 ITIL(IT Infrastructure Library)을 기반으로 제정된 '표준운영절차'와 이들 절차를 시스템으로 구현한 'nTOPS(National Total Operating Platform System)', 그리고 절차를 운영하는 '조직' 등 세 가지 요소로 구성되어 있다.

(4) 국가기관의 정보통신 환경 개선

기존 전자정부 통합망과 통합전산센터 통신망을 통합하여 일원화하고, 행정기관이 공동 활용할 수 있도록 정비하여 행정기관의 통신망 구성과 정보 유통을 위한 국가 네트워크 허브 역할을 할 수 있도록 국가 백본망을 통합·정비했다.

국가정보 통신망은 기존 전자정부 통합망과 센터 통신망의 전송망 통합·재구성, 행정기관 접속 환경 정비, 정보 트래픽 유통 최적화를 위한 교환망을 통합·재구성했다. 이를 통해 업무, 인터넷망을 분리시켜 대전정부통합전산센터와 중앙별관을 중심으로 광주센터, 중앙·과천·대전 정부청사 및 16개 광역시·도 간을 대용량 광전송망으로 구성했다.

또한 행정기관의 접속 환경은 중복 투자를 방지하고 운영관리의 효율화를 달성하도록 동일 지역에 중복적으로 존재하는 접속 환경을 통합하는 것과 행정기관의 트래픽 종류 및 이용 목적에 따라 차별적 서비스 수준을 제공할 수 있도록 환경을 개선했다. 2010년 말 현재 국가정보통신망 백본 서비스 회선은 342개이며, 이용 기관은 중앙부처, 지방자치단체, 산하기관을 합쳐 모두 1,022기관이다.

(5) 사이버 보안 체계 구축

보안 이슈에서 2010년은 통합센터에게 획기적인 전환점이 된 해였다. 통합센터의 보안 체계를 시험이라도 하듯 DDoS 공격이 빈발했고, 그 중에서도 특히 7·7 DDoS 같은 대형 공격 시도는 자주 발생했다.

이에 대응하여 정부통합전산센터는 DDoS라는 신종 사이버 공격을 항구적으로 방어할 수 있는 방안으로 DDoS 쉴드 시스템을 구축하게 되었고, 이를 계기로 사이버 방어 체계 전반을 원점에서부터 새롭게 구축하기 시작했다. 이제까지의 방어 체계가 단순 침해 사고에 사후 대응하는 수동적 방어망이었던 데 비해 새롭게 정립한 방어 체계는 각종 사이버 공격에 대한 대응 시스템, 대응 기술, 대응 인력, 대응 프로세스 등이 망라된 종합 방어 체계이다. 통합센터는 이 방어 체계를 고구려 안시성의 정신을 본따 'e-안시성'이란 브랜드로 명명해 전자정부 최일선의 보안을 담당하도록 하고 있다.

또한 조직·인력 측면에서는 2010년 부서의 계(係) 단위 전담조직을 만들어 사이버 대응 업무를 수행하다가 2011년에 들어와 준(準) 과(課) 단위 조직인 '사이버안전팀'으로 확대 개편해 사이버 대응 및 분석 업무를 전담하고 있다. 이 전담조직에는 보안 경험이 풍부한 외부 전문가를 적극 기용하여 빠른 시간 안에 분석과 대응 기술의 수준을 전반적으로 끌어올릴 수 있도록 했다.

경계가 없는 사이버 상에서의 공격에 효과적으로 대응하기 위해서는 유관 기관과의 정보 공유가 필수적이다. 그러나 외부 노출을 꺼리는 보안 업무의 특성상 이러한 정보 교류가 쉽지 않은 것이 현실이다. 이에 2010년에 정부통합전산센터가 주축이 되어 유관 기관과 민간 보안 사업자를 아우르는 사이버 침해 공동 대응 네트워크를 출범시키고, 이를 지원할 사이버 위협 정보 공유 시스템까지 구축함으로써 침해 정보에 대한 상호 정보 공유의 통로를 마련했다.

2 정부통합전산센터의 성과 및 발전 방향

1) 구축 과정

2008년 이명박 정부는 실용을 강조해 작고 효율적인 정부, 국민 편익을 최우선으로 하는 원스톱 서비스, 저탄소 녹색성장을 국정철학으로 내세웠다. 이는 정부통합전산센터가 나아갈 방향과도 일치하는 개념이었다. 정부통합전산센터는 각 부처의 IT 인프라를 단순히 물리적으로 모아서 대신 운영해 주는 차원을 넘어 서버, 스토리지 등 정보자원을 통합센터가 일괄 구축한 뒤 이를 부처가 공동 활용하는 방식으로 사업을 일대 전환하게 되었다.

자원 통합 첫 해인 2008년에는 서버 장비 중심으로 정보자원 풀(pool)을 구축했고, 각 부처 공무원들의 인사관리 업무 시스템인 'e-사람'을 통합 구축했다. 이어서 2009년에는 각 부처의 수요 설계를 바탕으로 편성된 장비 구매 예산을 통합센터가 일괄 배정받아 본격적으로 각 부처 신규 업무에 투입될 장비와 노후 장비의 교체 장비를 통합하여 구매하고 구축하게 되었다. 2009년 통합 구축사업은 35개 부처 79개 단위 업무를 대상으로 했다.

2010년에는 2009년의 성과를 바탕으로 총 8차에 걸쳐 20개 부처 52개 신규 정보화 사업과 28개 부처 87개 업무 시스템 노후 장비 대・개체 사업을 추진하여 자원의 도입과 할당이 분리된 진정한 자원 통합의 기반을 다지게 되었다.

2) 정보자원 통합사업의 성과

이러한 정보자원 통합사업을 통해 2008년부터 2010년까지 부처 개별 구축 대비 714억 원의 장비 구매 예산을 절감할 수 있었으며, 동시에 시스템 운영에 소모되는 전력 또한 2009년에서 2010년 사이 약 34%를 절약하는 성과를 거두었다.

또한 운영하는 장비 수에서도 업무 단위로 개별 서버나 스토리지를 구축할 때보다 약 80% 정도 줄어들어 하드웨어의 유지 보수와 운영에 드는 비용 또한 연간 약 30% 절감하게 되었으며, 장비를 배치할 상면 공간도 좀 더 여유롭게 운영할 수 있게 되었다.

3) 세계로 수출하는 정부데이터센터 모델

'세계 최초에서 세계 최고로', 이것은 통합센터의 성장을 한마디로 나타내 주는 말이다. 2000년대 초반 한국 정부가 각 부처가 저마다 운영하고 있던 방대한 IT 자원을 물리적으로 한 장소에 모아 통합 운영하겠다는 아이디어는 그야말로 세계 어느 정부도 시도하지 못했던 야심찬 발상이었다.

이러한 의사결정의 배경에는 당시 팽창 일로에 있던 전자정부가 안고 있던 크고 작은 부작용들을 한꺼번에 해결하고, 정부의 IT 자원관리 패러다임까지도 효과적으로 재편하겠다는 두 개의 포석이 깔려 있었다. 이 당시에는 부처 간 이해 관계도 복잡하고 사업 규모도 너무 컸기 때문에 그 실현 가능성에 대해서는 반신반의하는 분위기가 지배적이었다. 그러나 우여곡절 끝에 '세계 최초의 범정부 통합데이터센터'라는 개념으로 탄생한 정부통합전산센터는 여섯 해를 넘긴 지금 주변의 우려와 불신을 잠재우고 세계 전자정부의 교과서라고 인용되면서 최고 수준의 전자정부 솔루션으로 인정받게 되었다.

이에 따라서 한국 전자정부의 발전 경험과 성공 스토리를 배우고자 찾아오는 외국 정부 인사가 매년 증가하고 있다. 이들 중 대다수가 한국 전자정부의 실체적 구현 현장으로 지목한 곳이 바로 정부통합전산센터이다. 이런 외부의 평가는 2007부터 2011년 9월까지 무려 96개국 954명의 해외 고위급 공무원이 정부통합센터를 배우기 위해 다녀갔다는 데서도 잘 나타난다.

이처럼 아시아, 아프리카, 중동 등의 여러 개발도상국에서 정부통합전산센터 모델에 주목하고 있다. 최근 한국 내 IT 수출기업을 상대로 행정안전부가 실시한 설문에서도 여타의 단일 솔루션을 제치고 정부통합전산센터가 가장 경쟁력 있는 전자정부 수출상품으로 조사되기도 했다. 따라서 정부는 한국 전자정부의 종합 세일즈를 위한 '전자정부 홍보관'을 통합센터 안에 구축했다. 이러한 홍보관을 찾는 해외 전자정부 인사들에게 한국 전자정부에 대한 이해를 높이는 한편 전자정부 안에 포함된 개별 솔루션(Best Practice)과 정부데이터센터 모델 등에 대한 정보도 제공하고 있다.

쉬어가기

글로벌 전자정부 교과서 — 정부통합전산센터

최근 개발도상국 정부 고위급 인사들의 정부통합전산센터(이하 통합센터) 방문이 줄을 잇고 있다. 언제부터인가 '전자정부 세계 1위'를 배우고자 한국을 찾는 해외 인사들에게 통합센터는 꼭 들러야 할 필수 코스처럼 자리 잡은 것이다.

최근 두 달 간 통합센터를 다녀갔거나, 수일 내 방문이 예정된 국가만 해도 6개국 41명이다(2010년 통합센터 방문 외국 정부 관계자: 61개국 388명). 이들은 주로 전자정부 정책을 총괄하고 있거나, 시스템 도입을 실제로 추진 중인 부처의 최고위급 인사들이어서 자국 내 영향력은 작지 않다. 방문한 인사들은 통합센터가 정부 시스템의 통합 운영을 통해 이뤄낸 운영의 안정성 및 효율성, 경제성에 주목하고 있어, 이 분야를 집중 홍보한다면 '통합센터 모델' 자체로 매력적인 전자정부 수출상품이 될 수 있다는 것이 통합센터의 판단이다.

특히, 이번에 방문한 브루나이, 몽골 등은 시스템 통합 운영 및 보안 체계와 같이 통합센터의 특화된 데이터센터 운영 기술과 노하우를 직접 전수해 가길 희망한 것으로 전해진다. 정부가 금년도 전자정부 수출 목표를 2억 달러로 잡고 있는 시점에서 통합센터에 대한 각국의 관심은 한국형 정부데이터센터 모델의 개도국 전파에 청신호가 될 것으로 전망된다.

통합센터는 우선, 관심 국가를 타깃으로 통합센터가 자체 개발한 운영 및 보안 기술을 컨설팅하는 것을 시발점으로 향후 데이터센터 모델 전반에까지 해외 진출 기반을 확대해 나간다는 방침이다. 아울러, 중장기적으로 해외 방문객을 위한 전자정부 홍보관을 구축해 한국의 명품 전자정부 솔루션과 정부데이터센터 모델을 함께 체험할 수 있도록 함으로써 상품성을 더욱 극대화한다는 계획이다.

자료: 2011년 4월 8일, 정부통합전산센터 보도 자료.

Part 03 우리 정부의 미래 행정 모습

우리나라 전자정부의 미래 비전은 일반적으로 다음과 같은 세 가지 부문에서 도출될 수 있을 것이다. 첫째는 국민과의 접점에서 일어나는 전자적 민원행정 서비스의 혁신 분야이다. 둘째는 정부 내의 정보기술 활용에 의한 생산성 향상의 분야이다. 셋째는 이들을 바탕으로 하는 정보기술을 활용한 정부혁신 부문이다.

또한 전자정부의 미래 비전은 정보기술의 발전에 의해 다른 모습을 보여 줄 수도 있을 것이다. 정보기술의 발전에 따라서 미래의 차세대 전자정부는 아래 그림과 같이 사용자가 직접 참여하고 스스로 진화하는 모습을 보여 줄 것이다. 이는 전자정부 서비스의

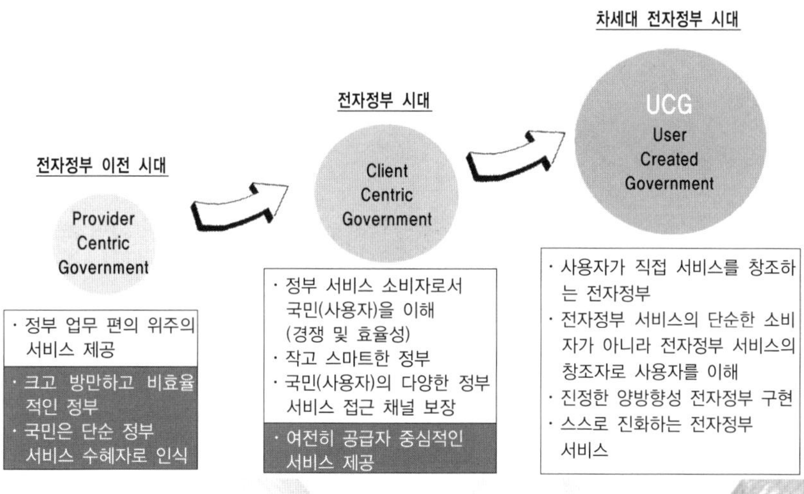

전자정부의 미래 진화 과정

자료: 왕기홍(2007).

선택권이 서비스 개발자인 정부(공급자)에서 사용자인 국민들에게로 전환된다는 것을 의미한다. 더 나아가 국민들은 자신이 창조한 서비스를 추가로 조합하여 새로운 맞춤형 서비스를 지속적으로 만들어 갈 수 있게 될 것이다(왕기홍, 2007).

따라서 앞으로 전자정부는 다음과 같은 네 가지의 방향에서 조망해 볼 수 있을 것이다. 첫째는 RFID 등장에 의한 유비쿼터스 전자정부이다. 둘째는 Web3.0과 시멘틱 검색 등을 바탕으로 하는 지능형 전자정부이다. 셋째는 모바일 정보기술의 융합에 의한 모바일 전자정부이다. 마지막으로는 빅데이터 등 스마트 정보기술과 인공지능이 결합된 스마트 전자정부일 것이다.

따라서 이러한 기술과 부문들이 서로 결합하여 내 손 안의 맞춤형 정부에서 스스로 알아서 처리해 주는 지능형 정부에 이르기까지 다양한 전자정부의 미래 모습들이 도출될 수 있다. 제3편에서는 유비쿼터스 전자정부의 행정, 지능형 전자정부의 행정, 모바일 전자정부 및 스마트 전자정부의 행정의 변화 등을 중심으로 미래 행정의 모습을 조망해 보고자 한다.

제 7 장 유비쿼터스 정부의 행정

앞에서 살펴본 것처럼 유비쿼터스라는 용어는 오래전에 등장했다. 하지만 유비쿼터스 정보기술이 정부의 업무 처리 영역에 도입되어 행정에 변화가 나타나게 된 것은 얼마 되지 않았다. 이 장에서는 유비쿼터스 기반의 전자정부 등장 및 유비쿼터스 기술을 활용한 정부의 업무 영역을 살펴보고자 한다.

제 1 절 유비쿼터스 기반의 전자정부

인터넷 기반의 전자정부에서 유비쿼터스 기반의 전자정부가 갖는 의미는 물리공간과 전자공간, 즉 현실공간과 사이버공간의 공진화(共進化)를 추구한다는 점이다. "디지털 기술의 발전이 국가 발전의 전략공간을 물리공간에서 전자공간으로 옮겨놓았다면, 유비쿼터스 기술의 등장은 국가 발전의 전략공간을 전자공간에서 물리공간과 전자공간이 연계, 융합된 제3의 공간(초공간)으로, 즉 유비쿼터스 공간으로 재설정하고 있다"(하원규, 2003: 8).

이러한 유비쿼터스 공간은 이제 물리적 세계와 사이버 공간이 하나가 되는 만물지능화 시대를 열고 있다(하원규 · 최문기, 2008). 만물지능 공간은 모든 대상과 환경에 지능이 내장되어, 이들 간에 커뮤니케이션을 통해 통섭할 수 있는 차세대 정보통신

환경을 의미한다. 실제로 우리의 주변에는 지능을 갖춘 정보통신 기기들이 점차 증가하고 있는 추세이다.

이처럼 기술의 발달은 '사물 인터넷(Internet of Things)'을 통해 지능화된 지식 획득을 가능케 하며, 이를 더 넓은 범위로 확장하고자 하는 욕구를 발생시켜서 모든 사물, 유무형의 시스템의 지능화를 통해 손쉽게 정보 획득이 가능한 시대가 되었다. 이 논의의 진위를 떠나 만물지능을 포괄하는 유비쿼터스 기반의 전자정부는 현실공간과 사이버공간의 상호작용이라는 단계를 뛰어넘어 상호 융합이라는 개념 속에서 새로운 발전 전망을 갖게 되었음을 알 수 있다.

전자정부는 단순한 정부 영역의 전자화를 의미하는 것이 아니다. 현실공간에서 정부조직의 혁신과 행정 서비스의 혁신, 민주성의 창출 등이 병행되었을 때에만이 전자정부가 의미를 가질 수 있다. 전자정부는 현실공간을 벗어나 사이버공간에서만 형성된 또 다른 정부의 모습이 아니다. 현실공간에서의 혁신과 민주성의 담보가 사이버공간에서의 전자정부를 구성하게 되는 그러한 과정을 거친다는 의미이다.

유비쿼터스가 창출하는 공간의 상상력은 현실공간과 사이버스공간의 이분법적 사고의 한계를 극복할 수 있는 가능성을 제공한다. 유비쿼터스 정보기술은 희소자원으로서 시간재(時間財)에 대응하는 새로운 관리 방식을 제공해 준다. 그간 수동적인 관리 대상물로서만 존재했던 물리공간이 스스로 행동하는 지능을 갖게 되고, 따라서 자극(stimulus)과 반응(response) 간 시간이 제로가 됨으로써 정보 지체 또는 정보거래 비용을 감소시켜 물리적 공간 관리의 효과성과 효율성이 증대될 것이다(김선경, 2004: 25).

유비쿼터스는 물리공간의 혁신을 가능하게 한다. 따라서 유비쿼터스가 창출하는 전자정부는 "유비쿼터스 정보기술 기반 위에서 물리공간과 전자공간 간의 기밀한 연계가 이루어지고 언제, 어디서나, 어떠한 단말기에도 접속이 제한받지 않게 됨에 따라 정부의 업무가 좀 더 지능적·실시간적으로 이루어지며, 시민들 개개인의 수요에 적합한 맞춤적인 서비스를 제공하는 정부이다(김선경, 2003: 115).

결국 전자정부는 기술적으로는 인터넷을 기반으로 한 전자정부(e-government)에서 무선·모바일 환경에 기초한 전자정부(m-government)를 거쳐 유비쿼터스 전자정부(u-government)로 진화하고 있다. 또한 내용적으로 정부의 모든 업무 과정의 전자적 혁신에 기반을 둔 전자정부(e-gov)를 거쳐, 지식의 편재에 따른 조직의 재편 및 정부의 혁신에 기초한 지식정부(k-gov)의 구축과 동시에, 누구든지 언제, 어디서나 정부의 서비스를 제공받고, 정부의 행위에 참여할 수 있는 유비쿼터스 전자정부(u-gov)가 구현되는 진화 단계를 밟고 있다.

따라서 차세대 전자정부는 유비쿼터스 IT를 기반으로 통합과 맞춤형 서비스를 지향하고 서비스 제공 측면에서는 실시간, 지능적 업무 처리로 국민 개개인의 특성과 수요에 따라서 맞춤형 서비스를 제공하는 정부가 될 것이다. 이러한 유비쿼터스 전자정부에 대응하기 위해 우리 정부도 [그림 7-1]과 같이 다양한 전략을 마련해 추진해 왔다(정보통신부, 2006).

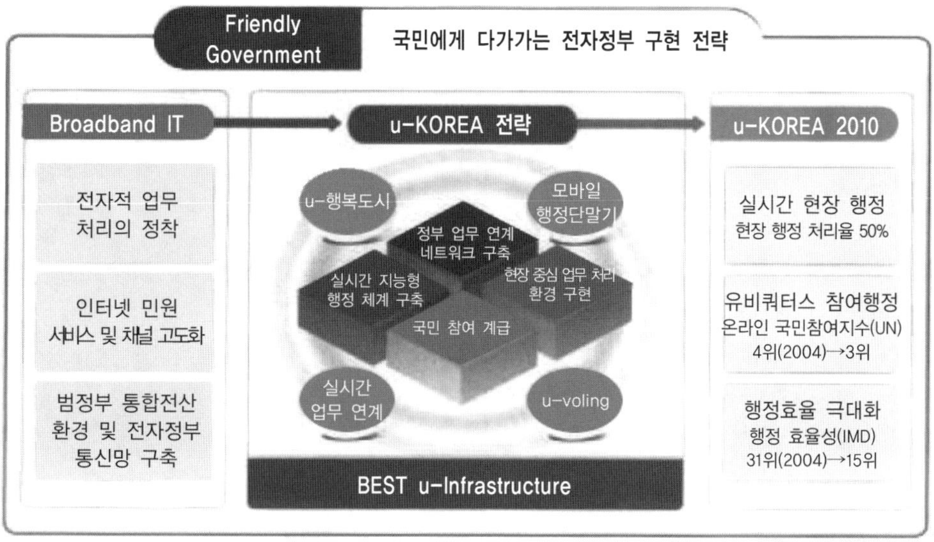

그림 7-1 유비쿼터스 전자정부 구현 전략

제 2 절 유비쿼터스 정부의 서비스 영역

이러한 유비쿼터스 환경에 따른 차세대 전자정부의 서비스 영역은 다음 <표 7-1>과 같이 정리될 수 있다(이하 박동진, 2005).

표 7-1 유비쿼터스 환경 하에서 차세대 전자정부 서비스 영역

<table>
<tr><th colspan="2">부문</th><th>서비스</th><th>효과</th><th>비고</th></tr>
<tr><td colspan="2">정부혁신 부문</td><td>U-Gov</td><td>행정효율성과 공공 서비스 부문의 향상
정부의 신뢰성 및 투명성 제고
수요자 중심의 전문 서비스로 전환
24시간 논스톱 서비스 제공
고도화된 지식 판단 영역 중심의 조직 재편</td><td>e-gov에서 진보</td></tr>
<tr><td rowspan="4">안전 국가 부문</td><td>재난 재해 관리</td><td>RFID를 통한 재해 예방</td><td>국가 위기관리 능력 제고
새로운 유형의 재난재해에 효과적으로 대응</td><td>GIS 및 GPS 활용</td></tr>
<tr><td rowspan="3">사회 안전</td><td>u-defence</td><td>국방 시스템 현대화
전투병력의 전력 향상
국방예산 절감</td><td>Smart Dust 프로젝트</td></tr>
<tr><td>모바일 단말 이용 이동형 수사 정보 시스템</td><td>공공 안전 증대 및 안전 인력·경비의 절감
수사정보의 실시간 제공과 범죄자 파악</td><td>리버풀 유비쿼터스 모바일 경찰서 프로젝트</td></tr>
<tr><td>웨어러블 컴퓨팅 교도소 재소자 관리</td><td>잡다한 행정 업무 감축 및 신속한 대응</td><td></td></tr>
<tr><td colspan="2">공공 부문</td><td colspan="3">- 통합물류수송 시스템 - 도시시설관리 - 교육(U-campus) - 보건
- 지능형 교통 시스템 - 환경관리 - 기상정보 - 복지</td></tr>
<tr><td colspan="2">전자민주주의 부문</td><td colspan="3">유비쿼터스 정책공론장
유비쿼터스 정책 참여</td></tr>
</table>

자료: 박동진(2005: 102).

우선 정부혁신 부문은 행정효율성과 정부의 신뢰성을 제고하는 좁은 의미의 u-gov라 할 수 있다. 다음은 안전국가 부문으로 재난 및 재해관리 영역과 사회안전 영역으로 구분된다. 시간이 지날수록 국가의 역할 중 안전국가의 개념은 매우 중요한 의미를 갖는다. 따라서 국가혁신 차원에서 차세대 전자정부를 접근할 때 안전국가 개념을 포괄하지 않을 수 없다. 세 번째 공공 부문으로 시민사회의 영역이지만, 시민사회에 전적으로 일임할 수 없는, 공적으로 개입해서 공공성을 확보해야 하는 영역들이

다. 도시시설, 교통, 교육, 환경, 기상 등이 그것이다. 마지막으로 전자민주주의 부문으로 차세대 전자정부가 추구해야 할 궁극적 이상으로 정부가 항상 민주적으로 작동할 수 있는 계기를 마련하는 것으로서 정책에 시민의 광범위한 참여의 통로를 확보해 나가는 것이다.

1 정부혁신 부문

유비쿼터스 기술을 토대로 차세대 전자정부를 구축하기 위한 정부혁신 부문은 다음의 네 가지로 종합할 수 있다.

1) 행정효율성과 공공 서비스 부문의 향상

무선기술과 GPS 기술이 유비쿼터스 기반을 통해 결합하여 현장 공무원과의 실시간적인 무선 커뮤니케이션이 이루어지고, 공공 설비시설의 상태가 센서링됨으로 인해 즉각적이고 예방적인 유지, 정비, 보수가 가능하게 된다. 모든 행정은 문서에 의해 법리적 요건을 갖추어야 하는 불편함에서 벗어나 문서 간 이동 및 위치 그리고 문서에서 요구하는 필요한 지식 기반은 유비쿼터스 기술이 제공하는 네트워킹을 통해 확인할 수 있다.

특히 대부분의 문서와 결재는 온라인을 통해 이루어지며, 결재를 수행하는 지위에 있는 공무원은 자신이 결재하는 과정까지 논의되었던 내용들을 데이터 마이닝을 통해 필요하고 핵심적인 부분만 체크해서 확인할 수 있게 된다. 따라서 유비쿼터스 기술 기반 및 지식정보 기반을 갖추면 행정효율성을 앞당기는 유비쿼터스 정부의 전자결재 시스템 기능을 할 수 있을 것이다. 이와 같은 행정효율성뿐만 아니라, 유비쿼터스 정부는 그 효율성을 높인 행정의 결과가 공공 서비스 제공의 능력 향상으로 이어지면서 '좋은 정부'로서의 위상을 갖출 수 있을 것이다.

2) 정부의 신뢰성 및 투명성 제고

예를 들어, 상품이 구입되는 즉시 세금이 자동적으로 지불되고 납세자의 정보가 자동적으로 갱신되는 것이 가능한 것처럼, 정부의 지출 관련 행위가 실시간으로 등록되면서 좀 더 투명한 정부 행위를 가능하게 할 수 있다. 특히 정부의 정책을 결정하는 과정이 모두 공개적으로 이루어지면서 특정한 정책이 추진되는 과정에서 누가 어떠한 관점에서 어떤 맥락의 논의를 전개했고, 그 논의가 기반하고 있는 사회적 통계가 센서링에 의해 지능형 국가 DB를 통해 만들어진 것인지, 그리고 인터넷을 통한 온라인 정책 여론조사 등이 충분히 반영되었는지 등에 대해 확인할 수 있도록 구성됨으로써 정책에 대한 신뢰도와 투명성을 높일 수 있는 계기가 마련될 수 있다.

마찬가지로, 소형 IC칩이나 RFID 칩을 장착한 카드나 정보단말기, 지문, 홍채 등 바이오매트릭스를 이용한 다양한 인증 시스템에 의해 개인 인증 플랫폼이 구축되고 고액 상품에 대한 정부 발주 및 결제가 안전하고 간단하게 실현되어 정부의 막대한 조달 및 용역의 행위가 투명하게 이루어질 수 있는 기반을 유비쿼터스 정부가 마련할 수 있다.

3) 수요자 중심의 전문 서비스로의 전환

현재 전자정부는 정부혁신이라는 관점에서 전통적으로 행정 업무가 고도의 분업화 및 전문화된 관료제적 원리에 의해 부처별 단절적으로 수행되던 방식에서, 범정부적으로 단절 없는 수요자 중심의 서비스가 전달될 수 있도록 행정 프로세스를 재설계하는 것을 하나의 목표로 제시하고 있다. 지금의 전자정부 체계가 이처럼 수요자 중심의 단절 없는 서비스로 융합 현상을 보이며 발전하는 과정 위에 지식국가적 지능체계와 함께 유비쿼터스 기술 기반에 의한 차세대 전자정부의 계획이 추가되면 이는 가히 국가혁신적인 의미를 갖는 정부의 혁신적인 대국민 서비스를 수행할 수 있는 조건을 갖추게 되는 것이다.

4) 24시간 논스톱 서비스 제공

유비쿼터스 정부에서 일반적인 정부의 대민 서비스는 사람이 제공하는 것이 아니라 유비쿼터스 컴퓨팅에 의해 이루어지기 때문에 언제 어디서나 원하는 무엇이든 유비쿼터스 네트워킹을 통해 이루어질 수 있게 된다. 서비스 부문만 24시간 전개되는 것이 아니다. 예를 들면, 공장에서 하천에 방류하는 무단 폐수를 적발하는 것은 사람이 직접 그 현장을 포착해야만 했다. 따라서 이러한 단속은 24시간 이루어지기 어려운 부문이었다. 그러나 유비쿼터스 정부는 공장, 하천에 오염 모니터를 장착하여 24시간 실시간 오염 배출량 및 오염물의 내용 및 구체적 성분, 나아가 실제로 오염시킨 지역의 범위 등이 감시, 추적되어 위법행위가 자동적으로 관찰되며, 이에 대한 사전 예방 및 사후 엄격하고 분명한 사회적·법적 책임을 추궁할 수 있다.

2 안전국가 부문

차세대 전자정부인 지능형 전자정부가 추구해야 할 안전국가 부문은 두 영역으로 구분이 가능하다. 하나는 재난 및 재해관리 영역이며, 다른 하나는 사회안전 영역이다.

1) 재산 및 재해관리 영역

이 부문은 RFID칩을 활용한 재해 예방 서비스로 집약이 가능하다. 여기에는 RFID칩과 GIS 및 GPS가 활용되어 국가 위기관리 능력을 제고하고, 새로운 유형의 재난 및 재해에 효과적으로 대응할 수 있도록 해준다. 재난 및 재해관리 영역에서는 고도화된 방범 시스템의 보호 속에서 안심하고 생활할 수 있는 국가를 실현하고, 재난관리 및 복구 시스템 고도화를 통해 국가 위기관리 능력을 제고할 수 있다. 전국의 모든 교량과 교각에 안전진단 센서를 내장하고 연결하면 수만 명의 인력이 없어도 육안으로 관찰하는 것보다 정확하게 교량의 안전성을 진단하고 필요한 조치를 실시간으로 내릴 수 있다. 한편 위기관리에는 원격 감시 녹화, 원격 도난 예방, 안부 확인 시스템, 지킴이 핫라인 서비스, 부재 중 관찰 서비스, RFID를 활용한 홍수, 산사태, 태풍 등의 재해 및 재난 예방 등이 있다.

2) 사회안전 영역

이 부문에서는 u-defense가 대표적인데, 유비쿼터스 컴퓨팅과 네트워크 기술을 통해 전술적인 감지·추적 능력의 확대 및 고도화된 전술 정보의 실시간 교환·공유, 전술부대의 커뮤니티 파워 증대 효과를 볼 수 있다. 또 스마트 더스트(Smart Dust)[1)]

를 이용한 실시간 전장감시 시스템이 있는데 전투지역에 뿌려진 스마트 더스트 칩들은 적 병력의 이동 상황을 진동 센서로 감지하고 이를 중추 네트워킹(ad hoc networking)을 통해 아군 포스트로 전송한다. 한편, RFID를 이용한 군수물품 관리 및 보급은 대량의 군수물품을 효율적으로 관리하고 보급하기 위해 개별 군수물품마다 ID를 부여하고 RFID를 부착하여 필요 보급물품의 검색 시간 단축은 물론 현 보급물품 재고량 파악 및 적정 주문시기 측정이 실시간으로 지원되어 효과적인 작전 수행이 가능하다. u-defence가 실현되면 국방 시스템의 현대화 및 과학화를 통한 정예강군 육성 및 자주국방 역량 강화, 전투 병력의 전력 향상 및 비전투 병력의 업무량 감소를 유도하여 국방 전력의 효율적 운용 및 국방 예산 절감을 꾀할 수 있다(전황수·조원진, 2004: 172-173).

3 공공 부문

공공 부문은 여러 영역이 있다. 물론 안전국가 부문에 포함되는 영역 역시 넓은 의미에서는 공공 부문이지만, 여기서는 통합물류 수송 시스템, 도시시설관리, 교육, 교통, 환경, 보건, 복지, 기상정보 등으로 축약할 수 있다. 이 중 대표적인 몇 가지만 설명하면 다음과 같다.

1) 환경 분야

환경 분야에서는 체계적인 오염물 관리를 통한 환경 훼손 방지 및 쾌적한 생활환경 조성, 능동적 환경보존 시스템 구축 등에 적용되고 있다. 또 수온, 오염도, 수목의 성장 상태 등의 환경정보를 탐지할 수 있는 RFID를 하천, 산림 등에 부착하고, 네트워크로 연결하여, 환경정보를 실시간으로 수집하고, 필터링을 분석하여 환경을 모니터링할 수 있다. 또 전국의 폐수 및 대기오염 물질을 배출하는 모든 지점에 감시와

1) 스마트 더스트(Smart Dust)는 미국 버클리대학에서 연구하고 있는 유비쿼터스 프로젝트이다. 1㎣ 크기의 실리콘 모트(silicon mote)라는 입방체 안에 완전히 자율적인 센싱(autonomous sensing)과 통신 플랫폼(communication platforms) 능력을 갖춘 보이지 않는 컴퓨팅 시스템이다. 가벼워서 떠다닐 수 있는 정도이며, 응용 분야는 에너지관리, 제품의 품질관리 및 유통 등이다.

추적센서를 부착하여 이를 실시간으로 모니터링하고 국민들에게 공개한다면 환경 규제의 성과와 예산 절감 효과는 크게 향상될 것이다.

폐기물에 RFID를 부착하여 보관, 운송, 멸균, 분쇄, 소각, 화장, 재활용 등의 모든 과정을 실시간 추적 관리하면, 폐기물의 불법적 활용 및 무단 방치 등이 원천 봉쇄되어 국민 건강, 보건 증진에 기여한다. 기대 효과로는 하천의 온도 변화 및 오염감시로 효율적인 수자원 관리, 산림환경 변화 및 산불 발생 감시로 조기 대처, 대기 변화 및 오염도 감시로 조기 경보 및 신속 대응 등이 있다(전황수・조원진, 2004: 176).

2) 보건・복지 분야

이 분야에서는 유비쿼터스 시대에 종합건강관리시스템 구축으로 생활습관성 질환이 개선되고, 재택건강관리가 활성화되며 원격 검진 및 의료기록 보관 서비스가 보급된다. 또 RFID를 이용하여 병원에서의 의료용품, 약품정보관리 및 환자 상태를 실시간 원격 관리할 수 있다. 유비쿼터스 건강관리(u-healthcare)는 집안 곳곳에 센서들이 부착되어 늦은 밤에 깬 노인을 위해 자동으로 화장실 불을 켜거나, 깨어 있는 동안 노인에 관한 정보를 기록하는 역할을 수행한다. 간호원들은 센서를 이용해 도움을 필요로 하는 노인들을 발견할 수 있으며, DB를 통해 노인들의 건강 상태와 약물 투약 상태 등에 대한 기록을 관찰하고, 노인이 필요로 할 때만 도움을 제공한다.

이렇게 노인들은 생활을 영위하는 데 최소한의 간섭을 받고, 자립심을 가지고 자율적으로 생활함으로써 환자로서가 아니라 건강인으로서의 삶을 유지할 수 있다. 마쓰시타전기는 건강관리형 좌변기를 시판하고 있는데, 변기에 앉으면 체중, 체지 방, 당뇨 수치 등을 자동으로 측정하여 건강 상태를 확인하고, 네트워크를 경유하여 건강 상태 등에 대해 필요한 조언이나 간단한 조치를 취할 수 있도록 협력기관과 연결한다(전황수・조원진, 2004 : 177).

4 전자민주주의 부문

전자민주주의 부문은 다음의 두 영역으로 나눌 수 있다. 정책공론장을 통한 심도 있는 논의가 이루어지는 영역과 정책에 직・간접적으로 참여하는 영역이다. 유비쿼터스 기술 기반이 보편화될수록 시민들은 언제 어디서나 네트워크화된 컴퓨팅을 활용하여 정부의 모든 행위에 대해 관심을 기울이고, 나아가 직접 영향을 미치는 정책이건 그렇지 않은 정책이건 관심 사항에 대해 폭넓은 참여를 하고자 하는 욕구는 더욱 증대될 것이다. 다시 말해서 유비쿼터스 전자정부는 기존 유선 인터넷 중심의 전자정부를 고도화하고, 국민으로 하여금 전자정부에 대한 접근성을 크게 향상시킨다는 점에서 더 큰 의미가 있다(오광석, 2003: 63).

참여의 욕구가 증대하고 있는 상황에서 그것을 포괄할 수 있는 정부의 제도적 경로가 확충되지 않았을 때, 정부는 항상 시민의 지지 기반을 허약하게 유지할 수밖에 없는 불안한 상태가 유지될 것이다. 따라서 이러한 상황을 돌파하는 데 중요한 것은 끊임없는 참여의 통로를 개발하는 것이다. 유비쿼터스 기술 기반은 전자정부로 하여금 시민과 정부가 정책공론장 및 다양한 방식의 정책 참여를 통해 전자적 거버넌스를 가능하게 하는 방향으로 그 정책을 개발해 나가야 할 것이다.

쉬어가기

태그 완전 파기 방식으로 주류 유통의 진품 확인 가능

• 국세청이 정부부처로서는 유일하게 RFID 확산사업에 참여하게 된 이유

2년 여 동안 주류 유통 정보 시스템을 시범 운영하면서 주류 분야에 RFID 기술이 적용될 수 있는 가능성을 확인한 지식경제부가 국세청의 추진 의지가 강력하다는 것을 보고 예외적으로 성공 가능성을 인정해 확산 사업을 추진했다.

• 국세청 RFID 확산사업의 성과

지난 2010년 11월 1일부터 서울시에 있는 소매업체(유흥업소 포함)에 의무적으로 RFID 제품을 공급하고 유통정보를 실시간으로 전송하도록 했다. 이로써 주류의 불법 거래를 차단하고 유흥업소의 숨은 세원을 양성화하는 효과를 볼 수 있게 되었다. 확산사업은 2011년 경기도 및 광역시로, 2012년 전국 확대 실시를 위한 기반을 마련하는 중요한 시기다.

또한 국가가 시스템 구축 비용만 부담하고 태그 등 민간에서 소요되는 비용은 각자 부담하는 민간 참여 방식으로 사업이 추진됨에 따라 지식경제부에서 요구하는 RFID의 민간 확산에도 기여할 수 있을 것이다.

그리고 지식경제부 등 관계 기관과의 긴밀한 협조를 통해 세계 최초로 RFID 리더 기능이 내장된 USIM 칩 상용화에 성공, 주류 진품 확인에 휴대전화를 활용하는 기능을 구현함으로써 국내 모바일 RFID 산업에 결정적 전기를 마련하기도 했다.

• 국세청 사업의 성공 가능성을 높이는 다양한 시도는 무엇인가.

주류 태그의 경우 유통 중 보호, 개봉 시 완전 파기, 공장자동화라는 상반된 조건을 동시에 만족시켜야 하는 어려움이 있었지만 이에 대한 해결책을 마련할 수 있었다. 지식경제부의 스마트 프로젝트를 최초로 상용화했으며, 태그에 비밀번호를 도입하여 복제가 어렵도록 한 점도 성공 가능성을 높였다.

하지만 이런 조치가 아직까지 완벽한 것은 아니다. RFID 내장 USIM과 관련한 스마트 프로젝트, RFID 태그 내장 병마개 연구 과제, ETRI의 보안 태그 연구 과제 등이 빠른 시일 내에 상용화되어 누구나 값싸고 쉽게 접근할 수 있도록 인프라가 구축된다면 2012년 전국 확대가 가능할 것으로 예상된다.

자료: 정보통신산업진흥원(2010: 45).

제 8 장

모바일정부의 행정

이제 정보 시스템의 환경은 컴퓨터에서 휴대전화로 급속하게 변모하고 있다. 지난 수십 년 동안이 인터넷 네트워크의 시대였다면 앞으로의 세상은 전파를 통해 이 세상 누구와도 소통할 수 있는 무선 사이버 시대가 될 것이다. 따라서 전자정부 역시도 이러한 모바일 환경에 대응하고 있다. 이 장에서는 정부에서 추진 중인 모바일 전자정부의 정책 과제와 현황을 중심으로 살펴보고자 한다.

제 1 절 모바일 전자정부의 등장

1 모바일 환경 변화

[그림 8-1]과 같이, 전 세계적으로 스마트폰을 통한 모바일 인터넷의 활성화로, 2015년 이내에 모바일 인터넷 이용자가 유선 인터넷 이용자를 능가할 전망이다. 이에 따라서 기존의 PC 중심의 인터넷 생태계가 모바일 생태계로 재편되고, 무선 인터넷은 어떤 기술 사이클보다 빠르게 발전하고 있다.

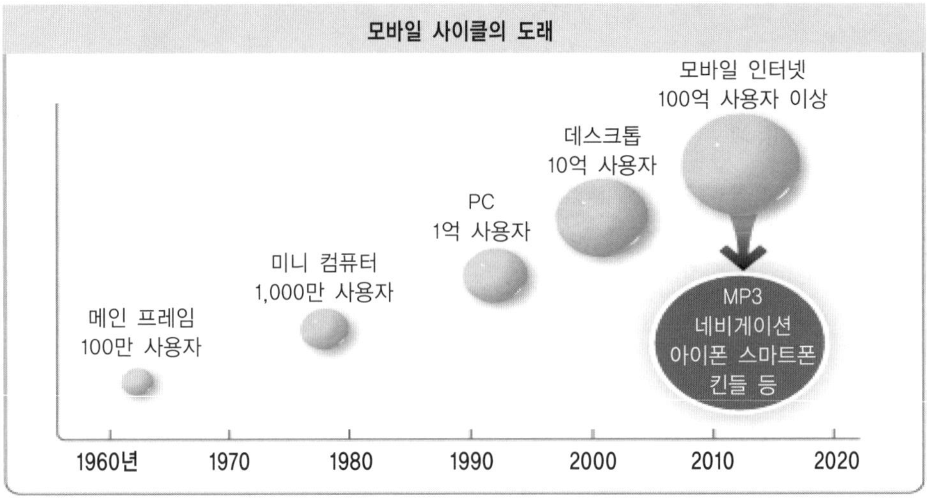

그림 8-1 모바일 사이클의 변화

우리나라도 2010년을 기점으로 본격적인 무선 시대에 돌입했다. 이처럼 모바일 인터넷 활성화, 폭발적인 스마트폰의 보급 및 확산으로 모바일 인터넷과 스마트폰은 개인·기업·정부 모두에게 효율성 향상의 핵심 키워드로 부각되고 있다. 이제 스마트폰을 통해 언제 어디서나 인터넷 접속이 가능한 진정한 유비쿼터스 네트워크 환경 구축이 가능해졌다. 또한 모바일 인터넷 접속 등 모바일 환경에 적합한 하드웨어와 오픈 플랫폼 기반의 모바일 애플리케이션을 통해 다양한 행정 서비스를 제공할 수 있는 길이 열리게 되었다.

이제 휴대전화는 단순한 통신 수단이 아니라 개인 정보관리 및 커뮤니케이션, 검색 및 지도 서비스, 기업 업무 활용, 멀티미디어 서비스 등 다양한 분야의 애플리케이션이 개발되어 활용되고 있다. 따라서 우리나라 전자정부도 세계 최고 수준에 걸맞게 이러한 모바일 환경에 따라서 M-Gov 구현을 위해 서비스 업그레이드를 진행하고 있다(행정안전부, 2010).

이러한 모바일 전자정부의 필요성과 향후 모습은 다음 [그림 8-2]와 같이 정리해 볼 수 있다.

그림 8-2 모바일 전자정부의 모습

자료: 행정안전부(2010).

2 모바일 전자정부의 개념

국민들이 기존의 PC 기반의 행정 서비스를 이동성, 다양성 및 개방성 등을 지원하는 모바일로 제공받기를 원함에 따라서, 정부는 모바일 전자정부 활성화 전략을 수립하고 적극적으로 이를 추진하고 있다. 모바일 전자정부는 "전자정부(e-Gov)의 한 형태로 모바일 무선통신 기술을 활용하여 정부의 업무를 수행하거나 서비스와 정보를 국민과 기업에게 제공함으로써 효율적으로 행정 업무를 수행하는 정부"로 정의할 수 있다. 이것은 정부의 서비스를 언제(anytime), 어디서나(anywhere) 빠르고 쉽게 만날 수 있는 전자정부를 의미한다.

이러한 모바일 전자정부는 스마트폰의 장점을 활용하여 다양한 정부 서비스 개발을 통해 오프라인 기반의 기존 정부 서비스 한계를 극복할 수 있을 것으로 기대를 모으고 있다. 구체적으로는 기존 민원 서비스의 모바일 서비스로의 전환뿐만 아니라 모바일만의 장점을 활용하여 다양한 신규 서비스 개발이 가능하며, 이를 통해 시간, 장소에 제약된 기존 정부 서비스 한계를 극복할 수 있을 것이다.

이러한 모바일 전자정부의 서비스 유형은 <표 8-1>과 같이 정리해 볼 수 있다.

표 8-1 모바일 전자정부 서비스 유형

구분	모바일 서비스 형태	내용
내부 행정 업무	공통 행정 업무	메일, 메모 보고 등 행정 업무를 스마트폰 등 모바일 단말로 수행
	특화 현장 업무	현장 단속, 시설물관리, 우편 업무 등 특화된 현장 업무를 스마트폰 등 모바일 단말로 수행
대국민 서비스	메시지 서비스	SMS/MMS를 통해 대국민 정보 제공 및 신고 접수
	웹페이지 서비스	모바일 전자정부 웹페이지로 각종 정보 및 민원 서비스 제공
	애플리케이션 서비스	웹페이지 접속 없이 스마트폰 등 모바일 단말에서 원하는 응용 프로그램을 제공받는 형태

제 2 절 모바일 전자정부 구현 현황 및 전략

오늘날 전 세계 90% 인구가 모바일 네트워크 접속이 가능해지면서 전자정부 이용

환경 역시 유선 기반 e-Gov에서 m-Gov로 급속히 전환되고 있다. 이에 우리 정부도 2011년 8월에 모바일 전자정부 기본계획을 수립하여 이를 추진하고 있다. 이것을 간략하게 살펴보면 다음과 같다.

1 모바일 전자정부 구현 현황

정부의 모바일 전자정부 서비스 활성화 전략은 크게 다음과 같은 세 가지로 요약할 수 있다.

1) 전자정부 서비스를 모바일 기반으로 전환

우선 범부처 모바일 웹/앱의 접근성·활용도 극대화를 위해 국민 맞춤형 모바일 전자정부 포털(m.korea.go.kr)을 구축했다. 이러한 모바일 전자정부 포털을 통해 사용자 편의의 맞춤 메뉴 구성, 소셜 미디어 연동 등을 통해 Gov 2.0을 지원하고 있다.

또한 국민 생활과 밀접한 기존 PC기반 주요 대표 서비스를 수요자 중심의 모바일 통합 서비스로 단계적으로 전환하고 있다. 구체적으로는 초기부터 수요자 중심의 통합된 서비스로 기획하고 설계하여 서비스를 구축하고, 각 기관별·기능별 웹사이트들의 단순 모바일 전환은 지양할 예정이다.

2) 모바일 기반 혁신적 전자정부 서비스 발굴 및 제공

모바일 기기의 특성(이동성·위치 기반·실시간성 등)을 활용한 개인화된 혁신적 대국민 서비스를 발굴해 추진할 예정이다. 구체적으로는 민원, 안전, 복지 등 대국민 파급 효과가 크고 모바일 환경에 적합한 전국 단위의 다수 기관 연계 서비스를 우선 추진하고 있다. 또한 위치 정보와 카메라 기능이 결합된 생활민원 불편 사항 신고, 증강현실이 적용된 인근 행정기관 찾기, 전자 발급 민원서류 진위 확인 등을 서비스하고 있다.

3) 모바일 행정 업무 환경 구현

대국민 서비스와 함께 내부적으로 모바일 행정 업무 처리를 위한 모바일 오피스 구현에 초점을 두고 있다. 구체적으로는 이동 중 메일, 메모 보고, 전자 결재 등 내부 행정 업무 처리가 가능한 모바일 오피스 구현 및 확산을 추진하고 있다. 이러한 모바일 행정 업무는 2010년 행정안전부를 대상으로 시범 적용한 이후에, 전 부처, 지자체 및 공공기관까지 확산시키고 있다.

또한 각급 민원행정 기관에서 행정기관의 현장 단속 등 현장 지원 업무 모델을 발굴하여 확산시키고 있다. 구체적으로는 식품위생업소 지도 점검, 옥외광고물 조사 업무, 시설물 관리, 복지 · 치안 · 방재 등에서 모바일 행정 업무를 구현하고 있다.

2012년부터는 스마트폰과 온라인을 활용하여 도로 파손, 가로등 고장 등 생활 주변의 위해 요소와 불편 사항에 대해 신속하게 신고/처리하는 시스템 운영을 확대하기로 했다. 구체적으로는 국민들이 스마트폰을 통해 현장 사진과 위치 정보를 신고하면 담당 공무원이 신속히 처리하는 '생활 불편 스마트폰 신고 서비스'를 2011년에는 경기, 부산, 대전 등지에서 시범 운영했으나, 2012년에는 이를 전국으로 확대하고, 이에 필요한 앱(App)을 개발하여 자치단체에 보급할 예정이다.

2 모바일 전자정부 구현 평가

정부의 이러한 모바일 전자정부의 구현 노력에 대해 OECD는 2011년 11월 발간된 보고서를 통해 한국이 UN 전자정부 세계 1위에 이어, 모바일 전자정부에서도 세계를 선도하고 있다고 평가했다(OECD, 2011). OECD는 ITU 및 UN DESA(The United Nations, Department of Economic and Social Affairs)가 함께 발간한 「M-Government」라는 보고서에서 43개국 150건의 모바일 전자정부 사례 중에서 한국을 22건(14.7%)으로 가장 많이 인용했다.

이 보고서는 모바일 전자 조달 서비스인 "나라장터(Mobile Public Procurement Service)"를 세계 4대 모범 사례 중 하나로 소개했다. 또한 스마트폰을 통해 민원을 열람 · 안내받을 수 있는 '민원 24' 외에 '국민신문고', '실종아동 찾기', '기업 단일 창구’ 등 총 14건을 수록했다. 또한 휴대전화를 통해 실시간으로 납부 기한·납부 세액·환급액 등 세무에 관련된 전반적인 사항을 조회할 수 있는 ‘국세청 홈텍스’를 비롯하여 ‘모바일특허청’ 등 8건을 수록하여 한국을 모바일 전자정부 1등 국가로 선정했다.

3 모바일 전자정부의 구현 전략

앞으로 모바일 전자정부를 통해 수요자 중심의 맞춤형 공공 서비스를 제공하기 위해서는 다양한 추진 전략이 필요하다. 우선 국민 활용도 및 시급성이 높은 민원 서비스에 대한 다양한 소프트웨어(애플리케이션)를 조기에 개발·보급하여 모바일 기반 정부 서비스로의 자연스러운 전환을 유도하는 것이 중요하다.

이어서 정부조직 내부에 스마트폰 기반의 스마트 오피스 구현을 통한 내부 업무 효율화로 실시간·저비용 업무환경을 구축해야 한다. 또한 공공 분야에서 선도적으로 모바일 인터넷 서비스를 도입함으로써 민간시장 활성화 및 관련 분야 해외시장 개척의 기반을 마련해야 한다. 그리고 다양한 서비스 개발 및 관련 산업 활성화를 위해 공공 정보 개방을 통한 민간과의 적극적인 협업을 추진해야 한다. 마지막으로는 종합적인 공공 분야 모바일 인터넷 서비스 도입 방안 마련을 위해 관련 법제도를 정비하고, 범정부 협의체를 구성하여 운영할 필요가 있다.

쉬어가기

모바일을 통한 얼굴 인식의 현황

음식점에 들어선 A씨. 자리에 앉자마자 해당 음식점 할인 티켓과 추천 메뉴가 스마트폰에 자동으로 떴다. 얼굴 인식 기술과 SNS 정보를 결합한 일종의 타깃 마케팅이다. 매장 입구에 들어서는 순간 CCTV가 A씨의 얼굴을 자동으로 인식한 뒤 A씨의 취향에 맞는 메뉴를 골라 추천한 것. 여기에는 그가 페이스북에 남긴 '좋아요'나 '체크인' 이력정보가 활용된다.

2012년 8월, 영국 레드페퍼사가 시범적으로 선보인 '페이스딜스' 서비스이다. 공상과학 영화 속에나 나왔던 '얼굴 인식 기반 프로파일링' 기법이 현실화되고 있는 것이다. 손 하나 까딱하지 않아도 자신에게 맞는 최적화된 맞춤형 정보를 받을 수 있다면 얼마나 편리할까. 하지만 한편으로는 찜찜하다. CCTV 카메라에 노출되어 자신의 의지와는 상관없이 자신의 취향과 정치 성향 등이 누군가에 의해 분석돼 악용될 수 있다는 불안감 때문이다.

눈, 코, 입, 미간 등 얼굴의 수백 개의 특징을 통해 신원을 확인하는 얼굴 인식 기술은 지난 10년간 비약적으로 발전했다. 과거에 주로 출입 보안 등 특수용도로 활용되어 왔으나, 최근에는 인터넷 서비스, 모바일 기기와 결합되며 일상생활 속으로 빠르게 침투하고 있다.

삼성전자의 '갤럭시S3'는 모바일 기기에 얼굴 인식 기술을 접목한 대표적인 사례이다. 스마트폰 사용자의 얼굴을 인식해 잠긴 화면을 해제해 주는 '스마트 화면 유지' 센서로 주목을 받았다. 미국 시장조사기관인 ABI리서치에 따르면, 얼굴 인식 기능이 탑재된 스마트폰과 태블릿 단말기가 2017년에 6,650만 대에 이를 것으로 전망했다.

얼굴 인식 기술 적용 분야도 빠르게 확대되고 있다. SK텔레콤은 국내 처음으로 CCTV 등 카메라에 찍힌 영상을 통해 성별, 연령대별로 구분해 옥외 광고판에 맞춤형 광고를 제공할 수 있는 기술을 상용화했다. 가령 청소년들이 모여 있으면, 이들을 위한 타깃 광고를 보여준다는 것이다.

얼굴 인식 데이터가 축적되거나 SNS, 검색 등 인터넷 정보와 연계될 경우, 프라이버시가 침해될 수 있다. 자신의 의지와는 상관없이 매장 등 특정 장소에 들어가거나 길을 지나치는 것만으로 자신의 신상정보는 물론 취향, 정치 성향 등 가공정보까지도 누군가에 의해 분석될 수 있다.

자료: 머니투데이, 2012년 9월 22일.

제 9 장

지능형정부의 행정

최근에 미래 전자정부 모형으로 대두되고 있는 분야는 지능형 전자정부이다. 이것은 웹2.0을 기반으로 하여, 정부 서비스 기획 및 개발, 정책 제안 등에 국민들의 의견을 적극 반영하고, 민간과의 지속적인 제휴를 통해 정부 서비스의 만족도와 질을 향상하고자 하는 것이다. 특히, 최근에는 클라우드 소싱, 집단지성, 위키, 폭소노미 등 다양한 Web 3.0 기술이 공공 부문에 적용되어, 스스로 알아서 해주는 맞춤형 행정 서비스를 만들어내고 있는 추세이다. 이러한 지능형 전자정부를 간략하게 살펴보면 다음과 같다.

제 1 절 지능형 전자정부의 등장

1 지능사회의 등장

앞에서 살펴본 '사물 인터넷'은 언제, 어디서나 원하는 서비스를 즉시에 받을 수 있는 '지능사회'의 핵심 기반을 형성한다. 이러한 '사물 인터넷'은 [그림 9-1]과 같이 미래 지능사회를 위한 '인간 중심의 개인화 서비스'라는 새로운 기회를 창출한다.

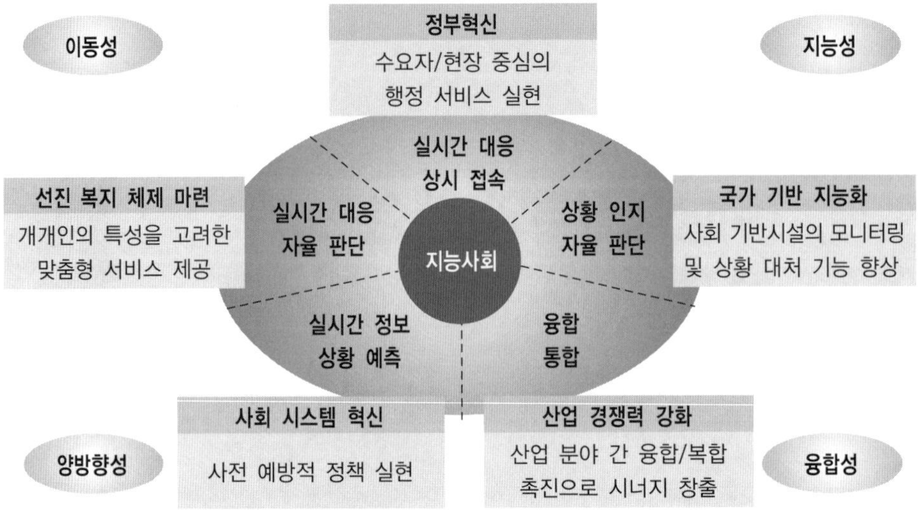

그림 9-1 지능사회의 구성과 범위

따라서 재난, 재해 예보, 환경, 방범 시설물 모니터링 등 각종 사회문제 해결에 크게 기여할 것이다. 또한 산업 자동화, 환경 감시, 재난 예방, u헬스, 에너지 절약 등으로 그린 IT를 위한 인프라로서의 역할도 수행할 전망이다.

이러한 미래 지능사회에서는 이동성, 지능성, 융합성, 양방향성의 특징을 기반으로 개개인의 특성이 반영된 맞춤형 서비스가 가능해진다. 특히 음성 인식, 인공지능, 스마트 컴퓨터, 가상환경 등의 발전은 우리가 별도의 조작을 하지 않아도 컴퓨터와 자연스럽게 접촉할 수 있는 지능사회의 환경을 조성할 전망이다. 따라서 이러한 기반 위에서 지능형 전자정부가 완성되면, 실시간 대응과 상시 접속을 통해 수요자와 현장 중심의 행정 서비스가 구현될 것이다.

2 지능형 전자정부의 개념

지능형 전자정부는 크게 [그림 9-2]와 같이 소통정부(Interactive Government), 정보정부(Informative Government) 및 통합정부(Integrated Government)를 그 기반으로 하고 있다(이하 한국행정연구원, 2010의 요약).

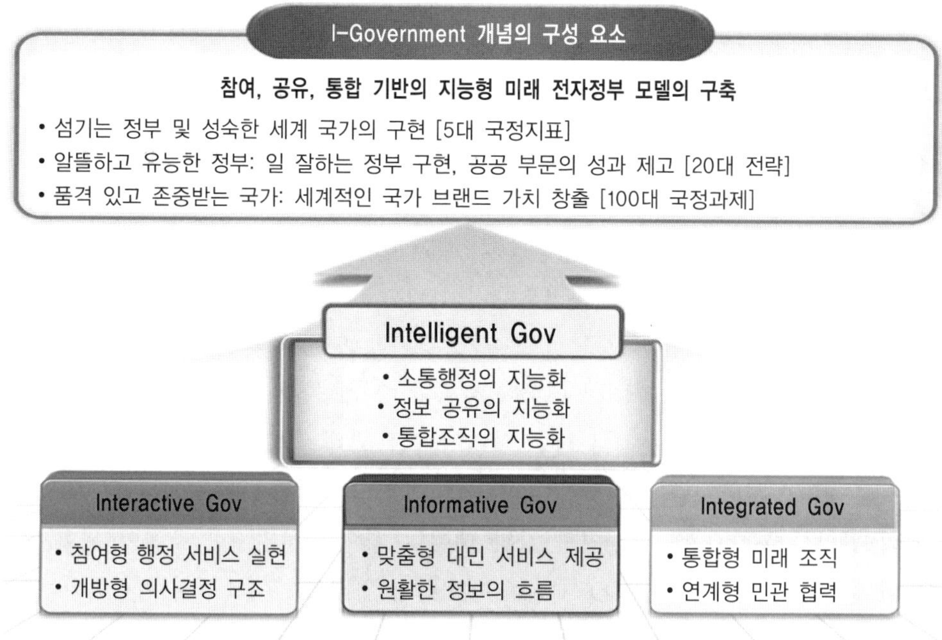

그림 9-2 I-Gov의 비전 및 구성 요소

자료: 한국행정연구원, 2010.

소통정부는 정책기획에서부터 집행 과정의 주기가 더욱 빨라지고, 그 과정상에 다수의 이해관계자의 참여와 협조가 이루어져서 정부와 국민의 행태 모두가 바뀌는 것을 의미한다.

정보정부는 단순한 행정정보의 공유에서, 단순 공유의 수준을 넘어서 가치를 창조할 수 있는 공동 이용으로, 국민과 수요자에게 가치를 제공할 수 있는 살아 있는 정보의 제공이 전자정부에서 이루어지는 정부이다.

통합정부는 부처 간, 기관 간 협의 조정이 비효율적으로 진행되는 부분이 신속하게 추진될 수 있도록 개선되어, 향후 전자정부는 기존의 오프라인 정부와 별개로 거론되는 것이 아니라 기존의 정부에 함께 녹아 있는 형태를 의미한다.

따라서 소통정부는 전자정부 시민 참여의 궁극적인 단계로 시민들이 정책결정 과정에 주체적이고 능동적으로 참여하는 것을 의미한다. 따라서 복잡 전문화된 미래 행정의 특징을 감안할 때, 기존의 전문가 중심의 참여는 필수적이고, 성숙한 시민 개개인 모두가 전자정부 시민 참여의 주체라는 인식이 필요하며, 정부도 이를 실천하려는 좀 더 적극적인 노력이 필요할 것이다.

구체적으로 의사결정 단계에서 조직 구성원들이 상호 보유하고 있는 정보에 쉽게 접근하게 하여 의견 교환의 활성화와 업무 수행에 필요한 공통의 정보에 쉽게 접근할 수 있게 함으로써, 조직의 유연성 향상과 의사결정 과정의 투명화 및 공식화시키는 효과가 기대된다.

정보정부는 이용자 중심의 전자정부가 실현됨으로써, 국민들은 자택 등에서 간단한 기기 조작이나 행정기관 창구 한 곳에서 필요한 모든 절차를 끝마칠 수 있으며, 행정이 이용자에게 적절한 서비스를 적절한 시기에 개별적으로 통지해 주는 '푸시형 행정 서비스'의 이용이 가능해져 국민 편리성의 향상이 실현될 것이다. 이처럼 편리성이 높은 행정 서비스를 실현하려면, 인증 절차의 개선, 접속 수단의 다양화 등 이용자의 편리성 향상과 각 행정기관 간의 데이터 제휴가 불가결한 조건이 된다.

또한 각 행정기관 간의 데이터 제휴를 실현하기 위해서는 시스템의 최적화와 함께 각 행정기관이 보유하고 있는 기업이나 희망하는 개인의 데이터를 연결하는 구조가 필요할 것이다.

통합정부는 정보통신기술을 활용하여 기존의 공급자 중심에서 국민 중심의 행정 서비스 제공을 실현하고, 단절적인 업무 수행 방식에서 수요자 지향의 부처들 간 협업의 조직 원리를 지향하는 정부이다. 따라서 향후 대한민국 정부와 지방자치단체는 정책지식을 정부 내 조직 간, 부서 간 공유하고 연계하며, 민간조직의 광범위한 정책지식을 연계하는 정책지식의 허브 기능을 수행할 것이다. 이 과정에서 정부와 민간 정책 공동체의 인력이 유연하게 상호간에 이동할 것으로 기대되며 정책결정에 참여하는 고위직의 정무직화와 개방화는 대폭적으로 확대될 것이다.

3 지능형 전자정부의 해외 사례 — 싱가포르

이러한 지능형 전자정부 전략은 다른 나라에서도 많이 나타나고 있다. 이 가운데 가장 대표적인 국가가 싱가포르이다. 싱가포르는 지난 2006년에 지능형 전자정부 전략인 'iGov2010'을 발표했다.

싱가포르 'iGov2010'의 비전은 [그림 9-3]과 같이 IT를 활용하여 '시민과 하나 되는 통합정부 실현'에 있고, 이를 위한 전자적 공공 서비스 유효 범위 확대, 기업과 시너지 효과 창출로 국가경쟁력 향상에 기여하는 데 있다. 향후 2010년까지 싱가포르 정부가 추구하는 전자정부 목표는 기본적인 싱가포르의 방침이었던 사용자, 고객을 대상으로 하겠다는 기본 지침에, 최근 이슈가 되고 있는 정보 격차를 해소시켜 고객의 참여를 좀 더 증진시키는 것이 핵심이다.

이러한 싱가포르 iGov2010 계획은 민간 및 공공 부문과의 협의를 통해 개발되었으며, 'e-서비스의 가용 범위 및 내용 확대', 'e-서비스 참여에 대한 시민의 관심도 고양', '정부의 역량 및 시너지 효과 확대', '국가 경쟁력 증대'라는 네 가지 전략적 추진 사업으로 구성된다.

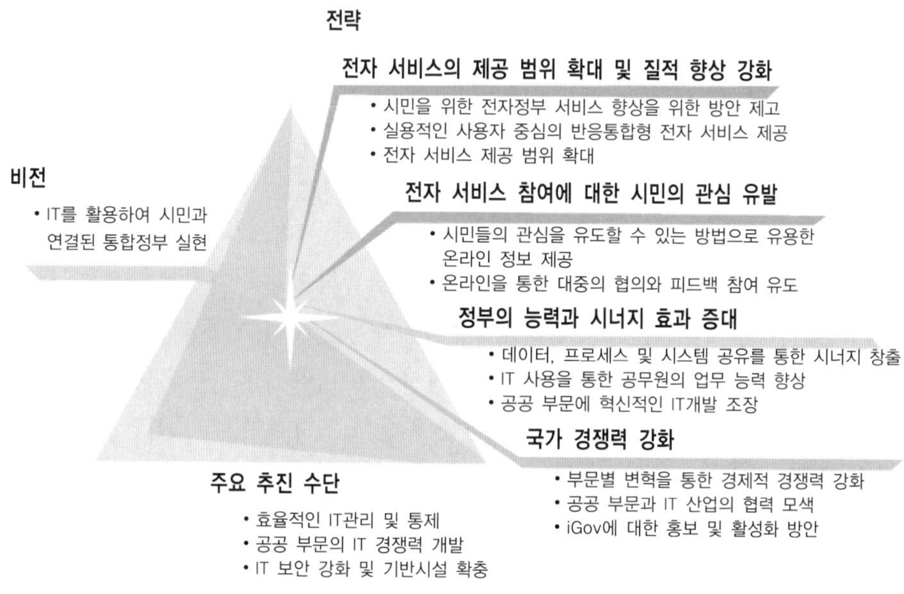

그림 9-3 싱가포르 iGov2010 비전과 전략

제 2 절 지능형 전자정부 구현 현황 및 전략

1 지능형 전자정부의 실행 전략

우리나라도 이러한 지능형 전자정부 구현을 위해 ① 부처별 분산된 정보화 조직을 논리적으로 통합하여 추진 동력을 확보하고, ② 전자정부와 관련된 법령과 제도를 통합 정비하여 근거를 명확히 하고, ③ 국민과 민간의 참여를 기반으로 하는 감독 기능을 강화하고, ④ 이를 통해 전자정부의 실질적인 성과 평가가 이루어지도록 해야 할 것이다. 이러한 실행 전략을 소통정부(Interactive Government), 정보정부(Informative Government), 통합정부(Integrated Government)별로 간략하게 살펴보면 다음과 같다 (이하 한국행정연구원, 2010).

1) 소통정부: 참여형 행정 서비스 실행 전략

정부가 전자정부를 추진한 후 지금까지는 대부분의 서비스를 제공해야 하는 것으로 여겨왔으나 차세대 전자정부에서는 사용자를 적극적으로 전자정부 협업 네트워크 일원으로 참여시켜 진정한 사용자 중심의, 사용자가 창조하는 전자정부로의 전환이 요구된다. 따라서 사용자가 더 이상 단순 소비자가 아니라 프로슈머라는 인식의 전환이 요구되며, 국민(사용자)의 정보 및 지식을 원천으로 하여 이들의 집단지성을 활용한 정부 정책 입안 및 서비스 개선이 가능할 것이다.

2) 소통정부: 개방형 행정 서비스 실행 전략

각 부처별로 추진되는 주요 사업에 대해 대국민 공청회를 개최하는 경우가 많으나 형식적으로 소규모로 운영하거나 지리적·시간적 제약으로 많은 국민이 정보를 공유하고, 의견을 나누지 못해 정책 홍보 단절 및 오해가 발생하고 있다. 따라서 개별적으로 추진, 관리되어 오던 부처별 공청회 정보를 단일 포털을 통해 제공하여 국민들의 정책 참여 및 홍보, 정책 반영 결과의 실시간 협업을 가능하도록 해야 한다.

또한 연도별 추이 등 간단한 통계 분석 자료도 함께 제공하여 정부의 모든 예산 항목을 일목요연하게 정리하고 이를 다양한 조건에 맞춰 재배열하여 제공하는, 정부 예산 및 집행 정보 제공 종합 포털 구축이 필요하다.

3) 정보정부: 맞춤형 대민 서비스 실행 전략

맞춤형 행정 서비스는 정부 업무 기능 분류, 민원 사무 분류 등 행정 편의 위주의 구조를 국민 중심으로 재개편할 필요가 있으며, 민원행정 영역에 대한 분류 체계의 재정립 및 정비를 바탕으로 다양한 채널을 통한 단일 접점의 강화가 필요하다.

이를 위해 특정한 인터페이스를 통해 바탕 화면에서 바로 각종 서비스를 이용할 수 있는 도구로 정부의 다양한 정보를 실시간으로 받아보고, 자주 이용하는 개인별 서비스를 중심으로 메뉴를 구성하여, 인터넷 바탕 화면에서 이용할 수 있는 위젯을 개발하여 보급해야 한다.

4) 정보정부: 원활한 정보 흐름 서비스 실행 전략

일반적인 정책 의사결정을 위해서는 다부처와 연계된 복합적인 기반 데이터를 중심으로 의사결정이 이루어져야 함에도, 현재의 정보 시스템 구성 체계로는 입체적인 정보의 추출이 불가능한 현실이다.

따라서 다부처적이고 다양한 행정 시스템에 걸쳐 존재하는 행정정보들을 주제 중심으로 엮을 수 있고, 문제 중심으로 가공할 수 있는, 통합 기반 체계의 수립이 필요하다. 이를 위해 다부처, 다수 시스템에서 관리하고 있는 행정 데이터 중 정책 의사결정에 필요한 기반 정보만을 요약DB, 메타DB의 형태로 구현해야 한다.

5) 통합정부: 통합형 행정 서비스 실행 전략

부처 간의 협업이 가능한 정보 체계, 정보의 활용과 활성화된 정보를 서비스를 위한 정보의 집적, 가공, 활용 등에 지원할 수 있는 제도적 기반과 공동의 문화가 강력한 리더십을 통해 추진되어야 한다. 구체적으로 수평적으로 업무와 부처 권한 중심으로 추진된 전자정부의 모습이 업무와 부처 권한을 초월하여 효율과 서비스 중심의 조직경계를 허물 수 있는 서비스 통합이 우선 필요하다.

이를 위해서는 현재 개별 기관이 가지고 있는 서비스 및 정보를 개별 기관의 소유로 인식하고 있으나, 앞으로는 좀 더 포괄적인 서비스 및 정보 공유를 위한 마인드로의 전환이 필요하다.

6) 통합정부: 협력형 행정 서비스 실행 전략

공공성이 높고 활용성이 강한 민간기관의 정보들을 신뢰성 있는 인증 및 보안 체계를 기반으로 디지털 인프라를 통해 제공할 필요성이 있다. 구체적으로는 민간 영역에서 보유하고 있는 각종 필증, 자격, 이수 확인, 회원증 등 민간기관의 업무를 통해 생성되는 정보 중 행정 영역의 업무 및 대국민 서비스에 활용되는 정보 실태를 파악하고, 행정 영역에서 생성되는 정보 중 민간 영역에 활용되거나 필요로 하는 공동 이용 수요조사를 실시하여 해당 정보 실태를 파악해야 한다.

이어서 대국민 공동 이용 포털 등 민간과 행정 영역이 해당 정보를 거래할 수 있는 협업 중계 서비스를 제공해야 한다. 또한 앞으로는 중앙정부 주도적인 전자정부 추진은 지양하고 차세대 전자정부의 새로운 전략과 비전을 달성할 수 있는 이해관계자(중앙정부, 지방정부, 공공기관, 기업, 일반 국민 등)의 역할을 명확히 정의한 후, 이들 이해관계자가 자발적이고 능동적으로 차세대 전자정부 구현을 위해 움직일 수 있도록 기반을 마련하고 분위기를 조성하는 것이 중요하다.

2 빅데이터를 활용한 지능형 전자정부 전략

현재 우리 정부 내에서의 업무 처리는 기관별로 단절된 정보의 제한적 활용으로 인해 합리적 의사결정을 지원하는 데 한계를 지니고 있다. 특히 정보의 부족과 단절로 인한 공백을 경험칙이나 결단으로 메우게 되어 현실과 괴리된 의사결정을 내리게 될 가능성이 있다. 따라서 앞으로는 정부 내에서 빅데이터(big data)를 활용해 정책과정을 혁신시켜 정부의 의사결정 구조가 크게 변화될 것으로 예상된다.

궁극적으로는 분야별 정보의 수평적 융합과 실시간 데이터 분석에 기반을 둔 의사결정으로 지능형 정부를 구현할 수 있게 될 것이다. 이러한 지능형 정부는 범정부적인 데이터 융합과 소셜 미디어 등 민간 데이터 활용으로 빅데이터 분석의 토대가 구축되어야만 구현될 수 있을 것이다. 또한 미래에는 [그림 9-4]와 같이, 실시간으로 수집되는 방대한 실제 정보에 대한 빅데이터 분석을 통해, 적시성 있고 현실적이며 선제적인 의사결정 및 정책집행 체계가 마련될 수 있을 것이다.

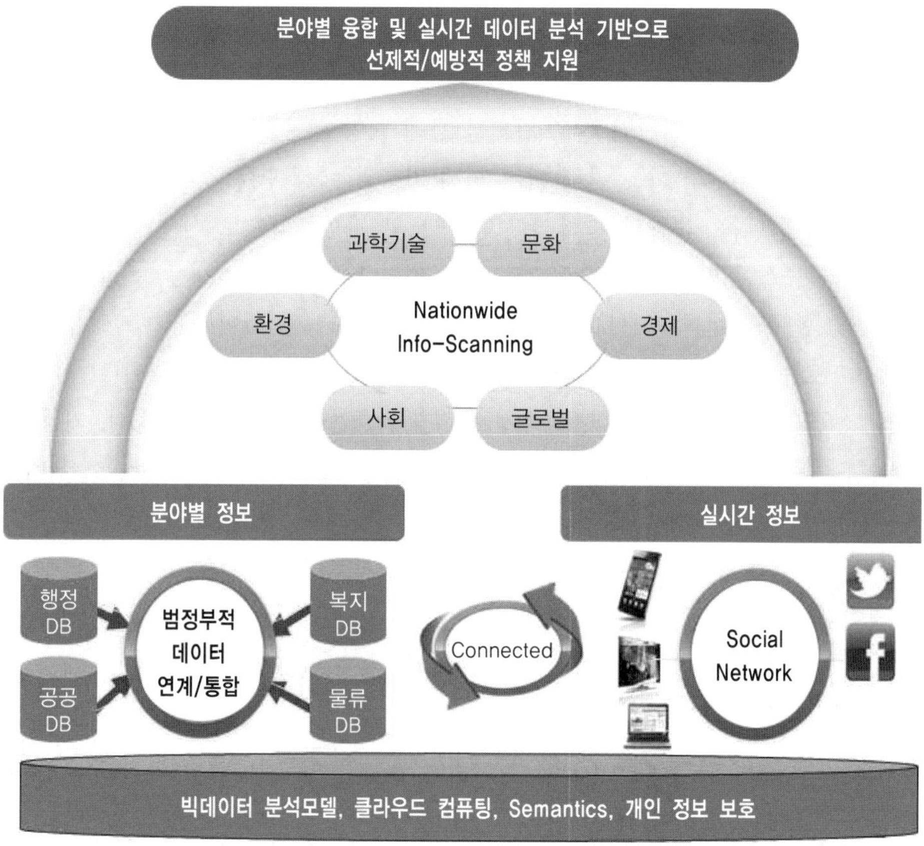

그림 9-4 빅데이터를 활용한 미래 지능형 행정 모형

자료: 국가정보화전략위원회(2012).

이러한 빅데이터를 활용한 미래 정부의 지능형 행정 업무 처리 시나리오는 다음과 같이 설명할 수 있다(국가정보화전략위원회, 2012).

1) 재난 전조 감지 분야

현재는 재난 분야에서 경험 기반의 획일화된 점검과 조치, 시설 위주의 구조적 대비, 인력에 의존한 상황 모니터링 등으로 신속한 판단에 어려움이 존재한다. 그러나 앞으로는 빅데이터를 활용한 피해 위험 사전 예측을 통해 분석 기반의 예방 대비 체계를 구축할 수 있으며, 실시간 상황분석 및 신속 정확한 대응·복구가 가능해질 것이다.

빅데이터를 활용하면 실시간 전조 감지를 통해 대형 재난으로의 확산을 사전에 차단할 수 있게 될 것이다. 이를 위해 과거 피해 기록과 예상 강우에 따른 도시 침수지역 구간을 사전 예측, 유관 기관의 실시간 정보의 자동분석으로 신속한 상황 판단, 소셜 데이터 뉴스 등의 실시간 분석으로 피해 지역 맞춤형 경보, 대응, 복합 피해 원인 분석 및 환류 체계 구축으로 지능형 재난관리가 수행될 것이다.

구체적으로는 기상정보(기상청), 수문(국토해양부), 절개지(산림청), 센서(기상청, 산림청), CCTV(경찰청), 계측기, 교통정보(경찰청), 인공위성 자료(국정원, 기상청), 재해 위험 예측, 과거 피해 기록, 언론(신문기사, 방송 보도), 민원 및 여론, 소셜 네트워크, 지리·사회·환경적 특성 등을 빅데이터를 활용하여 분석한다면, 실시간 전조 감지와 융합분석을 통한 위험 등급 예측으로 신속하고 정확한 예방책이 마련될 수 있을 것이다.

2) 구제역 예방 분야

현재는 가축 질병 관련 방역정보가 여기저기 흩어져 있고, 방역의 핵심 정보인 농장 방문(자) 정보 등이 수집되지 않아 신속한 의사결정 및 대책 수립에 한계를 지니고 있다. 구체적으로는 축산농장을 관리하는 시스템마다 농장DB를 기관별로 관리하고 있어 연계 및 공동 활용의 문제가 발생하고 있다. 또한 부정확한 농장DB 및 탐문 중심 역학조사 등으로 예방·예찰부터 진단·통제까지 업무 처리 절파가 비효율적으로 운영되고 있다.

그러므로 각 기관별로 흩어져 있는 가축 방역 및 농장정보 관련 데이터를 융합하여 분석하고, 구제역 등 가축 질병 예방 및 통제를 위한 선제적 의사결정 지원 시스템을 구축해야 한다.

구제역 예방 분야에 빅데이터를 활용할 경우 기관별 농장정보, 축산 관계자, 가축 이동 정보는 물론 해외 질병 발생, 출입국자, 농장 방문 정보 등을 융합하여 분석할 수 있기 때문에 사전 예방 및 선제적 의사결정 지원이 가능해진다. 구체적으로는 해외 질병 발생 동향, 출국자, 축산 관련 차량 이동, 소셜 미디어 정보 등을 실시간 자동 수집·분석하여 질병 가능성을 예측하고 소독·예방 접종 등을 통해 사전 예방이 가능해진다.

더 나아가 가축 전염병 이상 징후 발견 시 확산 및 전파 경로 사전분석을 통해 예찰 활동, 방역 조치 등 지역별 맞춤형 예찰 매뉴얼 체계를 마련할 수 있다. 구체적으로는 국가지리정보, 토양, 수질관리 등 시스템과 데이터의 연계를 통해 신속하고 효과적으로 진단이 가능해지며, 발생 지역에 대한 살처분, 매몰, 백신 접종 등을 위한 최적의 인력·장비·물자 등 대응자원을 확보하고, 농장 방문 및 이동 통제, 위기 경보 등을 매뉴얼화된 지령 체계 및 SNS를 통해 긴급하게 전파할 수 있게 된다.

3) 맞춤형 복지 분야

현재 우리 정부는 사회복지 통합관리망을 구축하여 복지사업별 기준에 맞는 적정 수급자 관리에 필요한 소득, 재산, 인적 사항 등 219종의 정보를 행정안전부, 국세청 등 27개 기관으로부터 수집하여 자격 및 중복 수급 여부 판단에 활용하고 있다. 이러한 사회복지 통합관리망을 통해 적정 수급자를 관리하여, 2011년 8월 말을 기준으로 3,847억 원의 복지재정 누수를 방지하고 있다. 그러나 현재 시스템은 적정 수급자 관리에 필요한 정보만 갖고 있어 복지 사각지대 발굴 및 맞춤형 복지 서비스 제공에 한계를 드러내고 있다.

향후에 빅데이터를 활용할 경우, 다양한 복지 정보 수집을 통한 맞춤형 복지 서비스를 제공할 수 있게 될 것이다. 구체적으로는 사회복지사, 각종 포털, 상담센터 등 복지 수요 정보와 사회복지시설, 종교단체, 사회복지공동모금회 등 복지 공급 정보를 수집하여 생애주기별, 복지 서비스 유형별로 필요로 하는 맞춤형 복지 서비스를 제공할 수 있게 된다.

또한 수집된 복지 수요 정보를 활용하여 잠재적 복지 대상자를 발굴하고, 욕구 조사 및 분석을 통해 필요로 하는 복지 서비스가 무엇인지를 식별할 수 있게 된다. 따라서 복지자원을 조사하여 이를 복지 수요와 매칭시켜 맞춤형 서비스를 제공해 주고, 서비스 결과에 대한 분석을 통해 복지 수요와 복지 공급을 예측할 수 있게 될 것이다.

4) 물가관리 분야

현재의 물가관리 방안은 생산 · 소비 · 물류 정보를 부처별로 인력에 의존하는 표본조사 기반으로 산출하고 있어, 부처들 간에 정보 공유가 미흡하고 조사주기가 길어 신속한 대응에 한계를 보이고 있다.

특히 여러 기관이 기관별로 특정 물가관리 대상 품목을 선정하고 정기적으로 오프라인 방식(방문, 전화, 서면 등)을 통해 물가지수를 조사 · 발표하고 있는 실정이다. 따라서 통계 방식의 표본 선정 오류나 대체 효과에 의한 왜곡으로 공시 물가와 체감 물가와의 괴리가 크게 나타나고 있다. 통계청과 한국은행의 조사를 제외하더라도 관세청의 수출입 물동량, 국세청의 생산 유통 물동량, 공정거래위원회의 거래 물류정보 등은 개개 기관별로 신고자의 신고 내역으로만 물류 정보를 파악하므로 잠재적 오류 또는 불성실 신고 가능성이 늘 존재한다.

따라서 이제는 빅데이터를 활용하여 실시간으로 생산 · 소비, 물류 정보의 모니터링을 통해 물가 안정 대책을 수립할 필요성이 있다. 빅데이터를 활용할 경우, 생산자부터 소비자까지의 가격 및 물동량 정보를 대용량 데이터베이스 기술을 활용하여 물류 유통 전체 단계에 대해 전수조사를 기반으로 연계 분석을 수행할 수 있게 된다. 구체적으로는 다양한 관련 부처(기획재정부, 지식경제부, 관세청, 식약청, 농림수산부, 공정거래위원회, 통계청, 국세청, 지자체 등)에서 가지고 있는 생산자 가격 및 물량, 관세 데이터(수출입 물품 데이터), 시장 물가 데이터(전국 마트, 재래시장, 백화점, 경매 POS 시스템 데이터 등), 소비물류정보(신용/체크카드 전표 DB), SNS 제공정보(시민단체, 개인) 등을 종합하여 분석할 수 있게 될 것이다.

이러한 빅데이터 활용을 통해 지역 · 품목별 생산자 · 소비자 가격 변동을 실시간으로 제공함으로써 생산 및 수입 규모를 조절하고, 물가 안정화를 위한 거시적 대책 수립 등에 활용할 수 있게 되며, 지역 · 품목별 물류관리를 통해 유통구조 최적화 및 물류 재분배로 물가 안정에 기여할 것이다. 더 나아가 실시간으로 불공정 거래 및 불법 물량을 탐지하여 세수 확대 및 조세의 투명성 제고에 이바지할 수 있다.

쉬어가기

2020년 만물지능 통신 기반의 세상

만물지능 통신 기반 – 일상생활 2020 시나리오

만물지능 통신 기반 일생생활 인프라

출처: 일본경제산업성, 기술전략지도

- 가정이 하나의 거대한 컴퓨터의 도움을 받아서 편안하고 안전한 생활과 재택근무가 가능해진다
- 가정과 사무실 그리고 가족간은 초대용량 회선(수십 giga)으로 연결된다.

① 두께가 1mm도 되지 않은 전자 페이퍼가 실용화되어, 만능 디스플레이 역할을 한다.
② 손목시계형 등과 같은 웨어러블 단말기가 홈 서버 등에 연결되어 미래 통신의 허브 역할을 한다.
③ 가정과 외부의 상황을 실시간으로 취득한 상황 인식정보를 근거로 재택 로봇 등을 통해 원격지에서 적절한 조치를 할 수 있다.
④ u냉장고는 제품의 생산과 유통정보, 메뉴정보를 파악하여 당뇨병 환자를 위한 맞춤형 영양관리 메뉴를 제공한다.
⑤ 지킴이 로봇은 홈 서버를 통해 가정 내의 여타 로봇, 가전제품과 연동하여 노약자를 보살피고 위험을 알려준다.
⑥ 멀티모니터는 GPS 등을 통해 가족과 연결되어 있고, 수발 로봇의 도움을 준다.
⑦ 홀로그래피로 입체동영상 투영이 가능하고, 전 세계의 언어를 통역해 준다.

자료: ETRI 자료에서 재인용.

제10장 스마트정부의 행정

앞에서 살펴본 우리 정부의 미래 모습은 모두 스마트정부의 행정으로 귀결되고 있다. 그 이유는 우리 정부가 2011년 3월에 국가정보화 기본 계획의 일환으로 스마트 전자정부 추진계획을 발표했기 때문이다. 따라서 이 장에서는 스마트 전자정부의 추진정책과 대표적인 스마트 전자정부 사업인 스마트 워크의 추진 현황에 대해 살펴보고자 한다.

제 1 절 스마트 전자정부의 등장

1 스마트 전자정부의 배경 및 필요성

1) 추진 배경

정보기술의 환경 변화에 따라서 스마트폰 등 모바일 환경에 정부가 능동적으로 대응하여 더 나은 서비스를 선제적으로 제공하는 전략이 필요하다. 특히 스마트폰, 태블릿PC 등의 급속한 보급으로 촉발된 모바일 환경은 다른 기술과의 융합으로 더욱 지능화되고 스마트한 서비스가 가능해졌다.

이제 정보기술은 업무 처리의 효율성을 추구하는 수단을 넘어, 국가 사회 현안을 해결하고 인간에게 새로운 가치를 부여하는 핵심 수단으로 진화하고 있다. 따라서 이러한 정보기술을 활용하여 미래 사회의 환경 변화에 능동적 대응해야 한다.

2) 추진의 필요성

스마트 전자정부를 통해 기존의 전자정부 추진을 넘어 국가 사회의 새로운 발전 전략을 모색해야 한다. 구체적으로는 우리나라가 직면한 저출산 · 고령화로 인한 인구구조 변화, 온난화로 인한 기후 변화, 녹색성장 추구 등 미래 사회 변화에 대응하는 적극적인 대책이 정보기술을 통해 마련되어야 한다.

또한 기존 전자정부의 한계를 극복할 필요성이 있다. 우리나라는 이제까지 여전히 공급자 중심의 서비스 구축에 치중하여 국민이 원하는 방식(시간 · 장소 · 매체 등)으로 행정 서비스를 제공하는 데는 다소 미흡했다. 따라서 스마트 전자정부를 통해 수요자 중심의 맞춤형 전자정부를 지향해야 한다. 구체적으로는 전자정부 서비스의 대표 접점(gateway)을 제공하여 모든 행정 서비스에 대해 주제 · 수요자별 맞춤형으로 안내할 필요성이 있다.

3) 스마트 전자정부의 개념

스마트 전자정부란 "진화된 IT 기술과 정부 서비스 간에 융 · 복합을 통해, 언제 어디서나 매체에 관계 없이 자유롭게 국민이 원하는 정부 서비스를 이용하고, 국민의 참여 · 소통으로 진화(進化)하는 선진화된 정부"를 의미한다.

2 스마트 전자정부의 비전과 전략

1) 비전

2011년 3월에 발표된 스마트 전자정부의 비전은 국민과 하나 되는 세계 최고의 전자정부를 구현하는 것이다. 이러한 비전은 다음 [그림 10-1]과 같다.

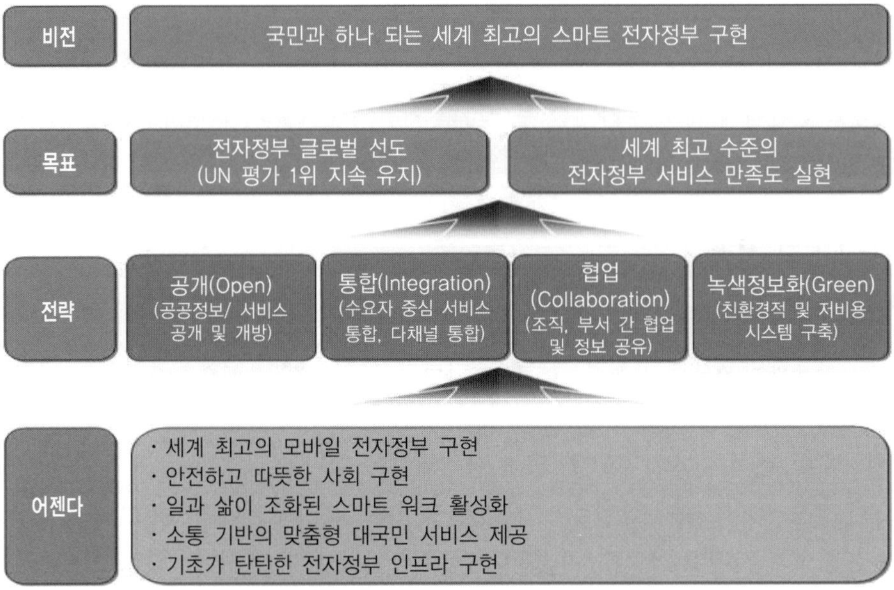

그림 10-1 스마트 전자정부의 비전 체계도

자료: 행정안전부(2011).

2) 전략

스마트 전자정부의 추진 전략은 크게 다음의 네 가지로 나누어 볼 수 있다(행정안전부, 2011).

(1) 공개(Open) – 공공 정보 · 서비스 공개 및 개방

민간 분야에서 공공정보를 자유롭게 활용 · 유통할 수 있도록 공공 정보 및 서비스를 단계적으로 개방한다. 구체적으로는 공공정보의 안내, 검색, 다운로드 및 공공 서비스의 재사용이 가능하도록 국가 공유자원 포털(data.go.kr)을 구축하여 서비스를 제공한다. 그리고 국가 안보, 개인 정보 보호 등 특별한 사유가 없는 한 공공정보를 개방하도록 저작권법과 국가정보화기본법 등에 법적 근거를 마련한다.

또한 국민의 정책 참여와 소통 활성화를 위해 정부의 주요 정책과 서비스를 투명하게 공개한다. 우선 국민이 관심 있어 하는 국가 주요 정책, 예산 집행 상황 등을 온라인으로 투명하게 공개하여 국민의 관심도 및 참여를 유도한다. 국민 의견에 대한 온라인 소통 및 환류 시스템을 구축하여 민원·국민 제안 등을 정책 수립 집행 과정에 신속하게 반영하는 환류 체계를 구축한다. 또한 정부기관, 지자체, 공공기관의 행정청의 위법·부당한 행정처분으로부터 발생한 행정 결과에 대한 온라인 행정심판 시스템을 확대한다.

(2) 통합(Integration) – 수요자 중심 서비스 통합 및 다채널 통합

수요자가 원하는 맞춤형 통합 서비스 제공을 위해 정부 서비스와 데이터를 수요자 중심으로 연계하여 통합한다. 구체적으로는 스마트폰, 태블릿PC, 스마트TV 등 다채널 서비스를 제공하고, 다채널 간 상호 호환 및 연계·통합을 추진한다.

또한 국민 생활과 밀접한 기존 PC 기반의 주요 대표 서비스를 수요자 중심의 모바일 통합 서비스로 단계적으로 전환한다. 구체적으로는 모바일 기기의 특성(이동성·위치 기반·실시간성 등)을 활용한 개인화된 혁신적 대국민 서비스를 발굴하여 추진한다. 특히 민원, 안전, 복지 등 대국민 파급 효과가 크고 모바일 환경에 적합한 전국 단위의 다수 기관 연계 서비스를 우선 추진할 예정이다.

(3) 협업(Collaboration) – 조직, 부서 간 협업 및 정보 공유

국민 중심의 선제 행정, 맞춤형 행정, 현장 행정, 융합 행정의 실현을 위해 행정기관 간 협업 및 공유 시스템을 구축할 것이다. 이어서 정부기관뿐만 아니라 지자체, 공공기관, 민간까지 협업 및 공유 범위를 확대할 예정이다. 특히 시스템 구축과 병행하여 조직·부서 간 협업 및 공유할 수 있는 문화 및 제도의 정착을 추진한다.

이러한 협업은 정부 내에서 범정부 디지털 행정 협업 지원 시스템 구축 및 확산으로 구체화되었다. 이것은 다부처 협업 과제를 관련 기관 및 담당자가 공동 수행하는 사이버 공간으로서 과제관리, 이슈 대응 등의 협업 지원을 의미한다. 구체적으로는 공간정보와 행정정보 간 융·복합을 통해 토지, 환경, 산림, 농지, 문화재 등 국토공간 정보 통합DB를 구축한다. 또한 행정 서비스와 스마트 IT와의 융·복합 서비스를 발굴하여 행정 서비스 선진화를 단계적으로 확대시킬 예정이다.

(4) 녹색정보화(Green) – 친환경적 및 저비용 시스템 구축

정부가 선도적으로 그린 IT제품을 사용하고, 클라우드 컴퓨팅 등을 통한 IT 시스템의 그린화에 앞장선다. 또한 스마트 IT를 사회 각 분야에 적용하여 저탄소 녹색성장의 기반을 마련한다.

제 2 절 스마트 전자정부 구현 현황

1 추진 방향 및 5대 어젠다

스마트 전자정부는 세 가지의 추진 방향을 가지고 있다. 첫째는 '선도'로, IT 신기술을 활용, 정보화 패러다임 변화에 선제적으로 대응하는 것이다. 둘째는 '고도화'로, 미래 사회 환경 변화에 맞춰 정부 서비스의 수준을 제고하는 것이다. 셋째는 '인프라 강화'로, 기초가 탄탄한 지속 가능한 전자정부 인프라를 구현하는 것이다. 이것을 실현하는 [그림 10-2]와 같은 5대 어젠다를 살펴보면 다음과 같다.

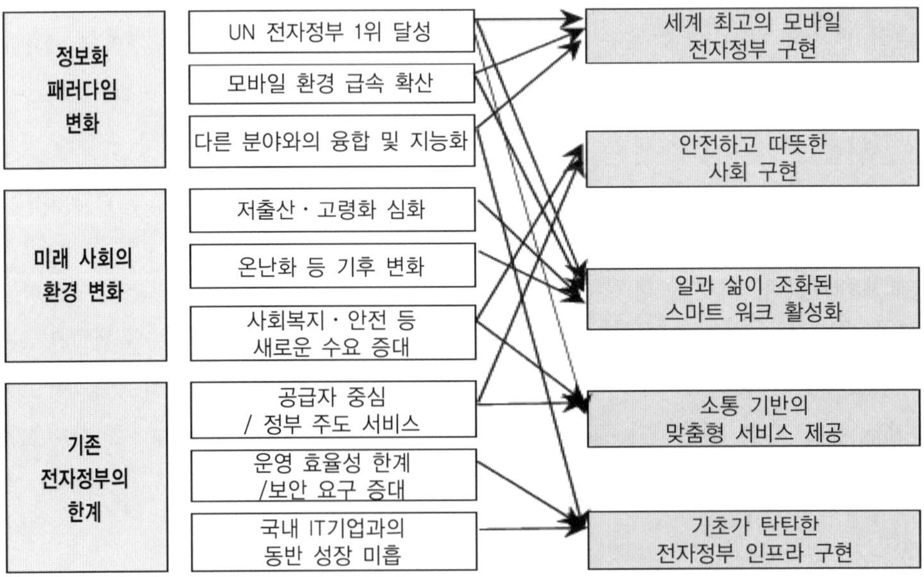

그림 10-2 스마트 전자정부의 5대 어젠다

자료: 행정안전부(2011).

1) 세계 최고의 모바일 전자정부 구현

앞에서 살펴본 것처럼 전자정부 서비스를 모바일 기반으로 전환하고 있다. 구체적으로는 범부처 모바일 웹/앱의 접근성·활용도 극대화를 위해 국민 맞춤형 모바일 전자정부 포털(m.korea.go.kr)을 구축한다. 이어서 모바일 기반의 혁신적 전자정부 서비스를 발굴하여 제공한다. 이것은 모바일 기기의 특성(이동성·위치 기반·실시간성 등)을 활용한 개인화된 혁신적 대국민 서비스를 제공하는 것이다. 구체적으로는 민원, 안전, 복지 등 대국민 파급 효과가 크고 모바일 환경에 적합한 전국 단위의 다수 기관 연계 서비스를 우선적으로 추진한다.

또한 모바일 행정 업무 처리를 위한 모바일 오피스를 구현하여 이동 중 메일, 메모 보고, 전자결재 등 내부 행정 업무 처리가 가능한 모바일 오피스를 전 부처, 지자체 및 공공기관까지 확산시킨다. 이를 위해 식품위생업소 지도 점검, 옥외광고물 조사 업무, 시설물 관리, 복지·치안·방재 등 현장 지원 업무 모델을 발굴한다. 국민들의 관점에서는 원하는 공공정보를 쉽게 활용할 수 있는 기반을 구축하여 공공정보 안내·검색·다운로드 및 공공 서비스 재사용이 가능한 국가 공유자원 포털(data.go.kr) 구축을 지원한다. 또한 민간기업 등이 좀 더 편리하게 공공정보를 활용토록 표준화된 접속 방식(Open API)으로 공공정보를 개방한다.

2) 안전하고 따뜻한 사회 구현

실시간 지능형 공공안전망 서비스 제공을 통해 사회적 약자에 대한 범죄 예방 및 대응 체계를 구축한다. 구체적으로는 경찰청, 보건복지부, 공공·민간단체 등에 산재되어 있는 미아·실종자 정보를 연계·활용해 미아·실종자 수사에 효과적으로 대응한다. 또한 일반 휴대폰, 스마트폰, 전용 단말기를 활용, 위급 상황 시 위치 확인이 가능한 'SOS 국민안심 서비스'를 도입한다. 이어서 독거노인, 중증장애인, 심장질환 고위험군에 대한 가정 내에 안전관리 시스템을 구축하는 u-응급구호 체계를 확대한다.

또한 분석 및 예측 기반의 선제적 재난관리와 현장 중심의 대응 역량을 강화하는 국가 재난재해 통합 대응 체계를 구축한다. 민방위 경보 발령, 재난전조정보 수집(제보 기능), 재난 상황 메시지 전파 등 신속한 재난 상황 다채널 전파 체계를 구축한다. 구체적으로는 기후 변화에 따른 상습 침수, 산사태 등 재난 취약 지점에 센서, CCTV

등을 설치하여 스마트폰 기반의 모니터링·대응 체계를 구축한다. 이를 위해 중앙부처, 지자체 등의 기관별·목적별 CCTV 영상정보자원에 대한 범정부 공동 활용 체계를 구축한다.

3) 일과 삶의 조화를 위한 스마트 워크 활성화

IT 기반의 스마트 워크(smart work) 환경을 구축하여 확산시킨다. 첫째, 스마트워크센터를 도입하여 확산시킨다. 2015년까지 총 500개의 스마트워크센터를 구축(정부 50개, 민간 450개)하여 운영한다. 둘째, 원격영상회의 및 통합 커뮤니케이션을 구축한다. 정부기관 및 공공기관 공용의 실감형 영상회의 시스템을 구축하여 행정기관의 세종시 및 공공기관 지방 이전에 대비한다. 또한 스마트TV 등을 활용한 회의 유형별로 원격영상회의 솔루션을 개발하여 보급한다. 셋째, IT 기반 모바일 및 재택근무를 활성화한다. 이를 위해 사용자 인증 고도화, 자료 보안 및 보안 규정·절차 강화 등 재택근무 보안환경을 마련하고, 조직·인사·복무 등 스마트 워크 기반을 조성한다.

4) 소통 기반의 맞춤형 대국민 서비스 제공

소셜 미디어 기반의 참여·소통 채널을 확대하여, 투명하고 열린 정부 구현을 위한 기반을 마련한다. 구체적으로는 소셜 미디어와 연계한 정부·국민 간 쌍방향 공유·소통 환경을 조성한다. 정부 내에서 부처 공동으로 SNS 서비스 제공을 위한 지침을 마련하고, SNS 활용법 교육, 매뉴얼 제작 및 전문 인력 확보 등 역량을 제고한다.

또한 '국민신문고'의 민원·국민 제안 등을 체계적으로 분석하고, 이를 정책 수립 집행 과정에 신속하게 반영하는 환류 체계를 구축한다. 그리고 정부기관, 지자체, 공공기관의 행정청의 위법·부당한 행정처분으로 인해 발생한 행정 결과에 대한 온라인 행정심판 시스템을 확대한다. 더 나아가 국민이 관심 있어 하는 국가 주요 정책, 예산 집행 상황 등을 온라인으로 투명하게 공개해 국민의 관심도 및 참여를 유도한다.

5) 기초가 탄탄한 전자정부 인프라 구현

보편적 전자정부 서비스 환경을 구축하기 위해 전자정부 웹 표준 준수를 의무화하여 이용자의 서비스 환경에 무관하게 국민 누구라도 전자정부 서비스 이용이 가능하도록 웹 표준화를 추진한다. 또한 정보화 역기능에 대해 효율적으로 대응하고, 소외·취약 계층에 대한 공평한 디지털 서비스를 제공한다. 이를 위해 정보 소외·취약 계층(장애인, 고령층, 다문화가정, 북한 이탈주민 등)을 대상으로 정보 접근 기회를 제공하고, 정보 활용 능력을 배양한다. 또한 정보통신 보조기기 개발 보급, 중고PC 보급, 웹 접근성 제고, 통신 중계 서비스 등 다양한 정보 격차 해소 지원사업을 추진한다. 더 나아가 인터넷 중독 예방 상담 및 사이버 범죄 예방·교화를 실시한다.

2 스마트 워크의 추진 동향

이명박 정부는 저탄소 녹색성장이라는 기조하에 저출산과 고령화의 사회적 해결 방안의 하나로 스마트 워크(smart work)를 적극적으로 추진하고 있다. 현재 스마트 워크 정책은 스마트 전자정부의 주요 부분을 차지하고 있다. 따라서 정부에서 추진하고 있는 스마트 워크의 현황을 살펴보면 다음과 같다(이하 이신주, 2012의 요약 및 수정).

1) 스마트 워크의 도입 배경

스마트 워크의 도입 배경으로는 인구구조 변화(저출산, 고령화)로 인한 근로 형태 변화 필요, 가족 친화와 삶의 질 향상에 대한 국민 욕구의 변화, 일과 생활의 균형 추구, 유연한 근무 형태 활성화를 위한 인력 활용도 제고, 지식 근로자 비중의 증대로 인한 업무 방식 선진화 필요, 스마트폰 등 모바일 근무 기반의 급성장, 저탄소 녹색성장 및 위기관리 대응을 위한 스마트 워크의 중요성 부상 등이 거론된다(심덕섭, 2010).

이처럼 스마트 워크의 도입은 인구구조의 변화, 근로 형태의 변화, 녹색성장·위기관리 대응, 모바일 워크 기반 급성장 등 네 가지 차원에서 설명할 수 있을 것이다. 이러한 스마트 워크의 도입 배경을 정리하면 다음과 같다.

첫째, 저출산·고령화에 따른 노동 인구 부족에 대한 해결 방안이 필요하다. 국가 차원에서는 우리 사회의 심각한 문제인 저출산·고령화 문제 해결의 대안으로 스마트 워크가 부상한 측면이 크다.

둘째, 개인 생활과 삶의 질을 중요시하는 사회적 추세를 들 수 있다. 개인 차원에서는 직장 중심의 근로관이 개인 생활과 삶의 질을 중시하는 것으로 변화하면서 융통성 있는 시간 활용이 가능한 스마트 워크에 대한 필요성이 높아졌다.

셋째, 정부 차원에서는 스마트 워크가 그린 IT의 실천 대안이 될 수 있다. 환경오염과 기후 변화 문제가 전 세계적인 이슈로 부상하면서 그린 IT의 실천 대안으로 스마트 워크에 대한 필요성이 높아졌다. 특히 우리나라는 2005년 기준 세계 10위의 탄소 배출 국가이자 OECD 국가 중 온실가스 증가율 1위 국가이다. 이에 정부는 2020년까지 국가 온실가스 감축 목표를 배출 전망치 대비 30%까지 감축할 것을 확정했다.

넷째, 조직 차원에서는 경제위기와 불황으로 인해 비용 절감과 효율성 증대에 대한 요구가 커지면서 스마트 워크에 대한 관심이 높아졌다. 스마트 워크를 통해 출퇴근에 따른 시간과 교통비를 절감할 수 있고, 사무공간의 효율적 활용으로 조직의 관리 비용 절감이 가능하기 때문이다.

다섯째, 최근 들어 정보통신기술의 변화 중에서 가장 큰 화두는 스마트폰의 급성장이다. 2012년 9월을 기준으로 스마트폰 사용자가 3천만 명을 넘어섰다. 스마트폰은 PC와 같이 운영 체제를 탑재하고 다양한 프로그램을 활용할 수 있어 정보 이용, 소통 방식 등 근본적인 변화를 만들고 있다. 스마트폰과 같은 스마트 단말기를 활용하여 인터넷, 전자문서 결재, 고객관리 등 사무 업무 기능 등을 종합적으로 이용한 스마트 워크 구현이 본격화되고 있다.

2) 스마트 워크의 개념

스마트 워크는 정보통신기술(ICT)을 이용하여 시간과 장소의 제약 없이 업무를 수행할 때 관계자들과 협업하고 지속적인 업무를 수행하는 근로 형태라 할 수 있다. 스마트 워크는 근로 시간과 장소의 측면에서 유연성(flexibility)이 심화된 개념으로, 다양한 종류의 정보·지식의 통합과 활용, 상호간의 신뢰와 협업 등을 통해 노동의 효율성 개선을 추구하는 것을 포괄적으로 함축하고 있다. 그뿐만 아니라, 스마트 워크를 공공 부문의 업무 개선 수단으로 삼고 있는 스마트정부(smart government)는 PC에서 주로 활용해 온 전자정부 시스템이 모바일 등 스마트 플랫폼으로 확산된 개념에서 유사성과 차별성을 찾을 수 있다.

3) 스마트 워크의 유형

정부는 획일화된 공무원의 근무 형태를 개인·업무·기관별 특성에 맞게 다양화함으로써 공직 생산성 향상 및 공무원 사기 앙양을 위한 노력으로 유연근무제를 도입하여 시행해 왔다(심덕섭, 2010). 이는 공무원의 근무를 단순 업무 시간(업무량) 관리 체제에서 성과 중심의 근무 체제로 전환하기 위한 노력이었다. 그동안의 유연 근무제는 똑똑하게 일하는 근무 형태이기는 했으나 수단적 도구에 불과한 모바일 오피스와 재택근무 중심의 단기적 접근에 치중했으며, 일하는 방식과 문화의 근본적인 변화를 수반하지 못해 기대한 성과를 거두기 어려웠다.

따라서 정부는 스마트 기기 등 최신 정보통신기술을 이용하여 시·공간 제약 없이 언제 어디서나 업무를 수행하는 유연한 근무 형태인 스마트 워크를 새롭게 제창하고 업무 프로세스, 공직 문화, 조직·인사관리 등 총체적 변화를 함께 논의하고 있다. 정부는 스마트 워크의 유형을 세 가지로 구분하고 있다(행정안전부, 2011). 첫째는 원격 근무로, 정보통신기술을 활용하여 부여받은 업무를 주거지 근처의 지정된 장소(스마트워크센터 등 스마트 오피스)에서 수행하는 것이다. 둘째는 재택근무로, 정보통신기술을 활용하여 부여받은 업무를 집에서 수행하는 것이다. 셋째는 모바일 근무로, 모바일 기기를 활용하여 장소적 제약 없이 근무하는 것이다.

공공이든 민간이든 스마트 워크를 구분하는 유형에 대해서는 이견이 없다. 즉, 스마트 워크는 근무 장소에 따라 공간적 제약 없이 업무를 수행하는 현장·이동 근무(모바일 오피스), 정보통신기술을 이용해 자택과 직장에서 업무를 수행하는 재택근무, 직장 근무, 그리고 거주지 인근에 구축된 전용 시설을 이용하는 센터 근무로 구분된다. 또한 장소의 구분을 뛰어넘어 자택·이동·센터·직장 어디서나 스마트 워크 솔루션을 활용하여 상호간 원격으로 업무를 처리하는 원격 협업으로 분류할 수 있다. 스마트 워크의 유형은 근무 장소에 따라 다음 <표 10-1>과 같이 구분할 수 있다.

(1) 스마트워크센터 근무

정보통신기술 인프라를 활용한 사무실과 유사한 환경에서 근무하는 형태를 스마트워크센터(smart work center) 근무라고 한다. 스마트워크센터는 출근 시간을 줄이고 근로자의 주거지 인근에서 근무할 수 있도록 정보통신기술 기반의 원격 업무 시스템

표 10-1 스마트 워크의 유형

유형	근무 방식	도입 효과
센터 근무	스마트워크센터에서, 사무실 환경과 유사하거나 좀 더 창의적인 환경에서 근무	• 출퇴근 거리 감소 • 창의적 사고 증진
재택근무 (홈오피스)	자택에서, 업무 공간 및 필요한 시설과 장비를 구비하고, 재택근무 및 1인 창업	• 장애 · 노인 취업 확대 • 기업의 비용 절감
이동 근무 (모바일 오피스)	이동 또는 현장에서, 모바일 단말기를 활용하여 공간 제약 없이 실시간 업무 처리	• 현장 업무 신속 처리 • 메일, 결재 처리 단축
원격 협업 (영상회의)	자택 · 이동 · 센터 · 직장 등 장소에 관계 없이 어디서나 스마트 워크 솔루션을 활용하여 상호 원격 협업함	• 출장 감소 • 집단지성, 신속 의사결정

을 갖춘 시설이다. 지식 근로 활동에 필요한 사무환경을 제공하는 복합 공간이며, 도심의 사무실과 동일한 근로환경을 제공하여 업무 몰입도 및 복무 관리가 용이한 특징을 가진다.

스마트워크센터는 인구 밀집지역 및 접근성이 편리한 교통 요지를 중심으로 개발이 추진되고 있으며, 각 지자체별로 시청, 구청, 주민센터 등 청사 여유 공간과 비즈니스센터, 교통 환승센터 등의 공공 시설물, 민간기업의 사옥, 아파트 주민 공동 이용 시설, 학교 등의 시설을 이용하여 지역 수요와 특성에 따라 스마트워크센터 기능을 차별화하여 제공할 수 있다.

(2) 재택근무

재택근무(home-based telework, electronic homework)는 정보통신기술을 활용하여 자택에 업무 공간을 마련하고, 업무에 필요한 시설과 장비를 구축한 환경에서 근무하는 유연한 근무 형태이다. 재택근무를 위해서는 사무실과 동일한 업무환경을 구축하고, 보안 인증 기술을 이용해 조직의 인트라넷에 접속하여 업무를 수행하거나, 원격지에 떨어진 다른 근무자들과 영상회의, 업무 프로세스 공유 등의 협업의 업무를 수행하기도 한다.

(3) 모바일 오피스

모바일 오피스(mobile office)는 스마트폰, PDA, 노트북 등을 이용하여 공간적 제약 없이 업무를 수행하는 근무 형태를 말한다. 과거 사내 무선 네트워크와 노트북을 이용하는 수준에서 벗어나, 이동통신망과 휴대 단말기를 이용해 움직이는 사무실을 구현하여 언제, 어디서나 사내 시스템에 접속하여 정보 검색은 물론, 결재·승인 등의 업무를 수행할 수 있다. 또한 현장에서 발생된 업무의 등록 처리, 근무 현황 입력 등 불필요한 사무실 복귀를 감소시킴으로써 시간과 비용을 절감하여 기업은 생산성 향상을, 구성원들에게는 일과 삶의 조화라는 만족감을 제공할 수 있다.

(4) 직장 근무: 영상회의를 중심으로

정보통신기술을 활용하여 업무 효율성을 높일 수 있는 시설과 환경을 구축함으로써 조직 간의 협업을 가능하게 하는 근무 형태이다. 영상회의를 통해 원격지 간 영상과 음성 공유를 통해 오프라인에서 직접 만나지 않더라도 각자의 근무 공간에서 서로의 얼굴을 보고 목소리를 들으며 협업을 진행할 수 있다.

이는 영상 및 음성의 제공을 넘어서 문서, 이미지, 동영상 등의 콘텐츠를 서로 공유하여 협업을 진행하는 것을 말하며, 서로 다른 공간에 있는 조직원들이 동시에 일 처리를 가능하게 하고 정보를 공유하여 신속한 의사결정을 돕는다는 특징이 있다. 앞으로 2014년까지 16개의 중앙부처들이 세종시로 이전할 계획이므로 이러한 영상회의는 더욱 활성화될 것이다.

4) 스마트 워크 추진 현황

행정안전부는 스마트 워크 인프라 구축을 위해 스마트워크센터들을 구축하고 있다. 지난 2010년 도봉, 분당센터를 개소한 데 이어서 수도권을 중심으로 2011년 12월까지 9개의 센터를 구축했다. 또한 스마트 워크의 전 부처 확산에 앞서서 시스템 작동, 근무 여건 등에 대한 문제점을 발굴·개선하기 위해 스마트워크센터를 시범 운영하고 있다. 시범 운영은 센터가 인근에 골고루 갖추어져 있지 못한 점을 감안해 정기적인 근무가 아닌 체험 근무 형식으로 운영하고 있다.[2)]

이러한 스마트워크센터 구축은 행정안전부가 전자정부 구현에서 중점적으로 추진하고 있는 사업 중 하나이다. '스마트 워크 활성화 전략'에 따르면 향후 2015년까지 공공 부문에 50개소 그리고 민간 부문에 450개소가 구축될 예정이다. 행정안전부는

---

2) 2011년부터 스마트 워크에 대한 이해와 문화 확산을 위해 행정안전부 과장급 이상 간부 공무원을 대상으로 스마트워크센터 체험 근무를 시행하고 있다.

스마트 워크 활성화를 위해 스마트워크센터를 2012년에 세종시 이전과 관련해 2012년에 세종청사, 2013년에 국회[3] 등에 출장형 스마트워크센터 중심으로 스마트 워크 환경 기반을 구축하고 있다.

그리고 2014년까지 140억 원의 예산으로 개인별 PC가 아닌 정부통합전산센터의 중앙 서버에 접속하여 언제 어디서나 일할 수 있도록 하는 클라우드 컴퓨팅 기반의 스마트 오피스 환경을 구축할 예정이다. 또한 스마트폰, 태블릿PC 등 모바일 기기를 활용하여 장소에 관계 없이 업무를 수행할 수 있는 환경 구축을 위해 모바일정부(M-GOV)를 추진할 예정이다.

---

3) 행정안전부 자료에 따르면, 2013년에 국회에 약 300평 규모의 출장형 스마트워크센터를 구축하기로 협의한 상태이다.

쉬어가기

2020년의 직장 근무환경

- 2020년 미래의 직장은 근로자와 업무 모든 측면에서 변화를 겪게 될 것이며, 점차 다양하고 복잡해지는 차원으로 변화가 전개될 것이다.
- 미래 기업의 다섯 가지 중요 원리: 협업, 신뢰, 개인화, 혁신, 사회와의 연결
- 직장 내에서 IT기술을 활용한 새로운 변화가 지속적으로 발생

– 소셜 미디어는 기업 내에서 지식과 정보를 나누고, 전 세계에 있는 팀원과 협업하고, 새로운 아이디어를 나누는 중요한 수단으로 부상

- 직장을 구성하는 근로자의 인구 구조가 변화하고 있으며, 미래에는 이러한 다양성을 관리하는 것을 새롭게 요구

– 점차 많은 수의 직업이 두 가지 이상의 분야가 상호 결합된 복잡한 기술을 요구하게 되며, 특히 암묵적 직업은 문제 해결, 판단, 데이터 분석, 관계 설정, 동료 간의 협업과 의사소통과 같은 기술을 요구

※ 암묵적 직업(tacit job): 고도의 판단력과 복잡한 상호작용이 요구되는 업무

– 직장이 글로벌 환경으로 변화하고 이를 위해 버추얼(virtual) 팀을 관리하는 능력이 필요
– 디지털 정보가 빠른 속도로 증가하여 기업의 모든 분야에 영향을 끼침
– 모바일 기기의 발전으로 근로자의 근무 장소와 방법이 다양화
– 초고속 접속(hyperconnetivity)이 기업의 대내외적 협력에 도움이 될 것이며, 그것을 통해 자신의 지식과 아이디어를 제공하는 것으로 근로자의 가치가 평가됨
– 필요한 정보를 나와 연결된 동료나 커뮤니티를 통해 얻는 것으로 변화
– 교육은 소셜 미디어를 이용한 소셜 러닝(social learning)으로 변화
– 기업의 사회적 책임(corporate social responsibility)을 강조
– 모바일 기기를 사용하는 데 익숙한 밀레니엄 세대들이 회사 내에서도 소셜 미디어를 이용한 업무 수행을 선호

자료: Meister & Willyerd(2010).

P·a·r·t 04

미래 정부를 위한 추진 과제들

우리 앞에 다가오고 있는 미래 정부의 모습은 정부와 국민들에게 이제까지와는 전혀 다른 정책과 윤리 규범을 요구하고 있다. 따라서 이러한 미래 정부에 대응하기 위해 제도적인 정비를 서둘러야 할 시점이다. 제4편에서는 미래 정부의 성공적인 구현을 위해서 준비해야 할 정책과 제도를 중심으로 살펴보고자 한다.

제 11 장

미래 정부를 위한 제도 정비

제 1 절 유비쿼터스 정부를 위한 제도 정비

1 유비쿼터스 사회를 위한 정부의 역할

우리 정부가 RFID/USN 기술을 활용하여 미래 사회에서 새로운 정부를 구현하기 위해서는 <표 11-1>과 같이 이러한 기술적 수단들이 지닌 특성을 파악하여 이에 슬기롭게 대처해야 한다.

표 11-1 유비쿼터스 ICT 특징에 따른 정부의 역할

유비쿼터스 ICT 특징		정부 역할의 목표	정부의 주요 역할
기술 특징	융합 · 통합	정부 주도의 효율성 확보	• 신기술 연구개발 지원 • 신산업 육성, 인프라 구축
서비스 특징	다양화 · 개인화	시민 참여에 기초한 민주성 확보	• 맞춤형 서비스 제공 • 다양한 의견 수렴 채널 마련 • 신뢰 기반 구축, 역기능 대책

첫째는 미래 공공 행정의 모든 분야에서 정보통신기술을 적극적으로 활용하여 정부혁신을 이끌어 냄으로써 국가 사회 전반을 선도적으로 이끌어야 한다. 이를 위해서는 정보화에 대한 저항과 전자감시사회 등의 부정적 이미지를 과감하게 타파하고 갈등 해소와 참여 유도를 위한 적절한 유인 체계를 마련해야 한다.

유비쿼터스 정부에서는 정보통신기술의 융합이라는 특징과 국민들에 대한 행정 서비스가 맞춤형으로 제공되는 두 가지 환경을 동시에 고려해야 한다. 우선 정부는 공급적 측면인 기술 인프라 및 산업의 효율적 융합·통합을 고려하여 차세대 성장 동력으로서 ICT산업 부흥을 적극적으로 추진해야 한다.

둘째는 전자적 민원행정 서비스 측면에서 다양한 시민 참여 네트워크의 구축이 중요하다. 다양한 개인의 요구 수준에 따라 맞춤형 서비스가 가능하고, 개인의 특성을 존중할 수 있는 시스템 구조가 만들어져야 한다. 정부는 참여를 보장할 수 있는 민주적 거버넌스를 구축하고, 자발적 참여를 유도하는 다양한 방식을 제공해야 한다.

유비쿼터스 정부는 시민 참여가 동반되지 않고서는 성공할 수 없는 한계를 지니고 있다. 따라서 유비쿼터스 환경에서는 시민이 정부의 서비스를 받는 고객임과 동시에 이러한 서비스를 관리하는 직접 관리자가 되어야 한다. 이를 위해서는 시민들의 적극적 참여가 필수적으로 요구된다. 이처럼 시민의 참여를 이끌어내기 위해서는 유비쿼터스 기술에 내재되어 있는 프라이버시 침해의 가능성을 제도적으로 차단할 수 있는 정책을 추진하고, 이를 적극적으로 홍보해 시민들의 불안감을 불식시켜야 한다.

2 사생활 침해 및 개인 정보 유출 방지 등 역기능 대책 마련

유비쿼터스 정부에서는 많은 서비스에 RFID가 활용되고 이러한 정보기술이 보급·확산되면서 도청에 대한 염려, 개인 사생활 정보의 남용에 대한 잠재적인 위험 등의 문제점이 대두되고 있다. 외국의 연구 결과에 의하면 프라이버시에 대한 적절한 대처 없이 RFID를 채택할 경우, 부정적인 영향을 미칠 것으로 전망되기도 했다.

1) 전자감시사회의 등장 가능성

상식적으로 감시는 "단속을 하기 위해 혹은 나쁜 의도를 지니고 은밀하게 숨어서 관찰한다"라고 하는 이미지를 가지고 있다. 이와 같은 정의에서 '단속'이 반드시 나쁜 의미를 가진 것은 아니지만, 우리들은 감시자가 되건 피감시자가 되건 간에 감시에 연루되는 자체에 대해 좋은 느낌을 가지지는 않는다. 물론 정보사회에서의 감시를 반드시 은밀하고 부정적인 것으로만 해석할 필요는 없다. 교통의 흐름을 통제하기 위한 감시 카메라나 차량의 과속을 방지하기 위한 감시 카메라 등은 시민의 안전과 생명을 지켜 주고 있는 것 또한 사실이다.

그러나 정보기술 혁명에 의한 정보사회의 도래는 필연적으로 사회적 감시 및 통제에 새로운 차원을 예고하고 있다. 디지털 정보처리 기술은 다양한 방법으로 감시 능력의 증대를 수반하고 있는 것이다.

구체적으로 기술적 측면에서 정보통신 기술이나 생체 인식 기술, 생명공학 기술, 원격감시 기술 등 감시기술이 비약적으로 발전했고, 정보처리 기술의 발전으로 정보의 수집, 처리, 저장의 비용이나, 속도, 정확성이 크게 향상되었다. 이러한 정보기술의 발전으로 저렴한 비용으로 고도의 정확성을 유지하면서 거의 무제한의 정보 수집과 처리 및 저장이 가능해졌다. 이로 인해 수집·처리·저장되는 정보의 양과 질은 10여 년 전보다 비교할 수 없을 만큼 많아지고 좋아졌다. 그리고 오늘날 유비쿼터스와 빅데이터 시대를 맞이하면서 그 증가 추세는 폭발적이다.

2) 구글의 개인 정보 통합

미래 정부에서는 정부의 서비스가 개인화·지능화됨에 따라서 개인의 프라이버시를 보호하는 것이 가장 큰 이슈로 제기될 것이다. 특히 통신업체나 인터넷 포털 및 검색 업체 등에 의한 과도한 개인 정보 수집이 세계적인 관심사로 부각되고 있는 것이 현실이다.[1)]

2012년 3월 1일부터 발효된 구글의 새로운 개인 정보 보호정책을 둘러싸고 전 세계적으로 논란이 진행되고 있다. 구글은 개인 정보 정책의 변경을 통해 검색, 이메일(G메일), 동영상(유튜브), SNS(구글플러스), 캘린더, 안드로이드 등 운영 중인 60여

1) 구글이 수집하고 있는 개인 정보는 인터넷 서버 주소와 쿠키 파일 등도 저장하여 이용자의 정치적 성, 종교적 신념, 성적 취향 등 개인의 신상 파악이 가능하도록 되어 있다. 또한 유럽연합은 구글이 개인이 검색한 인터넷 정보를 2년 동안 보관하는 것에 대해 프라이버시를 침해할 수 있다고 문제를 제기했다.

개 서비스의 개인 정보를 통합 관리하게 됐다. 새로이 '하나의 회사, 하나의 정책(one company, one policy)'에 입각해 그동안 서비스별로 운영하던 개인 정보 보호정책을 하나로 통합한 것일 뿐이라는 게 구글의 설명이지만, 수많은 사용자가 구글의 의도에 여전히 의혹의 눈길을 보내고 있다.

이는 한 사용자가 사용하는 모든 구글 서비스를 한 번에 관리함으로써 좀 더 편리하고 직관적인 서비스가 가능하게 된 반면, 구글이 전 세계 모든 사람의 개인 정보를 독점하는 '빅 브라더'가 될 수도 있음을 의미한다. 따라서 우리나라를 비롯해서 프랑스, 미국 등 각국의 정부도 실정법 위반을 놓고 구글과 공방을 펼치고 있다. 미국과 EU의 정부위원회도 2011년부터 구글의 사생활 침해 여부를 수사하고 있다. 실제로 구글은 광고를 주요 수입원으로 삼고 있기 때문에, 광고를 목적으로 개인 정보를 수집할 수밖에 없는 한계를 지니고 있다.

3) 역기능에 대한 대비

유비쿼터스 정부에서는 맞춤형 서비스와 같은 사용자 중심의 서비스가 일상화될 것이며, 그러기 위해서는 개인 정보가 적절히 공유되어야 하기 때문에 주민등록번호의 의존도는 더욱 심화될 수 있다. 따라서 안전한 미래 정부를 구현하기 위해서는 공공기관에서 개인 정보를 보호하는 것이 선결 과제이다(신영진, 2012).

이처럼 변화하는 유비쿼터스 환경에 대응하여 정부는 프라이버시 보호에 대한 국민 신뢰를 획득하기 위해 개인 정보 주권을 확립해야 한다. 이를 위해서는 정부와 개인·기업에 의한 감시와 프라이버시 침해에 대한 총체적인 대응책이 마련되어야 한다. 구체적으로는 본인 의도와는 상관없이 대량으로 수집·가공·처리되는 개인 정보를 적극적으로 통제하고 관리할 수 있는 자기정보 통제권 보장 방안이 마련되어야 한다.

특히 시민단체와 학계에서는 오래전부터 개인 정보 보호에 관한 법제 정비의 시급함을 지적해 왔다. 정부도 이러한 요구에 부합하기 위해 개인정보보호법의 제정을 위해 노력해 왔다. 개인정보보호법(법률 제10465호)은 2011년 3월 29일 공포되었고, 공포 이후 6개월이 경과된 2011년 9월 30일부터 전면 시행되고 있다. 이처럼 정부는 프라이버시 보호 및 개인 정보 관리 원칙을 확립하고 프라이버시 침해 규제 방안을 마련하고 있다.

정부는 개인정보보호법을 제정하면서 210개의 개인정보 처리 법령을 일괄 정비했으며, 개인 정보 보호를 위한 전담 인력을 확충하고 관련 정보 보호 시스템을 도입하는 등의 정책을 추진했다. 또한 개인정보보호법의 적용 범위가 확대되면서 발생할 수 있는 혼란을 고려하여 6개월 간의 계도 기간을 두었으며, 지속적인 법집행에 앞선 컨설팅과 교육 및 홍보를 적극적으로 하고 있다.

개인정보보호법은 법을 제정하기 위해 오랜 기간이 소요되었지만, 시시각각 발전하는 정보통신기술을 고려하여 규제하는 선제적 법규로 적용하기에는 한계가 있다. 더욱이 최근 이슈가 되고 있는 빅데이터와 클라우드 컴퓨팅 등이 개인 정보 보호에 심각한 장애로 등장하고 있다. 우선 빅데이터의 활용은 정보 주체의 동의를 얻고, 법령에 근거해 개인 정보를 수집·이용·제공·파기했다 하더라도, 이 과정에서 정보 주체가 동의한 개인 정보 처리자가 아닌 다른 제3자에 의해 개인 정보가 통합·관리될 수 있다.

따라서 개인 정보 처리자의 범위를 확대할 수 있으며, 개인 정보의 집적화로 인해 또 다른 정보로 가공하여 활용하거나 새로운 서비스를 창출할 수 있는 환경을 가져왔다. 더구나 이러한 과정에서 발생할 수 있는 개인 정보의 침해 우려가 클라우드 환경으로의 전환을 제약하는 요인으로 작용할 수도 있다.

4) 유비쿼터스 환경에서 정보윤리 정책

따라서 유비쿼터스 환경에서는 어떠한 개인 정보 보호의 법제가 마련되어도 프라이버시 침해를 방지하기 힘든 상황이 전개되고 있다. 따라서 유비쿼터스의 환경 변화에 대응하여 정부가 정보윤리 정책을 적극적으로 추진할 필요성이 있다.

유비쿼터스 환경에서 정보윤리 정책의 방향은 "객체의 자율성과 인간의 의지가 충돌하는 상황에서 윤리적 책임의 왜곡"에 대한 사전 대비책을 강구하는 방향으로 추진되어야 한다(이하 임상수, 2007: 40-41의 수정). 이미 개인의 위치 정보를 실시간으로 위성통신을 통해 제공하는 '위치추적기'의 개발과 생산 허가 시에도 이러한 정책적 대응들이 시도되었다.

구체적으로는 제품의 판매와 장착 시 위치 정보 제공에 대한 사전 동의 확인을 의무화하며, 동시에 프라이버시 보호를 위해 아무리 확대해도 몇 미터 반경 이내의 상세 정보는 제공하지 못하도록 규제하는 해상도(解像度) 규제 등의 절차적 장치와 기술적 제약 조치들이 강제될 수 있을 것이다.

마찬가지로 인간을 둘러싼 환경 속의 다양한 객체들이 지능과 통신, 감지 기능을 갖게 될 유비쿼터스 환경에서 인간의 존엄성과 자율성 및 윤리적 책임을 보장하기 위해서는 정보와 관련된 자기결정권을 보장해 주는 조치들이 최우선적으로 시급한 과제가 된다. 이러한 정책적 대응 조치들은 <표 11-2>와 같이 제시할 수 있다.

표 11-2 유비쿼터스 사회의 정책적 대응 조치와 그 필요성

대응 조치	필요성
① 사용자의 정보 제공 자동화 수준에 대한 사전 동의 의무화	사용자가 스스로의 정보를 누구에게 어떤 수준까지 자동 공개할 것인지, 자동으로 제공되는 정보의 내용과 깊이와 대상 범위를 사전에 스스로 결정할 수 있는 선택의 여지를 보장하는 조치가 필요
② 정보 탐지 및 정보 교환 과정의 인지 가능 여부에 대한 사용자의 선택 의무화	인간이 자신을 둘러싸고 정보를 제공하거나 탐지해 가는 지능화된 객체들의 행위가 이루어질 때마다 그 사실을 매번 인식하고자 하는지 아니면 귀찮음을 덜기 위해 알리지 말고 소리 없이 진행할 것을 원하는지를 사전에 선택하게 하는 조치가 필요
③ 사용자의 선택에 따라 인지를 원하는 사용자 주변의 지능형 객체들은 작동 상태를 반드시 표시하도록 강제	인간이 매번 지능화된 객체들의 활동 사실을 알기를 선택했다면, 그런 사용자 주변에서 정보 수집을 위한 센서 기능을 수행하는 객체들은 반드시 자신들의 감지 행위를 작동 램프 등의 신호를 통해 사전에 충분히 표시하도록 강제하는 조치가 필요
④ 자동적인 정보 제공을 의무화한 특정 지역은 그 공간 진입 전에 사전 표지나 고지 절차를 마련하도록 의무화	효율성의 이유나 사회 안전을 위한 이유 등으로 그 지역에 있는 모든 사람에게 예외 없이 자동적인 정보 스캔을 강제하는 특별한 지역 – 예를 들면 공항의 검색대 부근이나 보안 지역과 같은 곳들 – 은 그 영역 안에 들어가기 전에 사전에 그러한 공간적 특성에 대한 정보를 안내하는 표지나 절차가 마련되어야 함
⑤ 자동 반응하는 지능형 객체들의 오작동에 따른 피해에 대한 보상과 책임 범위 사전 고지 의무화	자동적인 반응 절차가 입력된 지능형 객체들의 오작동에 따른 피해에 대해 설계자와 생산자, 판매자가 책임을 져야 하는 범위를 고객들에게 사전 고지하도록 강제하는 조치가 필요

자료: 임상수(2007: 41).

① 사용자의 정보 제공 자동화 수준(내용, 깊이, 범위)에 대한 사전 동의 의무화
② 정보의 탐지 및 교환 과정의 인지 가능 여부를 사용자가 선택하도록 의무화
③ 사용자의 선택에 따라 인지를 원하는 사용자 주변의 지능형 객체들은 작동 상태를 반드시 표시하도록 강제
④ 자동적인 정보 제공을 의무화한 특정 지역은 그 공간에 진입하기 전에 사전 표지나 고지 절차를 마련하도록 의무화
⑤ 자동 반응하는 지능형 객체들의 오작동에 따른 피해에 대한 보상과 책임 범위 사전 고지 의무화

제 2 절 모바일정부를 위한 제도 정비

모바일정부에서 맞춤형 행정 서비스가 제공되기 위해서는 크게 다음의 두 가지가 선행되어야 한다. 첫째는 공공정보 공개 확대이고, 둘째는 공공과 민간의 정보 공유·활용 촉진이다. 따라서 이러한 제도적 기반을 마련하기 위한 방안은 다음과 같다.

1 공공정보의 공개 확대

모바일정부에서는 앞으로 공공정보의 부가가치가 계속 상승할 것이고,[2] 웹 3.0 기술로 인해 좀 더 활용성이 증대됨에 따라 공공과 민간에 대한 정보 공개를 확대해야 한다. 구체적으로는 기상, 교통, 지리, 환경, 경제 정보 등 민간 부문에서 활용 가치가 높은 정보를 우선적으로 공개하면서 그 범위를 확대할 필요성이 있다. 따라서 이를 위해서는 공공정보의 재이용 기준 등 활용 촉진에 관한 법과 제도적인 기반이 마련되어야 한다.

또한 공공정보에 대한 수요가 급증함에 따라 상호운용성 표준과 공공정보 관리·

2) 한국데이터베이스진흥센터가 측정한 자료에 의하면 공공정보 활용의 경제적 가치는 국내가 약 10조 원 이상이며, 미국 약 82조 원, 유럽연합(EU) 약 20조 원 등으로 추정되었다.

유통 체계도 마련되어야 한다. 구체적으로는 정보자원의 공유 및 재사용을 위한 체계로서 서비스 지향 아키텍처를 도입하여 확산시켜야 한다. 그리고 공유할 공공정보는 국가 웹 서비스 등록저장소에 등록하여 공공과 민간에 공개해야 한다.

우리 정부는 공공정보의 개방 및 활용과 관련된 공공과 민간의 애로 사항을 지원하기 위해 2010년 6월부터 '공공정보활용지원센터(www.pisc.or.kr)'를 운영해 오고 있다. 공공정보활용지원센터는 2012년 현재 경기도 버스정보, 개별공시지가, 토지이용계획, 농촌체험마을정보, 위해식품정보, 여행정보, 전자도서관 등 다양한 분야 18개 기관의 77,152건에 대한 공공정보가 개방되고 있다. 그러나 정보 제공 신청 절차가 번거롭고, 아직은 공개된 정보가 부족해서 접근성이 낮다는 평가를 받고 있다.

따라서 공공정보의 개방과 활용 촉진을 위한 전략을 새롭게 모색해야 한다. 앞으로는 정부가 보유하고 있는 공공정보의 공개 및 활용에 대한 요구가 더욱 높아질 것이다. 또한 이러한 정보 공개는 정부의 투명성 및 산업 분야의 가치 창출을 통해 민간 부문의 경쟁력을 강화시킬 수 있으므로 적극적인 정책이 마련되어야 한다.

물론 정부가 공공정보의 개방 및 활용을 위한 법과 제도적인 근거를 마련하는 것이 우선되어야 하지만, 공공정보가 국민 모두의 자산이라는 인식 전환이 좀 더 중요하다. 즉, 공공정보는 보유 기관의 자산이 아니라 국민 및 기업에 대한 새로운 서비스 자원이라는 인식이 필요하다. 이러한 공감대를 형성한 이후에 안전 분야 등 국민 체감형 공공정보를 우선적으로 공개하고, 정보 제공 신청 절차를 간소화하며, 공공정보 공개를 적극적으로 지원하기 위한 인센티브 방안 마련 등 공공정보 활용 전략을 다각화시켜야 한다.

2 행정정보의 공유 및 공동 활용

이제까지 우리 정부는 어려운 여건 속에서도 행정정보 공동 이용 체계를 잘 구축하여 운영해 왔다. 최근 정부의 보도 자료에 의하면, 민원인이 행정기관에 민원을 신청할 때, 각종 구비서류를 제출하지 않아도 담당자가 전산망으로 서류 내용을 확인하여 민원을 처리하는 '행정정보 공동 이용'을 통해 절감한 사회적 비용이 1조 4천억원에 달한다.

행정정보 공동 이용은 행정기관의 데이터베이스(DB)를 연계하여 2005년부터 서비스를 시작해, 2012년 6월 현재 120종 정보에 대해 438개 기관이 이용하고 있으며, 이제까지 약 3억 9천만 건의 공동 이용 서비스가 활용됐다. 또한 이러한 공동 이용을 통해 시간 비용·교통비·수수료·출력비 등 약 1조 4천억 원의 사회적 비용을 절감했고, 77만 4천 톤의 탄소 배출 저감 효과를 거둬 민원 편의 향상과 녹색성장에 크게 기여했다.

하지만 이제까지 행정정보를 공동 이용 서비스를 제공하면서 다양한 불편 사항들이 발생했고 또한 기관 간 협의에서 도출된 각종 요구 및 개선 사항 등이 나타났다. 이런 요소들을 점검하고 해소해야 모바일 환경 속에서 행정정보공동이용센터가 차세대 전자정부의 핵심 공유 인프라로 도약할 수 있을 것이다. 이러한 제도적 정비 방안을 살펴보면 다음과 같다(이하 김경섭, 2010의 수정),

1) 기술 측면: 서비스 연계·통합 및 고부가가치 정보 생산을 위한 DB 구축 필요

현재 행정정보 공동 이용은 정보 보유기관과 이용기관 간의 단순 열람 및 중계를 담당하는 것에 국한되어 있다. 단순 열람과 중계만을 담당하게 되는 구조는 결국 각 정보 보유기관과 이용기관이 관련 사무 처리를 위한 별도의 DB를 보유·운영하고, 연계를 위한 개별적 DB 역시 보유하게 되면서 행정정보공동이용센터의 근본적 취지와는 차이가 존재한다.

따라서 기관 개별 DB를 통합·관리할 수 있도록 연계에 대한 영역에 대해서만이라도 행정정보공동이용센터에 공통 DB를 구축·운영할 필요성이 있다. 궁극적으로 기관과 기관으로 묶어 공동 이용하는 관점에서, 업무를 중심으로 연계와 통합을 시도하는 한 단계 상위 수준의 전자정부를 실현하는 방안을 모색해야 한다.

또한 현행 행정정보 공동 이용은 구비서류 중심의 정보를 유통하는 한계를 벗어나지 못하고 있는 실정이지만, 행정·공공·민간기관이 깊은 관심을 보이는 정책 수립 및 추진 등 고품질 행정정보를 생산하고 유통할 수 있도록 다수 기관으로부터 유통되는 행정정보를 바탕으로 정책 관련 데이터 마트, 표준 데이터 포맷, 정책 DB 등의 구축이 필요하다.

2) 관리적 측면: 강력한 중재자로서 허브 역할 요구

행정정보 공동 활용의 하나인 'e하나로민원' 서비스를 통해 매년 수천만 건의 구비 서류가 감축되어 1천억 원에 달하는 사회적 비용이 절감되고 있다. 그러나 일부 국민 생활과 직결되는 대출과 관련하여 금융기관의 업무 처리 절차가 복잡하여 공동 활용에 제약을 받고 있다.[3)]

이러한 문제점에 대해 법제도적인 이슈를 동반하고 있어 신속하게 개선할 수 없는 제약이 있지만, 지속적으로 표출되고 있는 시장의 개선 요구를 계속 외면할 수 없으므로 이에 대한 합당한 대응 조치를 마련하기 위해 행정정보 공동 이용 체계에 대한 전면적인 개선이 필요한 시점이다.

또한 현재 행정정보공동이용센터를 통해 다양한 중앙행정기관 및 공공기관이 업무 처리에 필요한 각종 행정정보를 공동 이용하고, 업무에 필요한 정보를 상호 교환하고 있다. 행정정보공동이용센터의 주요한 기능 중 하나인 행정정보 중계 서비스는 아직까지 오프라인 방식으로 교환하던 정보 교환 방식을 완전하게 온라인 방식으로 처리하도록 지원해 주는 서비스이다.

행정정보 중계 서비스의 이용에 앞서, 정보 보유기관과 정보 이용기관 간의 합의에 의해 최종적으로 행정정보공동이용센터를 통한 업무 수행에 필요한 정보를 상호 교환하는 프로세스를 따르고 있다. 하지만 행정정보 중계 서비스의 이용을 위해 행정정보공동이용센터에서는 이용 신청만을 받아 보유기관으로 통보만 하는 체계를 가지고 있어, 실제 정보 보유기관과 이용기관이 행정정보 중계를 위해 직접적으로 협상의 주체가 되어 추진하는 것이 현재의 모습이다. 이런 체계는 상대적으로 약한 지위에 있는 기관이 높은 지위에 있는 기관과 대등한 협의를 추진하는 것이 매우 어렵기 때문에 현실적으로 업무가 진척되지 못하고 있다.

따라서 행정정보공동이용센터는 정보 공유와 유통에 대한 허브 역할과 위상을 확립하기 위해 이러한 어려움에 적극적으로 대응하여 이용기관이 보유기관과의 협의

---

3) 예를 들어 시중은행을 방문한 국민이 행정정보공동이용센터를 통해 주민등록등본 제출에 대한 생략을 요구해도, 시중은행에서는 인증받은 PC에서 업무 처리를 해야 하고, 행정정보 공동 이용을 위해 상관에게 결재를 받아야 하며, 대출 관련 서류철에 첨부하여 보관해야 하나 출력이 금지되어 있고, 이미지 보관도 허용되지 않으며, 열람 권한 설정 절차가 복잡하고, 정보가 산발적이고 제한적이어서 불편하다는 사례가 빈번하게 보고되었다(한국행정연구원, 2009).

없이도 표준화된 절차와 기준에 따라 최소화된 단계로 행정정보를 공동 이용할 수 있도록 개선해야 한다.

3) 추진 체계 측면: 범정부 차원의 통합조직 필요

지난 2005년 행정정보공유추진위원회 및 행정정보공유추진단이 설립된 이래, 공동 이용에 대한 성과와 그 효과성에 많은 관심이 모아졌다. 범정부적으로 추진되어야 할 행정정보 공동 이용은 초부처(超部處) 성격을 지닌 조직에서 주도하여 협의·조정·운영을 할 수밖에 없는 특수 조건이 존재했다. 이런 취지로 국무총리실 소속으로 편제된 행정정보공유추진단은 본래 의도와는 다르게 매년 조직의 규모가 축소되고, 이로 인해 부처 간 협의·조정의 역할을 점차 상실해 나갔다.

각급 부처를 연계해야 하는 역할을 가진 행정정보공유추진단은 이런 특수한 목적 때문에 수평적 조직 구성을 위해 다부처(多部處)로부터 인력을 파견받아 운영하게 되었다. 그러나 2012년까지 임시조직이라는 성격 때문에 조직 구성원들은 소속감, 책임감, 충성심 등의 결여 현상을 보이며 조직은 점진적으로 축소되었다. 지난 2010년 전자정부법을 개정하면서 행정정보공유추진단의 법적 근거를 확립하고, 최근에 민원서비스선진화추진단과 통합시켰으나, 향후에 정부통합전산센터 및 공공정보활용지원센터 등 범정부 통합·연계를 목적으로 유사 기능을 수행하는 기관들과 통합하는 것도 검토할 필요가 있다.

4) 법제도적 측면: 정보 제공·이용 의무 강화 요구

2010년 5월 행정정보 공동 이용의 활성화를 위해 전자정부법이 개정되었지만, 여전히 행정정보 공동 이용에 참여하는 정보 보유기관의 개별법과 상충되는 부분이 존재한다. 대표적으로 국세청의 국세법에 의거하여 세금 관련 정보는 유통이 금지되어 있으나, 세금 정보가 이용기관으로부터 가장 많이 요청되는 정보 중에 하나임을 고려하면, 정보 보유기관의 개별법과의 상충을 해소할 수 있는 상위법 마련이 시급한 것으로 조사되었다(한국행정연구원, 2009).

그러므로 향후에는 행정정보의 공동 활용을 전자정부법에서 규정하기보다는 별도의 법으로 제정하여 행정정보의 제공과 이용 등 공동 활용을 좀 더 강화하는 방향으로 정책을 추진해야 한다.

제 3 절 지능형정부를 위한 제도 정비

행정 업무가 지능적으로 알아서 처리되는 시스템으로 작동하기 위해서는 정보 공유와 시스템 연계가 완벽에 가깝게 이루어져야 한다(정국환, 2008). 지능형 행정 업무 처리가 가능해지기 위해서는 우선 백오피스(back office)에서 행정 업무와 관련 정보가 범정부적으로 통합되어, 특정 서비스 생산을 위한 정보가 업무 처리 과정에서 필요한 때 실시간으로 제공되어야 한다(정윤수 외, 2009).

이처럼 지능형 행정 업무 처리와 서비스 제공이 가능하기 위한 기반 요소가 과거에는 정보 공유와 시스템 연계였다. 그러나 최근에는 빅데이터의 등장으로 인해 클라우드 컴퓨팅 기술이 인공지능과 결합해 미래 지능형 전자정부로 진화하고 있다. 따라서 빅데이터와 클라우드 활성화를 위한 제도 정비 방안을 살펴보면 다음과 같다.

1 공공 부문 빅데이터 활성화를 위한 정책 방안

최근에 빅데이터는 과거의 인공지능(artificial intelligence)과 결합하여 새로운 가능성의 영역을 창출하고 있다. 따라서 미래를 예측하여 위험에 대응하고 성장 기회를 모색하는 능력을 키우기 위해서는 인공지능 분야부터 살펴보아야 한다.

1) 인공지능 영역

인공지능이라는 용어는 지난 1956년 영국 다트머스회의에서 존 매커시(John McCarthy)에 의해 처음 사용되었다. 일반적인 의미에서 인공지능은 철학적인 개념으로서 인간이나 지성을 갖춘 존재 또는 시스템에 의해 만들어진 인공적인 지능을 의미한다. 이러한 인공지능은 컴퓨터 과학의 관점에서는 "수리적 모델을 이용하여 지적 능력을 연구하는 학문"으로 정의된다(오정연, 2012).

미래 지능형 정부의 행정 서비스는 이러한 인공지능을 중심으로 발전할 전망이며, 이에 대한 발 빠른 대응이 중요하다. 이처럼 인공지능은 인간의 한계를 뛰어넘는 새로운 가능성을 창조하고 현실과 가상(사이버)이 공존하는 방향으로 진화할 것이며, 다양한 사회 문제의 해법을 찾는 데도 적극 활용될 것이다.

하지만 현재 우리나라의 인공지능 분야는 고착 상태로 해외 의존도가 높아서 선진국에 비해 경쟁력이 낮고, 최근 산업 침체로 인해 업계의 활력도 낮은 상황에 직면해 있다. 특히 정부의 정책적 지원이 미흡한 실정이다. 과거 정부에서 지능형 로봇 기술 등을 차세대 성장 동력으로 지속적으로 추진했으나, 인공지능 관련 기술 간 연계 및 융합 측면은 미흡한 실정이다.

따라서 이러한 인공지능을 빅데이터와 결합시켜 미래의 지능형 정부를 구현하기 위해서는 앞으로 미래 사회를 주도 할 '인공지능 기술'에 대한 면밀한 검토와 예측을 통해 지원 정책을 도출하고 이에 따른 지속적이고 과감한 투자가 필요하다. 이를 위해서는 통신, 컴퓨터 등 전형적인 'IT'의 기술적 시각에서 벗어나 인간 지향적이고 서비스 지향적인 새로운 접근이 필요하다.

2) 빅데이터 활성화 정책

빅데이터는 방대한 자료의 분석을 통해 미래를 추론하고 예측하는 데 핵심 기반일 뿐만 아니라 지능형 정부를 구성하는 필수불가결한 구성 요소이다. 정부는 엄청난 양의 정보를 가지고 있는데 이러한 의미 없어 보이는 대용량의 데이터에서 일정한 '패턴'을 발견하고 '통찰력'을 얻어 정부 정책의 결정을 지원하는 것이 빅데이터의 핵심이다. 이때 빅데이터는 인공지능과 결합되어 새로운 가치를 창출하게 된다(이하 김정미, 2012의 수정).

정보통신기술의 발달로 모바일 환경 기반의 다양한 서비스가 일상화되면서 데이터가 생성되고 소비되는 원천 환경이 변화하고 있다. 초기 빅데이터는 인터넷 기업, 포털 등에서 주로 사용자들이 생산하는 비정형의 정확성이 낮은 대량의 데이터를 의미하는 수준이었다.

하지만 이제 정부와 공공 부문은 행정정보, 공공정보, 민간정보가 연계·공유되어 목적에 맞는 최적의 데이터 분석이 가능한 환경으로 변화하고 있다. 여기에서 가장 중요하게 부각되는 부분이, 공공조직의 행정정보와 외부 민간조직의 데이터를 종합 분석할 수 있도록 행정정보의 공개 개념을 포함하는 것이다.

이처럼 빅데이터 자원의 원활한 확보를 위해서는 공개 데이터의 확대, 제도적 요건, 정보환경적 요건 등의 기반 구축이 필수적으로 요망된다. 또한 공공정보 등 조직의 공개 데이터는 빅데이터 자원의 중요한 소스이다. 그리고 데이터 자원의 소유권, 개인 프라이버시 보호 제도는 데이터 수집·공유가 자유로운 빅데이터 환경에 중요한 요소이다. 마지막으로 빅데이터 자원 확보를 위해 빅데이터의 검색, 수집, 저장 등이 가능한 빅데이터 플랫폼 정부로의 전환이 필요하다.

이를 구체적으로 살펴보면 다음과 같다. 우선 정부가 보유하고 있는 데이터를 공개한다면, 무한한 가능성을 지닌 데이터 자원을 활용할 수 있는 토대를 마련할 수 있다. 현재 미국의 뉴욕시는 시정부 데이터의 접근성 확대와 시민 서비스의 혁신적 개선을 위한 '데이터 공개 법안'을 승인한 상태이다. 또한 EU는 27개 회원국에서 생산하는 모든 공공정보와 데이터를 의무적으로 공개하고 자유롭게 사용할 수 있도록 하는 '공공정보 개방전략'을 발표했다.[4] 영국의 비즈니스 혁신 및 기술부(BIS)는 공공정보 공개에 관해 조언을 제공할 '데이터 전략위원회(Data Strategy Board: DSB)를 신설했다.

이처럼 해외 여러 나라는 앞다투어 공공정보의 개방 전략을 추진하고 있다. 따라서 이를 위한 제도적 접근 방안은 빅데이터 자원 확보 기반 구축을 위한 데이터 자원의 소유권과 개인 프라이버시 보호 제도의 필요성으로 정리해 볼 수 있다. 이를 구체적으로 살펴보면 다음과 같다.

첫째, 데이터 생성 환경과 이용 환경이 달라지는 빅데이터 환경은 데이터 수집 및 활용 시 소유권에 대한 이해와 해석을 필요로 한다. 즉, 대기에서 수집 가능한 센서, 주파수 등의 데이터는 생성 주체가 인지하지 못하는 상황에서 수집·활용이 가능하다. 또한 트위터, 블로그 등에 공개된 사용자 창작 데이터가 인터넷 서비스 기업에 넘어가 이용되는 상황이 발생하기도 한다. 특히 개인 정보의 사회적 해킹은 프라이버시 침해, 의도하지 않은 상업적 활용 등 다양한 부작용이 발생할 수 있다. 따라서

---

4) EU는 공공 데이터를 공공기관에서 생산·수집하는 모든 정보로 지리 데이터, 통계, 기상 데이터, 공개연구 데이터, 디지털 도서관의 도서 등으로 정의하고, 상업적·비상업적 사용 규칙, 요금, 데이터 형태 등을 제정했다.

SNS, 앱 등을 통해 자신도 모르는 사이 개인 정보가 수집·분석되는 사회적 해킹 환경을 방지할 수 있는 제도적 방안이 마련되어야 한다. 즉, 데이터 공개 확대 및 이용 활성화를 위한 개인 프라이버시 보호 방안이 필요하다.

둘째, 원활한 빅데이터 자원 확보 환경을 구축하기 위해서는 우선 정부·공공 부문의 데이터 공개 및 수집을 위한 체계 구축이 필요하다. 따라서 정부가 행정정보, 공공정보를 공개하고, 필요한 조직 및 개인이 접근하여 데이터를 수집할 수 있는 '공공정보 데이터 허브'를 구축해야 한다. 이러한 공공정보 데이터 허브는 분산된 공개 데이터 시스템을 연계하거나 다양한 시스템적 접근 방법을 제공하여 데이터 공개 채널을 제공할 수 있다.

셋째, 데이터 공개 활성화를 위한 데이터 공개 가이드라인 제정이 필요하다. 구체적으로는 데이터 등급 제도를 마련하여 국가 기밀, 개인 정보 등 정보 성격에 맞는 데이터 등급을 부여함으로써 공개 데이터를 관리해야 한다. 이를 통해 공개 데이터의 공익적, 개인적, 상업적 활용에 대한 지침을 마련할 수 있을 것이다.

2 공공 부문 클라우드 활성화를 위한 정책 방안

최근에는 클라우드와 모바일 등의 신기술 융합으로 다양한 행정정보와 서비스를 개인 맞춤형으로 실시간 제공할 수 있는 기반이 마련되었다. 이러한 지능형 정부를 구현하는 요소 중 하나가 지속적으로 증가하는 국가 정보자원의 효율적인 관리와 함께 신기술 서비스들을 수용할 수 있도록 해주는 클라우드 기반이다.

1) 클라우드 데이터센터를 통한 산업의 효과

IDC 자료에 따르면 클라우드 컴퓨팅 세계 시장은 연평균 27.6%씩 성장하여 2015년에는 729억 달러로 성장할 것으로 전망된다. 현재 세계 데이터센터 시장은 2010년 기준으로 876억 달러 규모로, 약 22,447개 데이터센터가 운영 중에 있는데 클라우드 컴퓨팅의 성장에 따라 2010년 전체 데이터센터 트래픽의 11%에 불과했던 클라우드 트래픽은 2015년 전체 트래픽의 34%를 차지할 것으로 전망되고 있다. 이제는 데이터센터 자체가 클라우드 기반으로 전환되고 있는 것이다.

구글, 아마존, IBM 등 글로벌 IT기업들은 효율적 데이터 처리, 안정적인 클라우드 서비스를 제공하기 위해 권역별로 대규모 클라우드 데이터센터를 구축 중에 있다. 특히 이들 글로벌 IT기업은 아시아 지역의 인터넷 이용률의 급속한 증가에 따라 아시아 국가에 대규모 클라우드 데이터센터를 구축하거나 신설할 계획이다.

이에 싱가포르, 홍콩 등 아시아 각국 정부는 글로벌 IT기업들의 클라우드 데이터센터를 유치하기 위해 치열한 경쟁을 벌이고 있다. 싱가포르 정부는 2010년 5월 아시아의 클라우드 컴퓨팅 허브를 목표로 6~8개 건물 규모의 데이터센터파크 구축 계획(2013년 완공 예정)을 발표했다. 데이터센터파크는 법인세 공제 혜택(32만 달러까지)과 재정적 지원(도입비용의 50%)를 하고 있으며, 인도 타타그룹 데이터센터(2009년 12월), 아마존 웹서비스(2010년 4월), IBM 아태 클라우드데이터센터(2011년 4월), 구글 데이터센터(2011년 9월) 등을 유치하는 성과를 올렸다. 홍콩 또한 NTT, 구글 등 중국 본토의 IT 서비스 제공을 위한 다수의 글로벌 데이터센터를 유치했다.

클라우드 컴퓨팅이 미래 신성장 동력으로 부각됨에 각국 정부는 범국가적 차원에서 클라우드 컴퓨팅 활성화을 위한 정책을 수립하고 다각도로 지원을 아끼지 않고 있다. 미국의 경우 공공서비스청(General Service Administration: GSA)을 중심으로 약 72조 원을 투자하여 정부부처에서 활용 중인 IT 인프라를 클라우드로 전환 추진 중이며, 내무부(U.S. Department of Interior)는 국립 비즈니스센터(NBC)에 클라우드 시스템을 도입하여 클라우드 서비스를 제공하고 있다.

영국 역시 2009년 6월 G-Cloud 발표를 통해 2012년까지 정부에서 사용하는 전산자원을 클라우드 컴퓨팅 기반으로 전환 추진 중이며, 정부용 IT 서비스의 공유 시스템인 정부 앱스토어(G-AS) 등을 구축할 계획이다.

중국 역시 베이징(北京), 상하이(上海), 선천(深圳), 항저우(杭州), 우시(無錫) 등 5개 도시를 클라우드 컴퓨팅 서비스 발전 시범구역으로 지정하고 베이징시에 60만㎡ 규모의 클라우드 기반 데이터센터 타운 조성 등의 사업을 추진 중에 있다.

IDC 자료에 따르면 클라우드 컴퓨팅 국내시장은 연평균 48.7%씩 성장하여 2015년 11억 달러로 성장할 전망이다. 클라우드 컴퓨팅 서비스 전환 준비로 분주한 국내 서비스 공급자와는 달리 아직 수요 측면에서 활성화가 더딘 진도를 보이고 있지만 조만간 빠르게 활성화될 수 있을 것이다. 현재 여러 대기업이 앞다퉈 클라우드 데이터센터를 구축 중이나 아직은 글로벌 기업에 비해 경쟁력이 미비한 실정이다. 이런 와중에 아마존 웹서비스, 세일즈포스닷컴 등 해외 클라우드 서비스 기업의 국내 진출로 글로벌 기업과의 경쟁이 심화될 것으로 예상된다. 따라서 공공 부문이 선도적으로 정책을 추진하여 국내 클라우드 산업을 부흥시키는 데 기여해야 한다.

2) 공공 부문 클라우드 활성화 방안

정부의 공공 부문에서 클라우드를 활성화하기 위해서는 크게 다음의 두 가지 방안이 마련되어야 한다. 첫째는 클라우드 환경이 정부의 업무 처리 절차 내에서 활성화되어야 하며, 둘째는 이를 지원하는 정책적이고 제도적인 방안이다. 이것을 구체적으로 살펴보면 다음과 같다.

(1) 정부의 업무 처리 내에서 클라우드 환경의 도입

현재 정부의 통합전산센터를 통한 클라우드 활성화와는 별도로 각 부처와 지방자치단체들도 이러한 업무환경을 위해 노력하고 있다. 그러나 각 지자체와 공공기관의 경우 법·제도적 문제와 보안 문제로 인해 기존 IT자원을 조기에 클라우드 기반으로 이전하기는 힘들 것이다.

구성 요소별 중앙화 여부에 따라 [그림 11-1]과 같이 클라우드 사무환경 모델을 데스크톱 가상화, 애플리케이션 가상화, 클라우드 스토리지로 구분할 수 있다.

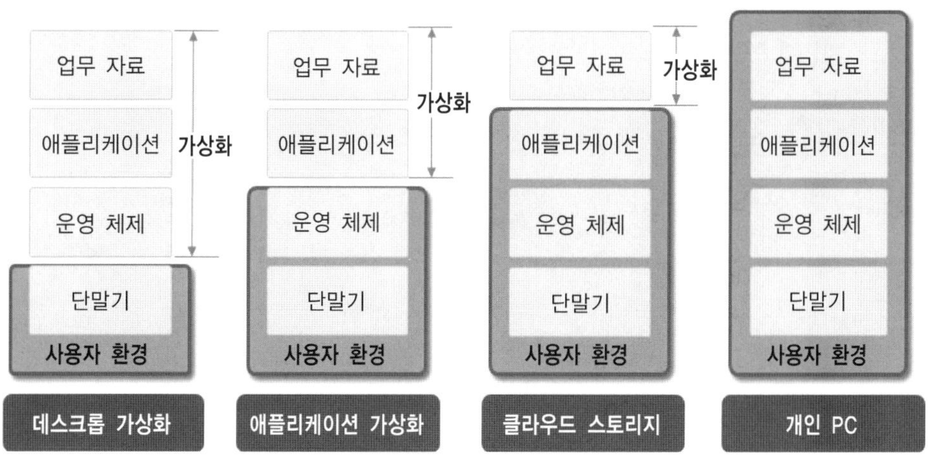

그림 11-1 클라우드 사무환경 도입 형태 및 단계적 추진 방안

① 데스크톱 가상화는 사무실에는 모니터, 키보드 역할을 하는 단말기만 남고 운영 체제, 애플리케이션, 업무 자료 등 나머지는 모두 중앙화하는 것이다. 이것은 저탄소 환경 구현 및 관리 자동화에 적합하나 많은 비용이 소요된다. ② 애플리케이션 가상화는 사무실에는 단말기 및 운영 체제가 남고, 애플리케이션과 업무 자료는 중앙화하는 것이다. 이것은 특정한 기능만 반복해서 사용하는 일부 직군에 적합하다. ③ 클라우드 스토리지는 단말기 플랫폼의 제약 없이 어디서든 사용 가능한 업무환경 제공으로 기존 PC환경에서 개인별 업무 자료만 중앙화하는 것이다. 이것은 업무 자료의 안전하고 체계적인 관리가 강점이다.

현재 많은 부처와 지방자치단체들이 <표 11-3>과 같이 데스크톱 가상화 서비스를 구축하고 있다. 이러한 데스크톱 가상화 서비스는 가상화 솔루션과 대용량 스토리지를 연결하여 사용자 필요 시, 저장공간 할당 및 하드웨어 자원의 탄력적인 공유를 통해 IT자원의 효율적 운영을 도모할 수 있을 것이다

그러나 비용 문제를 감안해 볼 때, 각 부처 및 지방자치단체의 실정에 맞춰 우선

표 11-3 공공기관 데스크톱 가상화 서비스 구축 현황

추진기관	사업명	발주 시기	예산 (백만 원)	단말 수	비고
해양경찰청	클라우드 컴퓨팅 시범 구축	2012. 5	150	100	
대검찰청	검찰 클라우드 컴퓨팅 파일롯 시스템 구축 사업	2012.5	165	20	
경기도 시흥시	SBC 기반 데스크톱 가상화 시스템 구매 · 설치	2012.4	180	50	
경기도 연천군	서버 기반 컴퓨팅 SBC 시스템 추가 장비 구입	2012.3	272	80	확대
전북 고창군	고창군 SBC 시스템 증설 및 추가 장비 구입	2012.3	243	122	확대
경기도 부천시	서버 기반 컴퓨팅 SBC 시스템 구입 설치	2011.12	87	30	
관세청	SBC 기반의 클라우드 컴퓨팅환경 2단계 구축사업	2011.8	1,184	500	확대
경기도 연천군	서버 기반 컴퓨팅 SBC 시스템 구매 설치	2011.5	627	216	
충남 아산시	그린 IT환경을 위한 서버 기반 컴퓨팅(SBC) 시스템 구입 설치	2011.3	297	100	
충남 아산시	평생학습센터 서버 기반 컴퓨팅(SBC) 시스템 구입 설치	2010.12	109	35	
관세청	SBC 기반의 클라우드 컴퓨팅 환경 구축사업	2010.8	467	200	

자료: 김준수(2012).

기존 IDC를 클라우드 데이터센터 내로 이전하고 클라우드 스토리지 → 애플리케이션 가상화 → 데스크톱 가상화 순으로 단계별로 클라우드 서비스를 도입하는 방안이 바람직할 것이다.

(2) 클라우드 환경 활성화를 위한 정책 방안

앞으로 정부에서 추진해야 하는 클라우드 환경의 활성화를 위한 제도적 정책 방안은 크게 다음과 같은 네 가지로 정리할 수 있다.

첫째, 고효율·지능형 클라우드 인프라를 구현해야 한다. 이를 위해 우선 정보자원 통합에 클라우드 신기술을 전면적으로 적용한다. 또한 기존 HW에서 SW·서비스 및 플랫폼까지 통합 범위를 확대하여 절감 효과 및 관리 효율을 제고한다.

둘째, 저탄소·스마트 사무환경으로 전환해야 한다. 현재 개인용 데스크톱 PC 기반 사무환경을 앞으로는 장소 제약 없는 클라우드와 저전력·스마트 기기가 융합된 사무환경으로 전환시킨다. 또한 현재 고정된 사무실 PC에 집중되어 있는 업무용 HW·SW·데이터의 일부 또는 전체를 통신망만 있으면 어디서든 접근할 수 있는 클라우드로 이전시킨다. 이를 위해 클라우드 사무환경 도입 → 업무 SW 표준화·통합 → 단말기 전환의 절차에 따라 단계적으로 추진한다.

셋째, 클라우드 공공 서비스 로드맵을 마련해야 한다. 이를 위해 행정·교육·문화·복지·안전 등 다양한 분야의 클라우드 기반 서비스 모델을 발굴하여 추진한다. 또한 인프라 중복 투자를 방지하고 효율적인 서비스 간 상호 연계를 위한 범정부 차원의 중장기 추진계획 및 로드맵을 여러 부처가 함께 공동으로 수립할 필요성이 있다.

넷째, 공공 부문이 선도하여 민간 클라우드 서비스를 활용하기 위해 필요한 제도적 기반을 마련해야 한다. 구체적으로는 클라우드 과금 모델이 적용 가능한 제도를 마련하고, 다국적 기업의 출현으로 인한, 국경을 초월한 클라우드 서비스에 대한 관할권 문제도 해결되어야 한다. 특히 국제적으로 데이터센터(IDC) 입지 선정이나 데이터 소유권 문제 등의 법제도 문제도 검토해 정립할 필요성이 있다.

이러한 상황에 직면하여 방송통신위원회는 2012년 7월에 클라우드 컴퓨팅 발전 및 이용자 보호에 관한 법률 제정(안)을 입법예고했다. 이 법(안)의 제2조(정의) 용어의 정의에 따르면, '클라우드 컴퓨팅'이란 논리적인 분할 또는 결합을 통해 집적·공유된 정보통신기기·설비, 소프트웨어 등 정보통신자원을 필요에 따라 정보통신망을 통해 신축적으로 제공함으로써 정보통신자원의 이용 효율을 극대화하는 컴퓨팅을 말한다.

이 법(안)은 국내 클라우드 컴퓨팅의 발전 및 이용을 촉진하여 국민경제의 발전에 이바지하고, 국민들이 클라우드 컴퓨팅 서비스를 안전하게 이용할 수 있는 환경을 조성하고자 하는 목적으로 제정하고자 하는 것이다(방송통신위원회, 2012). 따라서 정부부처나 특히 지방자치단체들이 이 법(안)에 근거하여 클라우드 컴퓨팅을 도입하여 업무 처리를 혁신시키기에는 한계가 있다. 특히 현재 많은 지방자치단체들이 경쟁적으로 구축하려고 하는 지역정보통합센터를 클라우드 데이터센터로 활용하는 데 문제점이 발생할 수 있다.

그러므로 행정안전부가 지방자치단체의 클라우드 컴퓨팅 활성화를 위한 법제도적 정비에 적극적으로 나서야 할 시점이다. 구체적으로는 현재의 전자정부법을 개정하여 지방자치단체가 클라우드를 도입하여 업무혁신을 활성화할 수 있도록 지원해야 한다.[5] 이 과정에서 클라우드 데이터센터가 지역정보통합센터를로 활용될 수 있도록 조항을 신설하고 민간위탁 및 아웃소싱을 할 수 있는 조항도 포함시켜야 한다.

제 4 절 스마트정부를 위한 제도 정비

스마트정부를 구현하기 위한 제도적 정비 방안은 크게 두 가지로 나누어 살펴볼 수 있다.

첫째는 공공 부문에서 일하는 방식의 스마트화를 통해 창의, 협업, 혁신을 위한 패러다임의 변화를 추진하는 것이다. 이것은 현재 스마트 워크의 활성화 정책으로 나타나고 있다.

둘째는 국정의 운영에서 협업 시스템을 구축하여 정부의 업무 처리를 스마트화하는 것이다.

이것을 간략하게 정리하면 다음과 같다.

---

5) 행정안전부는 지난 2010년 전자정부법을 개정하면서 행정정보의 공동 활용 및 행정정보공유추진단과 행정정보공유센터의 법적 근거를 마련했다.

1 스마트 워크 활성화를 위한 제도 정비

스마트 워크를 활성화시키기 위해서는 크게 다음과 같은 다섯 가지의 분야에서 제도 정비가 이루어져야 한다(이신주, 2012).

1) 법 · 제도 정비

선진 외국들도 정부 주도로 스마트 워크와 관련된 전반적인 법 · 제도 정비에 나서고 있다. 이들 국가는 민간기업의 스마트 워크 참여를 촉진하기 위해 다양한 세금 제도 혜택을 실시할 뿐만 아니라, 전담기관의 구성과 업무 분담도 잘 이루어져 효율적으로 스마트 워크를 진행하고 있다. 그러나 우리나라의 경우, 스마트 워크 정책을 추진하면서 부처 간에 갈등으로 인해 사업이 지연되고 있다(정충식 · 진영빈, 2012).

따라서 현재 재택 근무, 원격 근무 등으로 혼용되고 있는 스마트 워크의 정의와 유형을 명확하게 규정하고, 근거 규정에 그치고 있는 스마트 워크와 관련된 법 · 제도의 정비가 필요하다. 또한 스마트 워크의 효과적인 도입 및 확산을 위해 추진 체계의 정비 및 전담기관의 구성도 필요하다. 스마트 워크 전반을 총괄하는 부처를 지정해서 관련 부처 및 기관이 공동으로 참여하는 공공 부문 스마트 워크 추진을 위한 기본계획을 수립해야 한다.

2) 인프라 구축과 관련된 정책

스마트 워크를 실시하기 위해서는 무엇보다도 물리적인 인프라 구축이 필요하다. 따라서 스마트워크센터의 구축이 확산되어야 한다. 정부는 2015년까지 스마트워크센터를 공공 부문 50개, 민간 부문 450개를 설비할 계획을 가지고 있다. 하지만 현재 10개의 스마트워크센터는 모두 서울과 경기도에만 구축되어 있을 뿐 지방에는 전무한 실정이다. 물론 세종시의 경우는 정부부처의 이전 때문에 설치된 경우이다. 따라서 스마트워크센터를 전국적으로 확산하는 전략이 필요하다.

스마트워크센터 구축을 통해 원격지 근무자의 스마트 워크를 활성화한다면 조직 내부의 근무자를 위해서는 가상화 기술과 클라우드 컴퓨팅 서비스를 도입하여 이를 공공 부문이 선도할 수 있을 것이다.

3) 조직 지원과 관련된 정책

공공 부문에 스마트 워크 도입의 장애 요인으로 '결정권자의 지원', '대면 업무 문화', '고립감'을 들 수 있다. 이러한 장애 요인을 극복하고 스마트 워크를 도입하기 위해서는 조직의 최고 결정권자의 강력한 리더십이 필요하다. 이는 미국의 사례를 통해 그 효과를 찾아볼 수 있다. 미국은 클린턴 행정부 때부터 지속적인 대통령의 관심으로 스마트 워크를 효과적으로 수행할 수 있었다.

아울러, '대면보고' 중심의 업무 문화를 개선할 필요가 있다. 전자정부 서비스를 통해 '이메일 보고', '종이 없는 정부' 등 전자적인 업무를 추진했으나 아직도 많은 업무가 직접적인 접촉을 통해 이루어지고 있다. 이와 관련하여 조직의 최고 결정권자의 강력한 리더십과 강제적인 규정 및 지침을 통해 이러한 장애 요인을 극복하기 위해 노력해야 한다. 아울러 조직 내에서 스마트 워크에 대한 신뢰감을 형성하기 위해 프로그램 중심의 교육을 지속적으로 실시해야 한다.

4) 보안 및 접근성과 관련된 정책

'정보 보안'은 스마트 워크를 실시하는 데 매우 중요한 사안이다. 아무리 좋은 설비와 제도를 갖추었다고 하더라도 '정보 보안'이 이루어지지 않는다면 스마트 워크의 도입 및 확산을 어려울 것이다. 따라서 보안 문제를 예방할 수 있는 체계적인 정책 기획 및 집행이 이루어지도록 해야 한다.

정보 보안은 정보 제공자와 이용자의 입장에 따라 그 대책이 달라져야 한다. 이용자의 경우, 인터넷 접속이 정보 유출 사고의 선행 조건이다. 따라서 인터넷 접속 시 데이터 공유 해지, 방화벽 설정, 무선 인터넷 자동 접속 해지 등 개인의 노력을 통해 정보 유출 문제를 최소화할 수 있다. 그러나 정보 제공자는 상시적인 네트워크 유지와 그에 따른 해킹 위협에 직접적으로 노출되어 있다. 따라서 이용자 수준의 보안 조치보다 더 적극적이고 체계적인 보안 대책을 실시해야 한다. 아울러 원격 근무 센터의 시스템 항상 유지, 악성 코드・해킹으로부터의 통신망 보호 등 다각적인 정보 보안 정책이 필요하다.

5) 성과 관리와 관련된 정책

스마트 워크의 참여를 유도하고 확산하기 위해 스마트 워크 성과에 대한 공정한 평가가 필요하다. 업무 평가는 곧 인사 제도와 관련이 있으므로 승진, 보상 등에서 차별이나 부당한 대우가 발생하지 않도록 제도적인 장치가 필요하다. 유럽의 경우 스마트 워크 근무자와 사무실 근무자 간에 불평등 이루어지지 않도록 국가 간 협약을 통해 이를 예방하고 있다.

또한 스마트 워크에 대한 범국민적인 공감대 형성 및 인식 개선을 위해 중앙부처의 시범 운영을 통한 성공 사례 발굴이 필요하다. 성공 가능성이 높은 직군과 직무를 대상으로 중앙부처에서 시범사업으로 실시, 스마트 워크 성공 사례를 창출하고 이를 대국민 홍보활동을 통해 스마트 워크에 대한 국민적 공감대 형성 및 인식 개선을 도모해야 한다. 특히 이러한 시범사업을 선별할 경우에는 육아 여성, 장애인, 고령층 등이 실제적으로 참여가 가능할 수 있도록 시범사업의 세부 프로그램을 마련하는 것이 필요하다.

2 협업 시스템 구축을 통한 스마트정부 활성화

1) IT를 통한 새로운 가치의 창출

참여 · 개방 · 공유의 웹 2.0이 새로운 정보화 패러다임으로 정착하면서 기업은 물론 정부 차원에서도 혁신과 창조를 바탕으로 하는 '창의력'의 중요성이 확산되고 있다. 이처럼 새로운 가능성과 혁신이 활발하게 일어나는 Beyond IT 시대 경쟁력은 IT의 문제해결력과 창의력 활용이 관건이 된다. 따라서 이제 IT는 사회 전반에 내재화되고 지능화 · 융합화 · 모바일화로 고도화되면서 경제 성장 수단에서 정책 문제의 현안 해결 수단으로 부상하고 있다.

그러므로 IT가 지속가능 사회의 실행 수단(enabler/문제해결력)이자, 부가가치 창출의 동인(driver/창의력)으로 역할할 수 있는 새로운 IT 생태계 조성이 중요해지고 있다. 이러한 새로운 IT 생태계 조성을 위해서는, 첫째는 민 · 관의 창의적 협력 기반 조성이 중요하고, 둘째는 기반 확충/성장 동력/현안 해결 전략 간에 선순환 체계 정립이 필요하다. 따라서 앞으로는 정부 주도의 문제 해결 및 성장 해법 모색뿐만 아니라 스마트해진 민간의 참여와 잠재력을 활용하는 전략이 필요한 시점이다.

이처럼 스마트정부에서는 정부의 노하우와 민간의 지혜를 결합할 수 있는 민·관 창의적 협력 기반을 제공하는 플랫폼 정부가 그 기반을 이루게 된다. 앞으로 우리나라가 보유한 IT 인프라와 활용 능력, 인적 자원, 혁신성, 스피드 등의 잠재 역량을 활용하여 플랫폼정부를 구현한다면 세계 최고의 IT 기반 창조강국이 될 수 있을 것이다.

2) 플랫폼정부로의 변화

이제 IT가 효율화의 핵심 수단에서, 개방적 혁신과 창조적 협력의 플랫폼으로 변화함에 따라 정부 업무의 플랫폼화를 통한 창조적 혁신을 이루어내는 것이 필요하다. 기존의 IT가 생산성 향상, 효율화의 핵심 수단(enabler)이었다면, 앞으로의 IT는 현안 해결 및 새로운 가치 창출을 위해 다양한 지식과 지혜를 모으는 열린 장(platform)으로 역할을 할 것이다. 이처럼 IT는 연결성·실시간성·지능성·개방성·투명성 등의 속성이 복합적·융합적으로 작용하여 플랫폼화를 가능하게 하는 최고의 수단으로 자리매김하고 있다(김현곤, 2011).

따라서 지속 가능한 창조강국 실현을 위해서는 민·관 창의적 협력 기반을 제공하는 플랫폼 정부로 변화해야 한다. 구체적으로는 공공정보 개방, 민관 협업 채널 마련 등 민간이 참여하여 가치를 창출하고 혁신을 일으킬 수 있는 장을 제공함으로써 창의적 서비스 개발, 국가 사회 현안 해결 등 경제 사회적으로 새로운 가치를 창출해야 한다.

특히 인터넷, 소셜 미디어 등 새로운 미디어 활용의 보편화는 프로슈머의 확산과 정부 및 기업환경의 변화를 가속화시키고 있다. 인터넷을 통해 어디에나 개방되어 있는 공공정보와 필요한 지식을 공유하고 협업(소셜 미디어)할 수 있는 환경은 스마트정부 구현의 기반이 된다. 현재 세계적 선도 기업으로 꼽히는 구글과 아마존과 같은 기업들의 성공 비결도 개방과 협업에서 기인한다.

정부의 기능은 시대에 따라 변화해 왔으며, ICT의 발달은 최근의 정부 기능 변화를 주도하고 있다. 과거에 인터넷의 확산은 정부가 제공할 수 있는 서비스를 사전에 규정하여 필요할 때 편리하게 제공받을 수 있는 '자동판매기형 정부'를 촉진시켰다.

이것은 국민이 '세금'을 넣으면, 정부에서는 완제품인 '정부 서비스'를 제공하는 방식이었다. 이러한 자동판매기형 정부는 ICT를 활용하여 필요한 서비스를 신속하고 편리하게 제공받을 수 있다는 측면에서 혁신적 변화였다.

그러나 웹과 함께 성장하며 창의력과 협업의 이점을 체득하고 있는 새로운 세대들은 새로운 정부의 기능을 요구하고 있다. 즉, 정부가 제공하는 서비스를 토대로 국민 스스로가 새로운 서비스를 창출하고 혁신할 수 있기를 기대하고 있다. 이처럼 이제 국민들이 소셜 미디어의 힘을 이용해 국정에 참여하고 정부 서비스의 가치를 제고하거나 심지어 공동으로 정부를 운영할 수 있기 때문에 이러한 자동판매기형 정부는 급속하에 '플랫폼형 정부'로 진화하고 있다. 따라서 앞으로의 스마트정부는 완제품이 아닌 민간의 혁신을 일으킬 수 있는 기본 틀을 제공하는 '플랫폼형 정부(Government as a Platform)'로 급속하게 변모할 것이다(이기식, 2012).

3) 협업을 통한 스마트정부의 구현

이러한 플랫폼정부에서는 정부 내에서 그리고 정부와 시민들 간에 디지털 협업에 기초하여 업무가 처리된다. 최근에 다양한 의사소통을 지원하는 스마트 기기와 솔루션이 급속히 확산됨에 따라 이제 정부 내에서는 '똑똑한 협업 환경'을 구현할 수 있게 되었다. 이러한 협업은 스마트 워크(smart work)를 실현하기 위한 핵심 요소이며, 빠르게 변화하는 IT 환경에서 비효율적인 업무 환경을 신속하게 변화시키고 있다. 이러한 협업 환경은 현재 웹 2.0과 소셜 네트워크(social network) 기반으로 진화하고 있으며, '스마트 워크플레이스(smart workplace)'를 지향하고 있다.

현재까지 공공행정 업무는 국민의 만족도 향상을 위한 부처 간 협업이 주를 이루었으나, 이제는 공공 내에서의 상시적인 협업도 중요해지고 있다. 과거에 전자정부 사업 등을 통해 행정부 내부적으로는 업무 처리 프로세스를 개선함으로써 행정 업무의 효율성이 획기적으로 향상되었으나, 이제는 다수의 행정조직이 주요 현안 과제와 정책 과제 등을 상시 협력하여 원활하게 업무를 처리할 수 있는 협업 환경을 구축하는 것이 필요하다.

특히 긴급한 사회 현안 및 각종 민원 등 국민들의 행정 요구에 신속하고 유연하게 대처하기 위해 IT 기술을 활용한 온라인 협업 플랫폼을 구축해야 한다. 특히 다수의 행정조직이 다부처 정책 과제를 추진하거나 지속적으로 협업이 필요할 경우에는 '디지털 행정 협업 시스템'을 적극적으로 활용할 수 있다. 이를 위해 다수의 정부기관이 공동으로 추진 중이거나 앞으로 추진할 정책 가운데 디지털 행정 협업 시스템으로 관리할 과제들을 발굴한다. 그리고 이를 PC 및 스마트폰 등을 활용하여 '협업 일터' 라고 부르는 사이버 상의 가상적 업무 공간을 통해 언제, 어디서나 필요할 때 관련자들이 모여 토론과 회의, 협의·조정, 보고서 작성, 결재 등 공동 처리가 가능한 온라인 시스템을 활용해 업무를 수행한다.

앞으로 정부에서 이러한 온라인 협업을 활성화하기 위한 정책 과제들은 다음과 같이 정리할 수 있다(이하 김주원, 2011).

(1) 공공 내부 또는 공공-민간 협업을 위한 사회적 플랫폼 정비

우선 정부 내에서 협업 프로세스를 체계적이고 효율적으로 관리하기 위한 프레임워크 설계 및 구축이 필요하다. 구체적으로는 다양한 협업 구현 모델을 도출하고, 업무와 관련된 각 부처 및 공공기관의 책임과 역할을 정립해야 한다. 그리고 대내외의 돌발적인 협업 요구에 언제 어디서나 신속하고 유연하게 대응하기 위해 공공 협업 업무의 표준화 및 규정이 마련되어야 한다.

또한 안정적이고 실효성 높은 협업 추진을 위한 검증·보호 장치를 마련하고, 자율적이고 창의적인 협업 활동 지원을 위한 제도적 보완이 필요하다. 협업 시스템에서 생산·재생산되는 정보·자료 등에 대한 검증 체계를 구축하여 오류에 의한 업무 비효율 및 비생산성을 미리 방지해야 한다. 또한 공공과 민간 부문 간의 개인 정보 보호 문제와 보안 및 신뢰성에 대한 엄격하고 체계적인 보호 정책과 정책 수단을 확보해야 한다.

(2) 원활한 공공-민간 협업 추진을 위한 사회적 기반 조성

대면 협업을 효과적으로 대체하는 IT 시스템 기반의 협업을 위해서는 상호를 신뢰하는 사회적 분위기 조성이 필수적이다. 우선 협업의 기획·실행·평가·피드백 등의 절차를 투명하고 공정하게 운영하고, 협업 목표 달성을 위한 협업 구성원의 자발적인 노력을 유도해야 한다. 그리고 공공-민간 간 온라인 협업의 성공적인 추진을 위해서는 오프라인에서의 공공에 대한 민간의 신뢰 구축이 선행되어야 할 필요가 있다.

또한 한쪽에 치우치지 않는 공공과 민간의 적절한 업무 균형이 필요하며 양측의 장점을 극대화하여 동반 성장할 수 있는 방향으로 협업이 추진되어야 한다. 이제까지 공공 중심의 협업 모델은 민간의 참여와 관심을 저하하고, 수식적 관계에서의 일방적 추진에 따른 공공-민간의 소통 부재를 초래했다. 또한 민간 중심의 협업 모델은 공공 정책 수립의 비효율성과 대중영합주의의 우려가 있으며, 공공 부문에서의 새로운 부담으로 작용할 가능성이 크다.

(3) 소셜 미디어에 대한 공공 부문의 성공적 활용 방안 마련

공공 부문에서 소셜 미디어의 도입과 활용은 이제는 '선택'이 아닌 '필수'라는 인식을 가지고 민간과의 긍정적인 관계 구축 노력이 필요하다. 이제 공공에서는 소셜 미디어를 '감시 · 통제 · 규제'가 아닌 민간의 목소리를 '경청'하기 위한 창의적 소통 방식의 관점에서 접근해야 한다.

또한 공공 부문에서는 열린 마음(open mind)의 자세로 소셜 미디어 내에서 발생하는 민간과의 협업 현안에 대해 능동적이고 선제적으로 대응해야 한다. 앞으로는 현안의 긍정적 · 부정적 내용과 부정확한 정보에 대한 객관적이고 공정한 판단을 통해 사회적 갈등 최소화 및 민간의 신뢰도 향상을 이룩할 수 있을 것이다.

그리고 민간과의 협업을 통해 축적된 사회 현안 및 대응전략 · 정책 등을 데이터베이스로 구축하여 모든 공공기관에서 공유 · 참조하는 등 시너지 효과를 제고할 필요가 있다. 특히 소셜 미디어를 통한 민간과의 협업 우수 · 성공 · 실패 사례 등을 발굴해 전 공공 분야에서 참조토록 하고, 문제 재발 방지 및 국민 공감 정책을 발굴해야 한다. 또한 협업 현안에 따라 한 공공기관이 전담하기 어려울 때 관계 부처 · 기관 간 유기적인 정책 공조를 통해 유연하게 협력하여 대응해야 한다.

쉬어가기

정보 자기결정권의 원칙(principle of informational self-determination)

2세대의 프라이버시권이라고 볼 수 있는 개인 정보에 대한 자기결정권은 국가의 활동이나 거래가 활발해지면서 개인 정보의 수집과 통합이 활성화된 시기에 정립된 권리이다. 이는 독일의 연방헌법재판소에서의 위헌 결정을 계기로 정립된 것인데, 1세대 프라이버시권보다는 적극적인 의미를 갖고 있다. 2세대 프라이버시권은 OECD 개인 정보 보호의 8원칙에 구체화되어 있다.

우리 정부도 이러한 자기정보통제권의 차원에서 전자정부법에 다음과 같은 조문을 신설했다.

제42조(정보 주체의 사전 동의) ① 이용기관이 공동이용센터를 통하여 개인 정보가 포함된 행정정보를 공동 이용할 때에는 「개인정보 보호법」 제2조 제3호의 정보 주체(이하 "정보 주체"라 한다)가 다음 각 호의 사항을 알 수 있도록 정보 주체의 사전 동의를 받아야 한다. 이 경우 「개인정보보호법」 제18조 제2항 제1호 및 제19조 제1호는 적용하지 아니한다〈개정 2011.3.29〉

1. 공동 이용의 목적
2. 공동 이용 대상 행정정보 및 이용 범위
3. 공동 이용 대상 이용기관의 명칭

제43조(정보 주체의 열람청구권) ① 정보 주체는 공동이용센터를 통하여 공동 이용한 행정정보 중 본인에 관한 행정정보에 대하여 다음 각 호의 사항에 대한 열람을 행정안전부 장관 또는 해당 이용기관의 장에게 신청할 수 있다.

1. 이용기관
2. 공동 이용의 목적
3. 공동 이용한 행정정보의 종류
4. 공동 이용한 시기
5. 해당 행정정보를 공동 이용할 수 있는 법적 근거

② 행정안전부 장관 및 이용기관의 장은 제1항에 따른 정보 주체의 신청을 받았을 때에는 정당한 사유가 없으면 신청한 날부터 10일 이내에 그 정보 주체에게 제1항 각 호의 사항을 통보하여야 한다. 이 경우 10일 이내에 통보할 수 없는 정당한 사유가 있을 때에는 그 사유가 소멸하였을 때에 지체 없이 통보하여야 한다.

제12장 미래 정부를 위한 조직 개편 방안

제1절 미래전략 기구의 필요성

1 미래전략 기구의 중요성

오늘날 국가의 미래전략 기구는 다음의 측면에서 중요하다(이하 김동욱·윤건, 2010: 3).

첫째, 체계적이고 분석적인 미래전략 수립의 중요성이다. 오늘날과 같이 기술이 빠른 속도로 변화하고 전 지구적인 연결성이 극대화된 시점에서는 파악하기 어려운 변동 요인이 가까운 미래에 치명적인 영향을 줄 수 있다. 따라서 체계적이고 분석적으로 미래를 예측하지 못하는 경우 국가의 존재까지도 위협받을 수 있게 되었다.

둘째, 체계적이고 분석적인 미래전략 수립은 민간의 영역을 뛰어넘는다. 국가의 존립까지 논하지 않더라도 제한된 국가적 자원을 전략적으로 활용하지 못한다면 세계화의 진전으로 인한 국가 간 무한경쟁에서 도태될 가능성이 높다. 즉, 미래에 대한 적절한 대비는 국가 발전과 직결되므로 정부 차원의 적극적 대비가 필요하다는 것이다.

셋째, 국가 미래전략 범위의 포괄성과 그 전략 수립을 위한 인적·물적 투입자원의 대규모성으로 인해 민간이 주도적으로 담당하기에는 한계가 있다. 국가적 차원의 미래전략은 한 국가의 정치·경제·사회·문화 영역을 포괄하며, 특히 각 영역의 문제들은 서로 유기적으로 연관되어 진행된다. 또한 지극히 엄밀한 미래 예측을 위해서는 고도의 전문적 지식을 가진 인력뿐만 아니라 각종의 첨단 하드웨어와 소프트웨어 등이 대규모로 필요하다. 따라서 국가 미래전략 수립은 충분한 정보력과 인적·물적 능력을 지닌 정부가 하는 것이 효율적이라고 할 수 있다.

2 미래 국가전략 조직 현황

현재 우리나라의 공공 부문 미래전략 관련 조직으로는 대통령실의 미래전략기획관, 대통령 소속의 미래기획위원회, 기획재정부의 미래전략정책관과 같은 국가기관과, 경제·인문사회연구회의 미래전략연구센터, 한국개발연구원, 한국행정연구원 등과 같은 공공기관이 있다(이하 김동욱·정준화, 2011: 9-10의 수정).

2010년 7월 대통령실은 국정기획수석비서관을 폐지하고 과학기술 분야에 대한 집중적인 지원·조정과 녹색성장·환경, 과학기술, 방송정보통신 등 성장 동력 분야를 담당하는 미래전략기획관을 신설했다. 현재 미래전략기획관은 미래 예측과 국가전략 연구 기능보다는 환경, 에너지, 방송통신 및 과학기술 분야의 정책 현안 문제를 조정하는 기능을 주로 담당하고 있다.

대통령 소속의 미래기획위원회는 2008년 설치된 대통령 소속의 자문기구로 미래사회 전망 및 이에 기초한 미래 생활과 관련된 총체적 국가 비전 및 전략 수립에 관해 대통령을 자문한다. 미래기획위원회는 미래전략분과·신성장동력분과·사회정책분과·문화미디어분과·외교안보통일분과 등 5개 분과에 30명 이내의 민간위원으로 구성되어 있다. 2011년 대통령 업무보고에서 스마트 혁명과 IT 융합 추세에 대응, 사회 양극화와 중산층 위기 극복, 저출산 대응과 같이 정부가 현재 시점에서 중점적으로 추진해야 하는 과제를 발굴하고 있다.

기획재정부 경제정책국 소속 미래전략정책관과 미래전략과는 중장기 국가 발전전략 및 국가 미래 비전의 기획, 경제사회의 중장기 위험 요인 분석과 대응전략의 수립 및 총괄·조정, 국가경쟁력 강화 전략의 수립 및 총괄·조정, 국내외 국가경쟁력 지표의 관리 및 개선 대책의 수립 등의 업무를 수행한다. 이 조직은 경제 이슈에 관한 정책기획을 주로 담당하고 있기 때문에 미래 예측을 기반으로 하는 국가전략 연구 기능은 수행하기 어렵다.

이와는 별도로 경제·인문사회연구회의 미래전략연구센터나 한국개발연구원 및 한국행정연구원 등에서 미래 행정 수요를 예측하거나, 국가 발전전략으로 미래전략을 수립해 왔다. 그런데 이러한 미래 관련 정부조직들 모두가 ICT와는 아무런 연계 없이 미래연구방법론의 관점에서 미래를 연구하고 정책을 제시해 왔다. 따라서 항상 저출산과 고령화 등 사회 변화의 흐름만을 강조하고 있다(최항섭, 2012).

현재 국내에서 ICT와 관련하여 미래전략의 정책 방향을 도출할 수 있는 조직은 한국정보화진흥원 및 국가정보화전략위원회가 있다. 그러나 이들 조직 역시도 미래보다는 현실의 ICT정책에 매몰되어 ICT를 기반으로 하는 국가의 장기 미래 비전을 수립하기 힘든 상황에 놓여 있다. 따라서 앞으로는 ICT 기반의 미래정책을 수립할 수 있는 국가조직에 대한 신설 논의가 이루어져야 한다.

3 미래 국가전략 조직 신설 논의

현재 우리나라 국가 미래전략 관련 조직의 특징은 미래 예측의 부재, 단기 정책 지향, 조직 간의 역할 분담 미흡 등으로 요약할 수 있다. 따라서 오래전부터 국내에서는 이러한 미래전략을 전담할 국가기구에 관한 논의가 활발하게 진행되어 왔다(이하 김동욱·윤건, 2010: 5-6). 박영숙(2005)은 미국, 영국, 스웨덴, 캐나다, 호주, 핀란드 등의 국가 미래전략 기구와 국가미래보고서, 공무원 미래전략 훈련 등의 사례를 제시하면서, '국가미래기획원' 혹은 '미래전략기획원' 등의 국가미래전략기구의 신설을 주장한다.

박세일(2006)은 한국의 미래 선진화전략을 제시하면서 한국이 처한 일련의 환경변화를 살피고 이에 적절히 대처하기 위해 필요한 철학, 과제와 전략, 주체 등을 논한다. 그는 주체와 관련하여 민간 싱크탱크, 국가정책대학원 등 연구와 교육기관의 신설을 제안한다.

김성태(2007)는 국정관리를 위한 미래 예측의 의의, 방법론, 관련 정부기관, 전략 등을 논의한다. 그는 국가전략과 미래 예측을 연결시켜 국가전략 수립에서 과학적·

체계적 미래 예측의 중요성을 역설한다. 또한 미국, 영국, 핀란드의 국가미래전략기구를 소개하고 이를 근거로 '국가미래전략처'를 대통령 직속으로 설치하고, 각 부처에 미래전략실을 신설하며, 국회에도 '미래상임위원회'를 둘 것을 제안한다.

김관보(2007)는 이명박 정부의 중앙정부 조직개편과 관련한 의견을 제시하면서 '국가전략기획원' 설치를 주장한다. 그는 부처 간 이기주의로 인한 상이한 정책 제안을 조율하기 위해 경제정책 및 조정, 예산 편성과 집행, 기획 등의 기능을 포괄하는 국가전략기획원이 필요함을 역설한다. 또한 경제인문사회연구회 소속 23개 정부출연연구기관을 이원화하여 한 부분은 정부 내로 흡수하여 부처(in-house) 연구원(소)로 운영하고 다른 부분은 국가전략을 연구하는 '국가전략연구원(소)'를 설립하여 운영할 것을 주장한다.

김동욱(2008)은 한국의 정부출연 정책연구기관의 미래 지향적 조직과 기능을 살핀다. 그는 현재의 정책연구기관 체계가 변화된 국가정책 환경에 미흡하다고 보고, 일정한 대안을 제시한다. 특히 한국의 장기 국가전략 연구 활동이 미흡하다고 보고, 국가 장기전략 과제 연구에 특화된 '한국전략연구원'을 신설하고, 기존의 한국개발연구원의 범부처적 성격의 기능, 정보통신정책연구원의 미래 사회 과제 연구 기능을 흡수할 것을 제안한다.

정보사회진흥원(2008)은 선진국의 미래 전략기구 현황과 한국형 미래전략 제도화 방안을 제시한다. 영국, 미국, 핀란드, 스웨덴, 일본, 호주 등의 미래전략기구를 분석하고, 범정부 차원의 중장기적 관점의 미래전략 기구 설계, 인하우스(in-house) 싱크탱크 강화, 미래 지향적 입법 환경과 감사 체계 등을 제안한다.

박세일(2008)은 한국의 국가전략을 세계화·선진화의 관점에서 논하면서, 특히 세계전략 수립을 주도할 국가적 추진 체계를 제시한다. 그는 중장기적 세계 전략을 수립하고 추진하는 정부기구로서 '세계전략기획기구'를 청와대 혹은 총리실에, '세계전략추진기구'를 총리실에 두고, 이를 지원하는 정부출연연구기관으로 '세계전략연구원'을 설치하는 방안을 제시한다.

또한 박세일(2010)은 우리나라의 세계화 전략을 제시하면서 다시 한 번 국가전략기획부서의 설치 필요성을 역설한다. 그는 '국가기획원'을 설치하여 외교국방, 정치경제, 사회문화 등의 모든 분야를 포괄하는 종합적인 국가전략과 기획 기능을 담당하도록 하며, 국립의 '국가전략연구원' 혹은 '세계전략연구원'을 두어 국내 각 정책 분야에 대한 종합적·체계적 연구를 수행하도록 할 것을 주장한다. 이처럼 다양한 국가미래전략기구 설치 논의는 그 창의적인 아이디어에도 불구하고 그 구체성이 약하고, 대안의 분석이 엄밀하지 못하다는 한계가 있다.

제 2 절 ICT 기반의 미래전략 기구

앞에서 제시된 다양한 미래전략 기구들은 저출산과 고령화 등 미래 사회의 패러다임의 변화에 대응하기 위한 조직이다. 또한 미래에 대한 연구 및 정책 기능에 초점을 두고 제안하고 있다. 따라서 여기에서 간과되고 있는 부분이 바로 ICT이다. 미래 정부의 가장 근간이 될 수 있는 ICT 기반에 대한 논의 없이는 미래전략 기구에 대한 제안이 무의미해질 수 있을 것이다. 따라서 여기에서는 ICT에 기반한 미래전략 기구를 제시하고자 한다.

1 미래전략센터의 신설

2012년 7월 11일 여권의 대통령 후보가 대전의 정부통합전산센터를 방문한 자리에서 [그림 12-1]과 같이 국가미래전략센터의 설립을 제시하기도 했다. 따라서 국가 미래전략센터가 향후에 국가클라우드센터의 방대한 지식정보를 체계적으로 분류하고 분석하는 국가미래전략 시스템을 구축해 미래 전망과 중장기 국가 미래전략을 수립할 경우, 앞으로 정부조직의 구조와 운영 측면에서 큰 변화가 예상된다.

이러한 미래전략센터는 개인별 맞춤행복을 지향하는 정부3.0 시대를 달성하는 기반으로 설명되었다. 우선 정부3.0에서는 정부가 하는 모든 일을 국민에게 알려서 투명한 정부를 지향한다. 또한 정부가 더 많은 지식을 창조하고, 축적하고, 공유하여 새로운 미래를 선도한다. 마지막으로 모든 정책을 공급자인 정부 중심에서 수요자인 국민맞춤형으로 전환한다. 이러한 과제들을 지원하기 위한 방안은 다음과 같다.

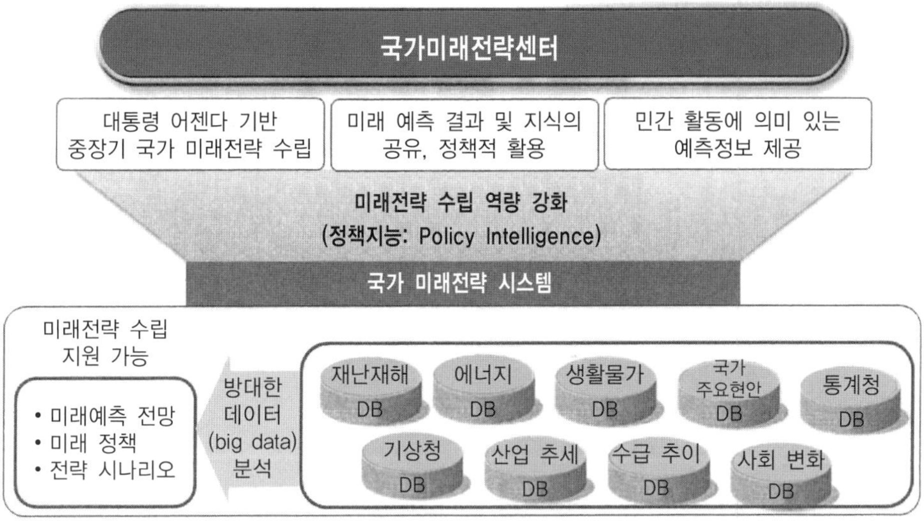

그림 12-1 국가미래전략센터의 기능

1) 정보 공개의 확대를 통한 신뢰정부 구현

정보 공개 대상을 확대하여 더 많은 공공정보가 국민들에게 공개될 수 있도록 한다. 행정정보의 공표 대상을 과감하게 확대해서 국민들이 요청하기 전에 공공기관 스스로 국민에게 정보를 공개하도록 한다.

미국 샌프란시스코시는 정책 현안들을 민간에게 공개하여 해결 방안을 민간과 공동으로 모색하고 있다. 이러한 개방적 혁신을 통해 도시 현안 문제에 대한 해결 역량을 강화했을 뿐 아니라 정책 수립 과정에 대한 투명성도 제고했다. 특히 실리콘밸리 벤처기업들에게 기술 개발과 새로운 사업의 기회를 제공하는 일석이조의 효과를 거두었다.

2) 공공정보의 개방을 통한 새로운 성장 동력의 기반 조성

공공정보가 개방되면 민간 부문의 창의와 활력을 통해 새로운 가치 창출의 기반이 마련될 수 있다. 따라서 (가칭)'공공정보의 민간 활용에 관한 법'을 제정하여 개방된 공공정보를 개인과 기업이 창의적으로 활용할 수 있도록 한다. 이를 통해 민간 부문에서 지식정보산업을 중심으로 새로운 일자리를 창출한다. 국민들은 기상, 교통, 공공시설 이용, 재난 대비 등 생활 전반에 걸쳐서 편의성이 높아질 것이다.

3) 정부 내 협업 시스템의 구축으로 유능한 정부 구현

복잡한 정책 현안의 해결을 위한 부처 내, 부처 간 협업의 필요성이 갈수록 커지고 있지만, 부처 간 칸막이가 협업을 가로막고 있다. 정부 통합 의사소통 시스템을 우선적으로 구축하여 부처 내, 부처 간 협업 활성화를 유도한다. 부처 간 칸막이를 허물어 원활한 의사소통의 환경을 조성하게 되면 정부의 업무 효율성이 한층 높아질 것이다. 행정기관의 이전이 정부의 협업 시스템을 활성화시키는 좋은 계기가 될 것이다.

현재 덴마크는 6개의 행정구역(municipalities)을 하나의 시로 통합하면서 5곳의 기존 청사에 가상 민원센터와 스마트워크센터를 설치, 통합 의사소통 시스템이 포함된 협업 시스템을 운영하고 있다. 이를 통해 공무원들의 효율적 업무가 가능하게 되었으며, 주민들이 민원을 위해 이동해야 하는 불편을 제거하여 주민 반발 무마 및 행정구역 통합의 효과를 달성했다.

우리 정부도 2012년 4월부터 복잡한 정책 현안의 해결 등을 위한 정부 내 협업 시스템을 구축해 시범 운영하고 있다.

4) 정부와 민간 간에 협업을 확대하여 협치 강화

정부와 민간의 협업이 확대되면 우리 사회의 많은 문제가 해결될 수 있다. 민간의 다양성과 창의성이 국정 현안 해결 과정과 정책 개발에 활용되는 개방적 혁신(open innovation)이 가능하기 때문이다. 정책 과제별로 정부와 민간과의 협업 공간을 만들고, 시민, 대학, 연구소, 기업 등에 개방하여 민간 부문의 다양한 의견이 반영되도록 한다. 이러한 협업 체계를 이용하여 민간의 집단지성이 발휘되면, 국가의 정책 역량이 한층 높아질 것이다.

5) 정부 지식경영 시스템 구축과 활용을 통한 정책 역량 강화

현재 개인별·부처별로 분산되어 있는 정보통신 인프라는 정부지식의 공유와 개방에 걸림돌로 작용하고 있다. 정부에서 생성되는 다양한 형태의 업무지식과 정책지식을 클라우드 컴퓨팅 기반으로 통합한다. 개인별·기관별로 독점하고 있는 지식과 정보가 시스템에 의해 자동적으로 통합·축적되면, 정부 정책의 기획-집행-평가에 이르는 모든 과정에서 정부의 정책 역량이 강화될 수 있다. 또한 다른 부처가 하고 있는 정책의 내용과 배경을 상세하게 알게 되어, 정부의 각종 중복사업도 줄일 수 있다.

이처럼 업무지식과 정책지식을 통합하여 정책 역량을 강화하는 정부지식 경영 시스템의 구축은 현재 정부의 빅데이터 마스터 플랜과 행정정보 공동 이용 발전 방안에서 검토하고 있는 정책정보 지원 서비스와 유사하다. 정책정보 지원 서비스는 금융, 재난 안전, 에너지 등 정책 분야별로 DB 등 정형 자료와 보고서 등 비정형 자료를 연계하여 정책 수립 절차별로 필요한 정책정보를 지원하는 서비스이다.

6) 맞춤형 서비스 정부의 구현

국민이 행정 서비스를 찾아가는 방식이 아니라 행정 서비스가 수요자를 찾아가도록 한다. 부처 간 행정정보를 공유하고, 구축된 정보 시스템을 활용해 장애인·육아 등 수혜자별로 서비스를 제공한다. 예를 들어, 현재 장애인이 된 경우, 필요한 서비스를 매번 별도로 신청해야 한다. 앞으로는 장애인 등록 신청 즉시 여러 서비스를 자동적으로 제공받을 수 있는 시스템으로 바꾼다.

이러한 수혜자 유형별로 서비스를 제공하는 맞춤형 서비스는 행정정보 공동 이용 방안에서 검토하고 있는 선제적 서비스와 유사한 개념이다. 선제적 서비스는 부처별로 분산된 행정 서비스를 장애인, 다문화가정 등 수혜자 관점으로 재구성하여 맞춤형으로 서비스를 제공하는 것이다. 이러한 선제적 서비스는 수혜자 기준으로 업무 절차를 재설계하고 각 기관에 분산된 관련 서비스를 연결하여 수혜자 유형별 서비스를 제공한다.

7) 국가미래전략센터 구축 및 운영

급변하는 국내외 환경에 대비하여 미래를 정확하게 예측하고 대응하는 것은 정부의 중요한 역할이다. 국가 클라우드컴퓨팅센터의 방대한 지식정보를 체계적으로 분류하고 과학적으로 분석하는 미래전략 시스템을 구축한다. 국가미래전략센터는 개별부처를 아우르는 통합적인 관점에서 국가 미래를 전망하고, 중장기 발전전략을 수립

한다.

이러한 국가미래전략센터는 미래 예측 기반으로 국가경쟁력을 강화하려는 빅데이터 마스터 플랜과 지향점이 유사하다. 다만 빅데이터 마스터 플랜은 중장기 미래전략 이외에 데이터 분석 기반으로 재난/안전, 교통, 에너지 등의 업무를 지원하는 능동형 스마트정부로의 전환을 목표로 하고 있다.

2 ICT 기반의 미래전략 거버넌스

거버넌스란 사회 전반의 문제 해결을 위한 정부·시민·시장 간 상호작용과 네트워크, 통치의 활동 또는 과정, 제도의 방식과 시스템을 의미한다. 즉, 국가의 공공재화 및 서비스의 관리 과정에서 권력이 행사되는 방법을 결정하는 시민 참여, 정부의 정책 형성과 집행 능력, 법과 제도의 방식에 관한 정부 능력에 대한 총체적인 질을 의미하기도 한다. 이러한 거버넌스는 시민 참여와 책임성을 높이고, 정치적 안정과 정부의 효과성, 규제의 질과 부패통제를 통해 국가경쟁력을 제고한다.

앞에서 살펴본 것처럼 미래 정부를 구성하는 핵심 화두는 참여와 개방이다. 이러한 미래 정부의 시민 참여에서 가장 큰 역할을 수행하는 것이 바로 ICT이다. ICT는 전자정부를 통해 정부의 효율성과 시민 참여를 확대하고, 의사결정 과정의 투명화, 부패통제 등에 중요한 역할을 수행하여 국가경쟁력을 강화해 왔다.

그러나 이제 ICT 장비나 인프라 투자와 같은 하드 파워보다는 ICT의 무한한 잠재력, 즉 서비스, 제품, 일하는 방식 등에 창조적으로 융합과 혁신을 활용하는 스마트한 전략으로 전환해야 한다. 특히 ICT 강국인 우리나라에서 다양한 소셜 네트워크 서비스(SNS)가 발달되었음에도 불구하고, 소통과 사회적 통합이 원활하지 않은 것은 시사하는 바가 크다고 할 수 있다.

그러므로 ICT를 하부 기반으로 하는 미래전략 기구가 신설되어야 한다. 신설되는 미래전략 기구는 종합적인 미래 예측 기능이 약한 현재의 상황을 개선하고, 대통령에게 효과적으로 미래전략에 관한 지원을 하기 위해 국가전략 조직으로 설치할 필요가 있다. 바람직한 국가전략 연구조직은 독립성, 전문성, 장기성을 확보할 수 있어야 한다. 독립성을 위해 단기적인 성과를 강조하는 관료들로부터 자유로워야 하고, 전문성을 위해 다양한 전문가를 충분히 활용할 수 있어야 하며, 장기성을 위해 정권의 변화에 관계 없이 조직이 유지될 수 있는 법적·제도적 장치가 마련되어야 한다.

이러한 조건을 충족하는 기관으로 대통령실에 국가기관으로 '국가전략센터' 또는, 국무총리실에 '국가전략처' 등을 신설할 수 있을 것이다. 이러한 국가전략 기구는 현행 국가정보화전략위원회와의 관계 설정을 통해 국가정보화 전략을 기본 수단으로 활용하여 미래전략을 도출하여, 이를 대통령 의제로 격상시켜 실행시켜야 한다. 구체적으로는 국가 클라우드컴퓨팅센터의 방대한 지식정보를 체계적으로 분류하고 분석하는 미래전략 시스템을 구축하여, 미래 전망과 중장기 국가 미래전략을 수립해야 한다. 이를 위해서는 앞의 제6장에서 살펴본 조직들, 즉 현재 행정안전부에 속해 있는 정부통합전산센터와 행정정보공유추진단의 조직을 통합시켜서 메트릭스 조직으로 활용하는 것이 필수적이다.

쉬어가기

전자정부 고도화에 따르는 행정의 미래

우리는 이제까지 국제화, 세계화 그리고 정보화라는 단어를 수없이 들으면서 살아왔으나 정부나 개인들은 물론 행정학계조차도 모두 이러한 단어에 제대로 적응하지 못해 왔다. 이제 21세기에서는 정보가 가장 큰 파괴력을 지니고 산업 전반을 넘어서 국가 사회의 모든 분야에 커다란 영향력을 행사하고 있다. 따라서 정보사회에서 행정의 역할과 변화는 전자정부로 수렴될 수밖에는 없다.

그러므로 여기에서 좀 더 중요한 것은 행정학계를 포함한 행정학자들과 정부 공무원들의 인식 변환이다. 이제 더 이상 산업사회의 그 어떠한 학문적 틀과 업무적인 처리 방식도 앞으로 우리 사회에 적합하지 않다는 것을 하루빨리 깨닫고 새로운 사회의 패러다임에 맞게 미래정부를 준비해야 한다.

이것은 어떤 의미에서는 단순한 변화가 아니라 혁명적인 변환을 추구해야 하는 것을 의미한다. 즉, 쿤(Tomas S. Kuhn)이 말하는 패러다임의 변화를 필요로 한다. 구체적으로는 여러 기존의 학문 분야가 전자정부의 우산 아래로 들어올 가능성이 존재하는 것이다. 또한 기존의 인사와 조직 및 업무 처리 방식이 모두 전자정부에 의해 처리되어야 하는 것을 의미한다.

그러나 특히 행정학자들의 사고와 행동은 구태를 답습하고 있는 실정이다. 정부 내에서도 전산직은 하위직이나 변방으로 밀려나 있는 것이 현실이다. 이것은 행정학자와 공무원 개개인의 잘못이 아니라 우리의 행정이 산업사회의 낡은 틀 안에서 아직도 기능하고 있기 때문이다. 따라서 하루빨리 전자정부를 행정의 모든 분야로 확산시키고 중심적인 위치를 부여해야 한다.

구체적으로는 전자정부를 더 이상 인터넷이나 클라우드의 기술로 인식하지 말고 정보기술을 활용한 행정개혁과 이것을 바탕으로 하는 정부의 혁신으로 바로 보아야 한다. 우리나라는 현재 다른 어느 때보다도 정부혁신을 이룩해 낼 수 있는 좋은 기회를 맞이하고 있다. 그것은 세계 최고 수준의 전자정부를 구현하고 있기 때문이다. 따라서 이러한 전자정부를 기술적인 수준에 머무르지 않고 정부혁신의 주요 동인으로 설정하고 지속적인 행정혁신을 이루어 내야 한다. 앞에서 이야기한 것처럼 이제 우리 행정의 미래는 전자정부에 달려 있다.

부록 ICT 융합 시대의 거버넌스

행정안전부의 조직 개편을 통한 국가정보화 정립 방안*
- 정보화전략실의 기능 재편을 중심으로 -

제 1 절 문제의 제기

한국행정학회는 올해 6월 28일에 개최된 하계학술대회에서 차기 정부 정부조직 개편의 원칙과 방향에 대한 학회안을 발표했다(이승종 외, 2012). 그동안 정부조직 개편에 대한 논의에서 우리 행정학계의 역할이 그다지 크지 못했다는 점을 감안해 볼 때, 이번에 한국행정학회의 시도는 나름대로 신선한 충격을 주었다고 평가할 수 있다. 특히 앞으로는 학자들이 개인적인 자격으로 개편 과정에 참여하는 것도 좋겠지만, 학회를 통해 사전적으로 정부조직의 개편안을 제시하는 것이 좀 더 바람직할 수도 있을 것이다.

한편으로는 민감한 사항인 정부조직 개편안을 정권의 교체 시기에 구체적으로 논의하는 것이 부담스러울 수도 있다. 그러나 조직개편은 한국과 같이 정부의 역할과 기능이 큰 국가에서는 매우 중요한 문제이다. 자칫 잘못된 조직개편은 행정의 비효율성을 높이고, 정략적인 목적에 활용되어 사회 전체적으로 큰 해악을 가져올 수도 있다는 점을 생각한다면, 실제 조직개편이 일어나기 전의 시점에서 연구를 진행해야 할

* 이 논문은 2012년 9월 15일 한국정책학회 추계학술대회에서 발표된 것이다.

그림 1 한국행정학회 정부조직 개편안(16부 21청)

필요성이 더욱 높다고 볼 수 있다(임도빈, 2012).

한국행정학회는 정부조직 개편의 필요성을 크게 두 가지로 요약했다. 첫째는 새로운 국정 목표 달성을 위해 효과적 국정 운영의 틀을 마련하는 데 필요하다는 것이다. 둘째는 과거 정부의 조직 운영 과정에서 드러난 조직상의 문제점을 개선하기 위해 필요하다는 것이다. 특히 이명박 정부의 조직개편에 관해서는 대부처주의에 따른 부작용, 부처할거주의의 지속, 국정 조정 기능의 비효율성, 기획 기능과 집행 기능의 혼선 등 여러 가지 문제점을 지적하고 있다.

이와 함께 한국행정학회는 정부조직 개편이 필요하다고 해서 공직 부문과 사회의 안정성을 과도하게 해칠 정도로 불필요하거나 과도한 조직개편은 지양해야 한다고 주장한다. 또한 조직개편은 상당한 비용을 유발하는 행위이기 때문에 필요한 범위 내에서 최소한으로 하는 것이 바람직하다는 것을 강조하고 있다.[1)]

이에 따라서 한국행정학회는 정부조직 개편의 기본 방향을 불필요한 조직개편의 지양, 수직적 정책 조정 체계의 정비, 전문부처주의의 확립 및 수평적 정책 조정 체계의 구축 등 네 가지로 제시했다. 구체적인 내용으로는 청와대 비서실과 총리 국무조정실의 이중적 정책 조정 체계를 통합 단일화하고, 정부정책은 행정 각 부처가 분야별 전문성에 기초하여 장관 책임 하에 수행하는 전문부처주의에 기반하고, 부처 간의 할거주의 및 미시적 행정의 폐단을 방지하기 위해 유관 부처 간에 수평적 정책 협의 및 조정 체계를 마련해야 한다는 것이다.

이러한 기본 방향을 바탕으로 앞의 [그림 1]과 같은 16부 21청의 정부조직 개편안을 제시했다.

이러한 개편안 가운데 정보통신기술(ICT)과 관련한 조직개편은 크게 다음과 같이 세 가지로 정리해 볼 수 있다. 첫째, 대통령실에 국가미래전략위원회를 신설한다. 이러한 국가미래전략위원회가 ICT와 관련하여 어느 정도 업무 범위와 역할을 설정하고 조정력을 발휘하는가에 따라서 다른 부처들의 기능이 설정될 수 있을 것이다. 둘째, 기존의 행정안전부를 국무총리실의 행정지원처와 지방안전부로 분리시키는 것이다.[2)] 이 경우, 지방안전부는 지방자치와 안전의 기능을 수행하면서 일반행정 기능은

1) 필자 역시도 이러한 취지에 동감하면서 이 논문을 준비했다. 또한 이 논문의 내용은 한국행정학회나 한국정책학회의 의견이 아니라 개인의 사견임을 밝혀둔다.

2) 이처럼 행정안전부를 행정지원처와 지방안전부로 분리시키는 안은 이승종 회장의 전공이 지방자치

행정지원처를 신설하여 수행하도록 하는 것이다. 셋째, 정보통신 경쟁력 자체와 국가사회 전체의 지속 성장의 관점에서 새로운 정보통신부를 설계하는 것이다. 행정학회안에서 제시하는 정보통신부는 현재 방송통신위원회의 일부 기능, 행정안전부의 일부 기능 및 문화체육관광부의 일부 기능을 통합하여 과거와는 다른 새로운 부처를 신설하는 것이다.

구체적으로는 신설되는 정보통신부에 행정안전부의 기능 중에서 정보 보호, 정보문화 등 (구)정보통신부에서 이관된 국가정보화 기능, 그리고 현재 문화체육관광부에서 수행하고 있는 디지털 콘텐츠 개발 및 관리 기능도 순수 콘텐츠 관련 기능을 제외하고 모두 이관시키는 것이다.

이러한 새로운 정보통신부는 독임제 부처로서 ICT정책을 총괄 기획하고 집행하면서 국가정보화기본법을 관할하도록 되어 있다. 이러한 새로운 정보통신부의 업무 범위는 방송·통신 융합정책, 통신망 및 전파관리, 사이버 보안 및 정보 보호, 정보문화, 디지털 콘텐츠 개발 및 관리 등의 기능을 수행하고 정부통합전산센터[3]를 운영하도록 되어 있다.

그러므로 이 논문에서는 향후에 행정안전부에서 새로이 신설되는 (가칭)정보통신부로 이관되어야 할 국가정보화의 범위 및 기능에 대해 살펴보고, 구체적으로 행정안전부 정보화전략실의 조직 개편 방안을 제시하고자 한다.

제 2 절 국가정보화와 전자정부의 개념 정립

2008년 2월 말에 새로이 출범한 이명박 정부는 정부조직법을 개정하면서, 특히 ICT 융합 등 국내외 정보통신의 환경 변화에 대응하여 정보통신부를 발전적으로 해체했다. 기존의 정보통신부 기능은 신설한 방송통신위원회, 지식경제부, 문화체육관

이기 때문에 제시된 것이며, 상대적으로 실현 가능성이 적다고 평가하는 학자들도 있다. 하지만 여기에서는 실현 가능성보다는 지방분권의 당위성에 따라 한국행정학회 개편안에 충실하게 논의를 진행하고자 한다.

3) 한국행정학회 개편안 원문에는 정보통합센터로 표기되어 있으나, 현재 정부에서 운영 중인 센터의 공식 명칭은 정부통합전산센터이다.

광부 및 행정안전부로 이관시켰다. 그러나 집권 기간 내내 산업체, 국회, 정당 및 언론을 중심으로 하여 부처별 기능 중복과 예산 중복 등 ICT 산업의 지원 기능 분산에 따르는 문제점이 지속적으로 제기되어 왔다. 특히 2009년 11월 아이폰 도입 이후에는 국내 ICT 시장에서 콘텐츠(C)-플랫폼(P)-네트워크(N)-기기(D)가 상호 긴밀히 연계되면서 새로운 스마트 생태계가 형성되고 있으나, 부처별 정책의 추진으로 인해 제대로 대처하지 못했다는 비판에 직면해 있다(송희준, 2012a; 한국행정연구원, 2011).

방송통신위원회는 대통령 소속의 합의제 기구로 출범하면서 방송정책의 중립성과 독립성에 치중하는 나머지 ICT 산업정책을 추진하는 데 문제점을 드러내고 있다. 또한 지식경제부는 ICT 산업이 콘텐츠, 소프트웨어 중심으로 급속하게 무게 중심이 변화되는 생태계의 패러다임에 적절하게 대응하지 못하고 있다는 비판을 받고 있다.

ICT산업은 급속한 기술의 발전 및 산업 간의 융합에 따라서 변화의 폭과 깊이를 예측하기 힘든 불확실성이 존재한다. 그러므로 이러한 환경 변화에 적절하게 대응하지 못할 경우, 국가 성장 동력으로서 ICT 산업 기반이 훼손될 수 있는 위험을 지니고 있다. ICT 산업 분야의 부처 간 갈등을 최소화시키고 국가경쟁력을 향상시키기 위해서는 ICT 산업 분야의 정부 기능을 재설계할 필요성이 있다(정충식, 2010). 따라서 최근에 ICT 분야에서 이러한 분산된 체제를 가지고는 새로이 부상하고 있는 ICT의 거대 융합 패러다임에 적응하기 힘들기 때문에 ICT를 총체적으로 담당하는 독임제 부처를 신설하자는 의견이 대두되고 있다(김동욱, 2012: 이맹주, 2012: 송희준, 2012b; 최천근, 2012).

그러나 이러한 논의들은 모두 ICT산업 지원을 통한 국가경쟁력 향상에 초점을 두고 전개되고 있다. 따라서 이러한 논의 과정에서 빠져 있는 분야가 바로 국가정보화의 기능이다. 정부조직 개편을 통해 (구)정보통신부의 정책 기능들이 다수 부처로 분산되고, 정보화 패러다임이 촉진 중심에서 연계·활용 중심으로 변화함에 따라 정보화와 ICT산업의 부문 간 총괄·조정의 필요성은 오히려 증대하고 있다. 하지만 국가정보화의 기능이 제대로 수행되지 못함에 따라서 현재와 같은 ICT산업의 생태계 문제점이 대두된 것으로 볼 수 있다.

국가정보화의 기능이 제대로 수행되지 못한 이유는 여러 가지가 있을 수 있지만 국가정보화전략위원회가 조정력을 발휘하지 못한 것과, 행정안전부가 국가정보화와 전자정부를 동일시하면서 전자정부에 치중하는 정책을 추진했기 때문일 것이다. 그러므로 이 장에서는 국가정보화의 개념 및 전자정부와의 차이점 등을 중심으로 살펴보고자 한다(이하 정충식, 2012b: 527-530의 수정).

1 국가정보화와 전자정부 개념의 혼돈

지난 1990년대 중반부터 2000년대 중반까지 20여 년간 대한민국의 국가정보화는 정보통신부에 의해 추진되었다. 그리고 현재 전자정부의 민원행정 서비스 기반 역시 초고속정보통신망의 구축에 의해 실현될 수 있었다. 따라서 기술 지향적인 관점의 시각에서는 1990년에 후반에 전자정부를 초고속 정보통신 기반의 연장선상에서 이해하던 시절이 있었다. 그러나 정부혁신의 관점에서 볼 때, 전자정부의 구현은 정보통신망의 구축과는 무관하게 전개될 수밖에 없다. 따라서 이러한 두 가지의 시각이 상충되면서 국가정보화와 전자정부의 개념에 대한 오해 및 부처 간의 갈등이 유발되어 왔다. 이러한 내용을 좀 더 상세히 살펴보면 다음과 같다.

1) 과거 정보통신부의 국가정보화 시각

정보통신부는 국가정보화의 주무 부처로서 전자정부의 출발을 국가정보화에서 시작하면서 대상에 따른 구분을 시도했다. 즉, 정보화의 비전과 대상 범위에 따라 [그림 2]와 같이 국가사회 정보화 > 전자정부화 > 행정정보화(협의)의 개념으로 구분이 가능하다고 보았다.

이러한 관점에서 국가사회 정보화는 정보를 생산·유통 또는 활용하여 사회 각 분야의 활동을 가능하게 하거나 효율화를 도모하는 것을 말한다. 이에 따라서 과거의 우리 정부는 정보화 촉진 등을 위해 과거 정보화촉진기본법 제3조에 의해 다음 각 호의 원칙에 따라 제반 시책을 강구했다. 이러한 국가정보화의 업무 범위는 ① 민간 투자의 확대와 공정 경쟁 촉진, ② 환경 변화에 능동적으로 대응하는 제도의 수립·시행, ③ 정보통신 기반에 대한 자유로운 접근과 활용, ④ 지역적·경제적 차별이 없는 균등한 조건의 보편적 역무 제공, ⑤ 개인의 사생활 및 지적 소유권의 보호와 각종 정보 자료의 안전성 유지, ⑥ 국제 협력의 촉진 등으로 파악할 수 있다, 그러므로 이러한 관점에서 국가정보화는 명실공히 국가 사회 전반을 아우르는 업무 범위를

	비전 및 목표	대상
국가사회 정보화	• 국가 경쟁력 제고 (정부, 기업, 개인) • 개인 삶의 질 향상	• 정부, 기업, 개인 등 국가사회 모든 영역
전자정부화	• 정부 생산성 투명성 제고 • 국민 참여 확대로 민주성 증진 • 고객 지향적 정부 서비스	• 입법, 사법, 행정을 포괄하는 모든 정부 영역 ▸공통행정 영역 ▸국정 분야별 업무 영역
행정 정보화	• 각 기관 공통 업무의 효율화 • 민원 서비스 개선	• 중앙정부 공통 행정 • 지자체 공통 행정

그림 2 정보화의 비전, 목표 및 대상 구분

지니고 있었다.

이러한 정보통신부의 시각에 따르면 전자정부는 정부의 정보화를 의미하는 것으로서 넓은 의미의 국가사회 정보화에 포함하게 된다. 즉, 행정정보화(협의)는 중앙행정기관 및 지방자치단체를 대상으로 공통 행정사무와 민원 업무 처리를 효율화하고 민원 서비스를 개선하기 위한 정보화를 의미한다. 따라서 이러한 행정정보화 확장으로서의 전자정부는 정부(행정)의 생산성 및 투명성 제고, 국민 참여 등 민주성 증진, 고객 지향적 행정 서비스 제고를 목표로 입법·사법·행정 등 전체 정부를 정보화하는 것을 의미한다.

2) 행정안전부의 전자정부 시각

행정자치부(현 행정안전부)는 이러한 좁은 의미로서의 전자정부보다는 다른 차원에서의 접근을 시도했다. 즉, 전자정부는 행정정보화 연장선상에서의 정보화가 아니라 행정개혁의 핵심 수단으로서 총체적 정부혁신을 의미하는 것이었다. 현재 세계 여러 나라는 정부 기능을 재정립하고 정부혁신의 수단으로 정보기술을 적극 도입·활용하는 추세이다. 이처럼 세계 각국은 정보화를 행정개혁의 핵심 수단으로 인식하고, 전자정부를 적극 추진 중이며, 우리 역시도 이러한 관점에서 전자정부를 추진했다. 과거 전자정부의 주무부처가 정보통신부가 아니라 행정자치부였던 것도 이러한 관점에서 매우 적절한 것이었다.

그러나 이명박 정부의 출범 이후에 정보통신부가 해체되고 행정안전부가 국가정보화의 주무부처가 됨에 따라서 이러한 전자정부와 국가정보화의 구분이 모호해지는 상황이 발생했다. 즉, 행정안전부는 과거 정보통신부의 관점에서 전자정부를 국가정보화에 포함시켜서 광의로 해석하고 있는 실정이다.

이명박 정부의 출범과 함께 행정안전부는 기존의 전자정부본부를 정보화전략실로 개편했다. 이 과정에서 전자정부와 국가정보화는 혼재되면서 서로의 차별성을 상실했다. 2008년과 2009년에는 국가정보화의 이름으로 유비쿼터스 정책들을 추진하다가, 2010년과 2012년 UN의 전자정부 1위 선정과 함께 스마트 전자정부를 전면에 내세우는 우(愚)를 범하면서 스스로 정책 범위를 좁히는 상황이 전개되고 있다(행정안전부, 2011a). 따라서 현재 행정안전부는 국가정보화를 스마트 전자정부의 구현으로 축소시켜서 추진하고 있는 실정이다.

3) 국가정보화와 전자정부 추진의 관계

오늘날의 정보화 추진 환경은 전자정부의 기반에서 끊임없이 정보기술의 도입을 요구하면서 다부처 사업으로 진행되는 양상이다. 즉 [그림 3]과 같이 정보화와 전자정부의 구분 영역이 점차 무의미해지는 상황이 전개되고 있는 것은 분명한 현실이다. 따라서 행정개혁의 수단으로 전자정부의 전담부처와 정보화 전담부처 간의 통합은 여러 부처의 경계를 초월한 범정부적 국가정보화의 성공 요인으로 해석할 수도 있다.

이제까지 행정안전부는 전자정부를 국가정보화와 동일시 내지는 부분 집합의 개념으로 파악하면서 사안에 따라서 국가정보화와 전자정부를 넘나드는 정책을 추구했다. 하지만 국가정보화에서 가장 중요하게 부각되어야 하는 부분이 바로 인프라에 대한 것이다. 즉, 국가정보화는 국가사회 인프라가 구축된 이후에 이것이 가정과 기업의 적용 업무에 결합되어 국가사회 전반의 경쟁력을 향상시키는 것이다. 이 과정에서 물론 제도와 역기능에 대한 대비도 수반되어야 한다. 하지만 전자정부는 국가 사회가 아닌 정부 내의 행정혁신이 우선시되는 정책 대상의 제약을 지니고 있다.

더 나아가 이명박 정부는 새로이 개정된 국가정보화기본법 제3조에서 "국가정보화란 국가기관, 지방자치단체 및 공공기관이 정보화를 추진하거나 사회 각 분야의 활동

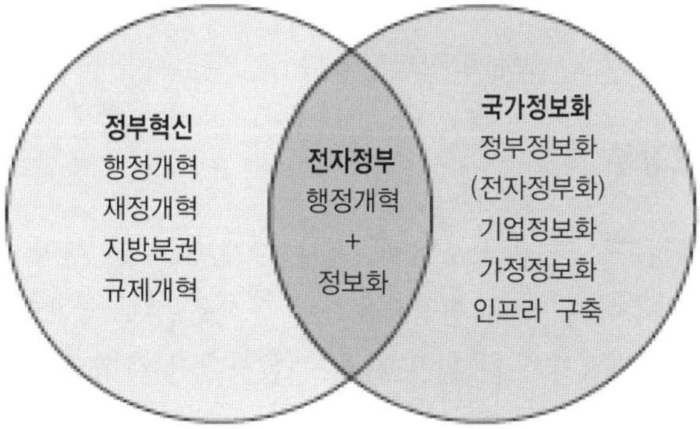

그림 3 국가정보화와 전자정부의 주요 영역

이 효율적으로 수행될 수 있도록 정보화를 통해 지원하는 것을 말한다"라고 정의하여 범위를 국가기관, 지방자치단체 및 공공기관으로 한정하고 있다.

따라서 행정안전부는 이처럼 ICT산업 및 ICT 인프라에 대한 관할권을 갖지 못한 한계적 상황에서 주어진 역할을 수행하고 있기 때문에, 전자정부 정책에 집중한 정보화전략실의 업무들은 거시적인 국가정보화 정책의 실종이라는 결과를 가져왔다.[4)]

2 전자정부 개념과 범위의 재정립

현재 혼재된 국가정보화와 전자정부를 분리해 내기 위해서는 전자정부의 개념을 좀 더 명확하게 설정할 필요성이 있다. 일반적으로 전자정부는 현실공간으로 대표되어 온 산업사회의 구성적 특성을 바탕으로 사이버공간으로 대표되는 정보사회로의 사회 구성적 전환 과정에 놓여 있는 매개적 수단으로 파악해 볼 수 있다. 따라서 전자정부는 산업사회에서 정보사회로의 거대한 변화(great transition)에 정부가 대응

4) 2009년 초 송희준 교수는 「국가정보화 정책의 성찰과 전망」이라는 논문에서, "이명박 정부에서는 핵심 정책결정 집단이 과거의 국가정보화 성과에 대해 유보적인 시각을 가지고 국가정책에서 정보화 정책을 후순위로 밀어내고 있다"고 예견했고, 그 결과는 오늘날의 국가정보화 정책의 실종으로 나타나고 있다(송희준, 2009: 83).

하는 개념이다. 이러한 전자정부는 최근의 급속한 정보기술 발전에 힘입어 협의의 개념에서 광의의 개념으로 급속하게 확장되었다.

1) 협의의 전자정부

일반적으로 전자정부는 행정의 효율화, 정보 공개, 대국민 행정 서비스 향상과 같은 차원에 초점이 맞추어져 왔다. 행정효율화의 관점은 정보 공개라는 관점과 비교하면 정부와 국민 사이의 거리가 더 넓은 사회적 현상에서 선택되는 행정 체계이며, 정보 공개는 대국민 행정 서비스 향상이라는 관점과 비교했을 때, 정부와 국민 사이의 거리가 좀 더 이완된 상태에서 나타나는 행정 체계라 할 수 있다. 일반적으로 이러한 개념에 국한되어 진행되는 전자정부의 개념을 가리켜 협의의 전자정부라 할 수 있다. 협의의 전자정부는 궁극적으로 정부(government)와 국민(people)과 비즈니스(business) 사이의 단순 정보화와 네트워크화를 의미하는 것이며, 간략하게 종합하면 "정보기술을 활용한 행정혁신"을 의미한다.

2) 광의의 전자정부

광의의 전자정부는 민주정치의 혁신을 기반으로 한 전자정부를 의미한다. 다시 말해서, 전자민주주의와 결합된 형태의 전자정부를 의미하며, 이를 가리켜 민주적 전자정부라 표현할 수 있다. 이러한 광의의 전자정부는 정치와 행정, 정치와 시민, 행정과 시민, 행정과 정치와 시민과 기업 사이의 커뮤니케이션을 방해하는 장벽을 제거한 유형이며, 국민이 정부에 직접 참여하고 국민이 정치에 직접 참여할 수 있는 열린 행정과 열린 정치를 의미하는 것이다. 국민과 정치가 일체화된 기반 위에서 국민을 위해 작동하는 정부를 가리켜 광의의 전자정부, 즉 민주적 전자정부라 할 수 있다.

3) 정보통신기술과 분리되어야 하는 전자정부

앞에서 살펴본 전자정부의 이념적 변화를 좀 더 확실하게 지원해 온 기술적 수단이 바로 정보통신기술(ICT)이다. 이 과정에서 ICT가 과도하게 전자정부의 개념과 미래 모습에 영향력을 행사해 온 나머지 주객이 전도되는 현상이 발생하고 있다. 즉, 전자정부의 추진에서 ICT는 기술적인 수단에 불과할 뿐인데, 새로운 ICT의 도입만이 전자정부를 구현하는 것이라는 잘못된 믿음이 전자정부 본연의 모습을 훼손시키고 있다.

이념적으로 전자정부는 정보기술을 수단으로 활용하여 궁극적으로 행정혁신을 이루어 내는 것인데, 수단에 불과한 ICT가 몸통인 것처럼 우리의 정부조직이 설계되어 있다. 현재 행정안전부의 정보화 조직은 전자정부가 행정혁신의 수단으로 기능하는 것이 아니라, 정부 업무의 정보화와 정보기술의 도입을 결합시키는 편제를 보여 주고 있다. 따라서 앞으로 국가정보화와 전자정부를 분리하는 시점에는 전자정부 본연의 역할을 수행할 수 있도록 전자정부에서 ICT를 최소화시키는 조직설계가 반영되어야 한다.

제 3 절 행정안전부 정보화전략실의 기능 분석

1 정보화전략실의 변천 과정

현재 이명박 정부 행정안전부의 정보화전략실은 과거 정부에서부터 다음과 같이 크게 3단계의 변천 과정을 거쳐서 변화해 왔다(정충식, 2009).

1) 초창기 정보화조직

현재 우리나라 국가정보화의 모태는 1978년에 추진된 제1차 행정전산화사업이다. 우리나라의 행정전산화사업은 지난 1975년 6월 당시 총무처 행정관리국에 범정부적인 행정전산화 추진을 위한 총괄기구로서 행정전산계획관이 신설되면서 본격적으로 시작되었다. 이어서 1975년 8월 행정전산화추진위원회를 구성했으며, 1977년에 제1차 행정전산화기본계획(1978~1982)이 총무처에 의해 입안되었다.

행정전산화를 총괄하던 행정전산계획관은 1979년 5월 전산계획담당관으로 개편되어 하나의 '과' 수준으로 축소되었다. 이후 전산계획담당관실은 1981년 11월에 행정전산과로 개칭되었으며, 1998년에 내무부와의 통합에 의해 행정자치부 행정관리국의 행정정보과로 그 명칭이 바뀌었다. 이와는 별도로 1990년대 중반까지 당시 총무처에는 정부전자계산소가 존재했으며, 이후 이름을 정부전산센터 및 정부전산정보관리소 등으로 변경해 유지되었다.

2) 2000년 이후 정보화조직

이어서 1998년 국민의 정부가 출범한 이후, 전자정부의 비전과 전략을 선포하고 새천년을 맞이한 2000년도에는 3급의 행정정보화계획관 및 2급의 정부전산정보관리소장을 중심으로 행정자치부의 정보화조직이 운영되었다. 2000년 당시의 추진조직은 정보화총괄담당관실, 행정정보화담당관실 및 자치정보화담당관실로 운영되었다. 이러한 당시의 조직은 행정자치부가 정부의 행정관리와 민원행정 개선을 핵심 정책 영역으로 하면서 과거 내무부의 지역정보화 기능을 흡수한 것이기 때문에 관할권이 확실했던 측면이 있다. 다만 정책을 담당하는 계획관이 3급이면서 집행을 수행하는 정부전산정보관리소장이 2급인 직급 역전 현상이 존재했다.

이어서 2003년 참여정부가 출범하면서 전자정부 31대 과제가 선정되고 전자정부가 본격적인 대통령 의제 사업으로 추진됨에 따라서 행정자치부의 행정정보화계획관은 전자정부국으로 승격된다. 2004년 행정자치부의 전자정부국은 산하에 전략기획과, 사업지원과, 서비스정보화과, 프로세스정보화과 및 정보자원관리과 등 5개의 과로 구성되었다. 당시에는 복수차관제가 도입되기 이전이므로 전자정부국은 장관, 차관 및 행정개혁본부장의 지휘 감독 하에 있었다. 기존에 정부전산정보관리소도 전자정부지원센터로 이름을 바꾸고 행정자치부가 명실공히 대한민국의 전자정부 추진의 CIO로서의 역할을 수행하고자 했다.

이어서 2005년 3월 행정안전부는 기존의 전자정부국을 전자정부본부로 확대 개편하고 산하에 3명의 조정관 및 12개의 과를 설치하여 운영하게 되었다. 이와는 별도로 국무총리실 소속의 행정정보공유추진위원회 산하에 행정정보공유추진단을 구성하여 운영했다. 이 당시에 행정자치부는 복수 차관제를 도입하게 된다. 이때 전자정부본부는 제1차관 산하에 속하게 되었다.

3) 이명박 정부의 정보화조직

2008년 2월 이명박 정부가 출범하면서 정보통신부가 해체되고 행정안전부는 과거 전자정부본부를 정보화전략실로 개편했다. 이 과정에서 정보화전략실의 소속은 제1차관에서 제2차관으로 변경되었다. 정보화전략실은 2008년 초기에 3명의 조정관과 12개의 과로 운영되다가 대국 대과제에 맞추어서 2009년에 정보화전략실장 산하에 2관 8과 142명으로 구성되었다.

구체적으로는 제2차관 소속의 정보화기획실 내 정보화기획관에 정보화총괄과, 정보화지원과, 유비쿼터스기획과, 정보문화과 4개가 있었으며, 정보기반정책관에 정보보호정책과, 개인정보보호과, 정보자원정책과 및 정보화인력개발과 등 4개가 있어 전체 8개의 과가 정보화와 관련된 업무를 수행하고 있었다.

이어서 2011년 2월 1일자로 정보화전략실을 2차관에서 1차관 밑으로 소속 변경하고,[5] 정보화전략실에 정보화총괄과 · 정보화지원과 · 미래정보화과 · 정보문화과 · 정보보호정책과 · 개인정보보호과 및 정보자원정책과 등 7개 과를 두고 있다. 변화의 핵심 내용은 유비쿼터스기획과를 미래정보화과로 바꾸고, 정보화인력개발과를 이관시킨 것이다. 또한 전자정부법의 개정으로 법제화된 행정정보공유추진단에 민원서비스추진단을 통합시켰다.

2 정보화전략실의 현황 및 평가

행정안전부는 '국민이 만족하는 행정 서비스를 제공하는 유능한 정부 구현'이라는

5) 국가정보화든 전자정부의 구현이든 간에 정보화는 단순히 정부 부처에 전산망이나 정보 시스템의 도입만을 의미하지 않는다. 이러한 국가정보화사업은 고도의 정치적인 사업이며 또한 정부 내부의 업무 처리 절차에서 조직까지를 변화시키는 총체적인 정부혁신 사업이다. 따라서 지방과 재난 안전을 관장하는 제2차관의 소속으로는 국가정보화든 전자정부든 간에 어떠한 업무도 강력하게 추진할 수 없는 구조를 지니게 되었다. 왜냐하면 이제 국가정보화 사업들은 대다수가 다부처 관련 사업이기 때문에 행정안전부 부처의 수준에서는 다른 부처에 영향력을 발휘할 수 없기 때문이다. 과거 정보통신부는 정보화촉진기금이라고 하는 예산권이 있었으나 현재 행정안전부는 예산권을 지니고 있지 못하다. 따라서 조직과 인사를 통해 타부처에게 영향력을 행사할 수밖에 없는 구조이기 때문에 정보화전략실의 제1차관 소속으로의 이관이 중요한 의미를 지니고 있다(정충식, 2010).

전략목표를 지니고 있으며, 이를 실천하기 위해 정보화전략실은 국가정보화 기반 환경 구축, 지방자치단체 정보화 구현, 전자정부 지원사업, 건전한 정보문화 확산 및 정보 격차 해소, 개인 정보 보호 강화, 글로벌 협력 강화 등 범부처 정보화사업 외에 부처 고유 업무와 관련된 정보화 사업을 추진하고 있다(행정안전부, 2011b).

1) 정보화전략실의 업무 현황

정보화전략실은 <표 1>과 같이 정보화기획관과 정보기반정책관을 두고 있으며, 정보화기획관실에는 정보화총괄과, 정보화지원과, 미래정보화, 정보문화과 등이 설치되어 있고 정보기반정책관실에는 정보보호정책과, 개인정보보호과, 정보자원정책과 등이 설치되어 있다. 정보화기획관은 국가사회정보화 업무를 주로 관장하고 정보기반정책관은 정보 보호 및 정보자원관리를 관장한다.

표 1 정보화전략실의 구성과 주요 기능

부서		주요 기능
정보화 기획관	정보화 총괄과	- 국가정보화 정책 수립, 법제도 등 국가정보화 정책 총괄 - 국제 정보 격차 해소 등 정보화 국제 협력, 전자정부사업 총괄
	정보화 지원과	- 정보화 평가 및 전자정부 서비스 이용 활성화 - 지자체 정보화사업 평가 · 조정 및 지역정보화 법제도
	미래 정보화과	- 정보통신 융합 등 정보화 촉진에 관한 정책의 수립 및 협력 - 뉴미디어를 활용한 전자정부 서비스 제공
	정보 문화과	- 인터넷 중독 예방 · 정보윤리 등 정보화 역기능 해소 - 정보 취약계층 등 정보 격차 해소사업 총괄
정보 기반 정책관	정보보호 정책과	- 정보 보호 정책 수립, 법제도 정비 등 정보 보호 정책 총괄 - 사이버 침해 예방 · 대응 및 전자서명 인증 · 관리
	개인정보 보호과	- 개인 정보 보호 정책 수립, 법제 정비 등 개인 정보 보호 총괄 - 개인 정보 보호 교육 · 홍보 등 개인 정보 보호 인식 제고
	정보자원 정책과	- 정보자원관리 정책 수립 · 법제도 등 정보자원정책 총괄 - 정보자원 통합 · 공동 활용 · 표준화 등 정보자원 관리 효율화
행정정보 공유 추진단		- 행정정보 공동 이용 기본계획 수립 및 이용 활성화 - 행정정보 공동 이용 시스템 구축 및 운영 관리 - 행정정보 공동 이용 세부 기준 · 절차 수립 및 이용자 관리 - 행정정보 공동 이용 수요조사 · 실태조사 및 제도 연구 개선

이와 함께 행정정보공유추진단에서는 행정정보의 공동 활용 및 협업 등에 관한 기본계획의 수립 및 시스템 구축을 총괄하고 있다. 행정안전부 소속 정부통합전산센터는 범정부적 정보 시스템 하드웨어와 네트워크를 운영하고 있다. 행정안전부 방계조직인 개인정보보호위원회는 개인 정보 보호를 위한 정책과 규제집행 업무를 담당하고 있다.

2) 정보화전략실의 문제점 분석

현행 정보화전략실의 업무와 조직의 문제점은 크게 다음과 같이 세 가지로 정리해 볼 수 있다.

(1) 업무 위상의 확보 실패 및 전문성 부족

지난 2000년의 새천년 업무보고에서부터 시작해서 참여정부의 모든 기간 동안에 행정자치부의 대통령 업무 보고에서 전자정부는 항상 처음에 등장하면서 부처의 핵심 업무로 자리매김했다. 하지만 이명박 정부 출범 이후에는 부처의 업무 보고에서 사라지거나 하위 업무로 자리매김하고 있다. 물론 이것은 대통령의 관심 부족에 기인한 것도 있겠으나, 부처 내에서조차 정보화전략실의 위상은 상위에 자리매김하지 못하고 있는 실정이다. 이것은 결국 유능한 인재의 지원을 가로막으면서 구성 인력의 전문성 부족 및 질적 저하로 이어지고 있다.[6]

구체적으로 2011년 행정안전부 업무 보고에서는 국가정보화는 사라지고 스마트정부만이 남아 있다. 행정안전부의 2011년 업무 추진 계획에서 "안전 대한민국, 국정성과를 창출하는 선진 정부 구현"을 위한 정책목표는 다음과 같은 네 가지였다.

- 안보 위협, 재난, 범죄, 사고 등으로부터 안전한 대한민국 구현
- 지방자치 선진화와 지역경제 활성화로 지방의 경쟁력 강화
- 국정 과제의 성공적 추진과 미래 대비 선진 행정 구현으로 집권 4년차 가시적 성과 창출
- 국민이 체감하는 공정사회 구현, G20 성공을 토대로 국격 제고

---

6) 행정부처에서 일반적으로 정보화 담당부서는 일반 행정직의 선호도가 그다지 높지 않으며, 기술직이 가는 자리로 생각하고 있기 때문에 조직 내 인재들이 모이기 힘든 부서이다. 하지만 실로 편제되어 운영되는 정보화전략실의 경우에는 다른 모습을 보여 주어야 하지만 그러지 못하고 있는 것이 문제이다.

안전 대한민국, 국정 성과를 창출하는 선진 정부 구현	
1. 안전 대한민국 구현	**2. 지방자치 선진화와 지역경제 활성화**
① 국가비상 시 대비 태세 강화 ② 선제적 재난관리 강화 ③ 범죄 · 사고 예방 등 국민 생활 안전 확보	① 지방자치 제도 선진화 ② 지방재정 건전성 제고 ③ 일자리 창출과 지역경제 활성화 ④ 지역 녹색성장 활성화
3. 국정 성과를 창출하는 선진 정부 구현	**4. 공정하고 품격 있는 사회 조성**
① 국정 과제 추진 역량 강화 ② 세계 최고 수준의 스마트정부 구현 ③ 열심히 일하는 공직 분위기 조성 ④ 저출산 · 고령화 대비 근무 여건 개선	① 따뜻한 공정사회 구현 ② 품격 있는 사회, 글로벌 코리아

이어서 2012년 행정안전부의 비전과 전략에서도 [그림 4]와 같이 정보화전략실의 업무는 중점 분야가 아닌 추진 과제에 들어가 있으며, 역시 국가정보화는 실종되고 스마트정부가 자리매김하고 있다. 이러한 스마트정부의 실행계획은 거의 모두가 다 전자정부의 구현 정책이 차지하고 있다.

과거 정보통신부는 정보화촉진기본계획 수립을 중심으로 국가사회 정보화 확산, 정보화 관련 법 · 제도의 정비와 정보문화 확산, 정보기술의 조사 및 보급, 인터넷 기본 정책의 수립 및 기반 확충, 광대역 통합망 구축 계획과 이용 활성화 대책의 수립 및 추진, 정보 보호와 정보화 역기능에 관한 대책의 수립 및 추진, 정보통신 기반의 보호, 개인 정보 및 정보 이용의 보호, 정보 보호 기술 개발 및 정보 보호 산업의 육성 등을 주요 업무로 담당했다.

이러한 업무 가운데 ICT 산업 관련 기능을 제외한 국가정보화 총괄, 정보 보호 및 정보문화 등의 업무가 정부통합전산센터와 함께 행정안전부로 이관되었다. 하지만 현재 행정안전부는 국가정보화의 총괄 역할을 스스로 포기하고 있는 실정이다.

이렇게 된 배경은 부처의 업무 범위가 잘못 설정되어 있기 때문이다. 현재 정부조직법에 의하면 행정안전부의 업무 범위는 다음과 같다. 제29조(행정안전부) ① 행정안전부 장관은 국무회의의 서무, 법령 및 조약의 공포, 정부조직과 정원, 공무원의 인

2012년 행정안전부 비전과 전략

비전	안전하고 따뜻한 선진 일류국가

중점 분야	추진 과제
안전 대한민국의 성공적 정착	• 국민 생활 안전 강화 • 기후 변화에 대비한 선제적 재난관리 강화 • 국민과 함께하는 국가비상 대비 태세 확립 • 안전하고 깨끗한 정보사회 실현
성숙한 지방자치를 위한 재도약	• 선진 지방자치 제도 구현 • 건실하고 알뜰한 지방 살림살이 구현 • 자전거를 통한 녹색성장 구현 • 특색 있고 활력 넘치는 지역 발전 지원
앞서가는 정부, 능력 있는 공직사회	• 세계를 선도하는 글로벌 코리아 • 스마트정부 구현 • 극정 과제의 성공적 뒷받침을 위한 정부조직 역량 강화 • 공직사회 경쟁력 강화 및 사기 진작
모든 국민이 행복한 사회 구현	• 안정적인 일자리 창출 및 지원 • 서민 생활 안정 기반 강화 • 수요자별 취약계층 지원대책 확대 • 선진형 행정 서비스 제공

그림 4 2012년 행정안전부 비전과 전략 및 추진 과제들

사 · 윤리 · 복무 · 연금, 상훈, 정부혁신, 행정 능률, 전자정부 및 정보 보호, 정부청사의 관리, 지방자치 제도, 지방자치단체의 사무 지원 · 재정 · 세제, 낙후지역 등 지원, 지방자치단체 간 분쟁 조정, 선거, 국민투표, 안전관리정책 및 비상 대비 · 민방위 · 재난관리 제도에 관한 사무를 관장한다.

따라서 행정안전부는 정부조직에 대한 행정 · 관리와 지방자치 제도 운영이 핵심 업무이며, 업무 수행을 위해 사용하는 핵심 기술은 정보기술이 아니라 조직과 인사관리이다. 정부조직법에서 포괄적으로 규정한 '전자정부 및 정보 보호' 업무는 행정안전부직제와 행정안전부직제시행규칙을 거치면서 그 업무 내용과 범위가 구체화되는

데, 이러한 위임 입법 과정에서 정보화총괄과의 업무에 국가정보화가 나타난다.

따라서 전자정부는 핵심 업무와 멀리 떨어져 있고, 상대적으로 덜 중요한 주변 업무(peripheral task)로 자리매김하고 있다. 또한 국가정보화의 기능은 주변 업무의 뒤편에 존재하는 보이지 않는 잔여적(residual) 성격의 업무로 간주할 수 있을 것이다. 따라서 현재의 행정안전부 직제는 국가정보화 기능을 수행할 수 없도록 편제되어 있다.

(2) 정보 보호 업무의 중복 및 능력 부재

정보화전략실의 위상이 저하된 가장 큰 요인은 정보 보호의 분야에서 찾아볼 수 있다. 우선 정보 보호의 분야는 <표 2>와 같이 정보통신부의 해체에 따라서 기존의 업무가 세 개의 부처로 이관되면서 부처별로 중복된 기능이 나타나게 되었다.

표 2 정보통신부 해체에 따르는 정보 보호 기능 중복

<table>
<tr><th rowspan="2">순번</th><th colspan="3">기존 부서</th><th rowspan="2"></th><th colspan="3">이관된 부서</th></tr>
<tr><th colspan="2">부서명</th><th>주요 기능</th><th colspan="2">부서명</th><th>주요 기능</th></tr>
<tr><td rowspan="2">1</td><td rowspan="2">정보통신부</td><td rowspan="2">정보 보호 정책팀</td><td rowspan="2">• 정보 보호, 정보화 역기능 및 정보 격차 해소에 관한 기본 정책의 수립 · 추진
• 법령 제 · 개정의 종합 · 조정
• 통계 · 지표의 개발 · 보급 및 조사 · 연구
• 정보보호 기술 발전 방향 연구, 기술 개발 및 표준화에 관한 사항
• 정보보호산업의 육성 및 인력 양성에 관한 사항
• 정보 보호 컨설팅 전문 업체의 지정 및 관리</td><td rowspan="2">⇒</td><td>지식 경제부</td><td>정보 전자 산업과</td><td>• 정보 보호 관련 기술개발 및 산업 육성
• 정보 보호 컨설팅 전문 업체의 지정 및 관리</td></tr>
<tr><td>행정 안전부</td><td>정보 보호 정책과</td><td>• 정보 보호에 관련된 기관 · 단체의 육성 · 지원
• 정보 보호 시스템의 시험 · 평가 및 인증 지원에 관한 사항
• 정보 보호 신기술의 도입 · 교육 · 홍보 및 국제 협력 추진
• 정보 보호 취약계층에 대한 정보 보호 활동의 지원</td></tr>
<tr><td>2</td><td>정보통신부</td><td>정보 윤리팀</td><td>• 인터넷 관련 이용자 보호 대책 수립 및 추진
• 정보통신망상의 이용자 보호 법 · 제도</td><td></td><td>방송통신 위원회</td><td>네트 워크 윤리팀</td><td>• 네트워크상에서 불건전정보 유통 방지 및 관련 법령 제 · 개정
• 불법정보 차단 관련 관계 기관 협력</td></tr>
</table>

			• 사이버 폭력 예방 • 정보통신윤리위원회 운영 • 청소년 정보 보호 기술 • 불법 스팸 • 전자서명인증 • 공인인증정책 및 기관 • 암호 이용정책			정보 보호 정책과	• 전자정부 관련 대민 서비스의 보안정책 수립 및 사이버 침해사고 예방 · 대응에 관한 사항 • 전자정부 사이버 침해사고 대응센터 구성 · 운영에 관한 사항 • 공인전자서명 및 행정전자서명 인증 체계 정책 수립 · 시행 • 행정전자서명 인증기관 및 공인인증기관 지정 · 관리 • 민간 및 정부의 암호 이용 활성화 지원에 관한 사항 • 전자정부 암호 인증 시스템의 구축 · 운영
3	정보통신부	개인 정보 보호팀	• 개인 정보 보호 정책 • 정보통신망을 통한 사생활 침해 대책 • 프라이버시 침해 방지 위치정보 • 바이오(생체) 정보 보호 대책	⇒	방송통신 위원회	개인 정보 보호과	• 네트워크망에서 개인 정보 보호 정책 및 관련 법령 제 · 개정 • 인터넷 서비스 개인 정보 보호에 관한 대책
					행정 안전부	개인 정보 보호과	• 국가 개인 정보 보호에 관한 기본 정책 수립 및 총괄 · 조정 • 개인 정보 보호제도 연구 및 정책 기획 · 조정

이명박 정부는 출범과 함께 정보 보호 업무를 산업 육성 기능만을 제외하고 행정안전부에 일임하여 정보 보호 정책 총괄 기능을 담당하게 했다. 이에 따라 행정안전부(현재는 정보기반정책관으로 통합됐지만)에는 국장급의 정보보호정책관 직제가 만들어졌고, 정보보호정책과와 개인정보보호과가 신설되면서 기존에 수행해 온 전자정부 업무 이외에 전자인증과 개인 정보 보호, 보안성 평가 등의 업무 수행이 추가되었다.

그러나 과거 정보통신부의 정보 보호 및 역기능 대응 정책의 경우, 지식경제부의 정보전자산업과(현 전자산업과)에서 정보 보호의 업무를 담당하면서 행정안전부의 정보보호정책과와 중복된 기능을 나타내고 있다. 정보보호정책과에서 정보 보호에 관련된 기관 · 단체의 육성 · 지원 및 정보 보호 시스템의 시험 · 평가 및 인증 지원에 관한 사항을 담당한다고 되어 있으나, 정보 보호 산업은 지식경제부 소관으로 되어 있어서 정책에 한계를 보여 주고 있다.

특히 보안정책 및 사이버 침해 대응사고의 경우, 주무부처는 행정안전부의 정보보호정책과로 이관되었으나 실제적인 기능은 방송통신위원회에서 주관하고 있는 실정이다. 따라서 개인 정보 보호와 관련하여 방송통신위원회와 행정안전부 사이에 상당한 갈등 관계가 형성될 수밖에 없는 구조를 가지고 있다. 이러한 업무 수행의 이면에는 실질적으로 관련 업무를 기술적으로 담당할 수 있는 산하기관의 통폐합 문제가 내재되어 있다.

방송통신위원회의 조직에는 초기에 네트워크정책관 아래 네트워크안전과와 개인정보보호과, 네트워크윤리팀이 생기면서, 과거 정보통신부 정보보호기획단 정보 보호 업무를 수행하던 4개 팀 중에서 정보문화팀만을 제외한 정보보호정책 · 정보윤리 · 개인 정보 보호 총 3개 팀이 살아남았다. 현재의 방송통신위원회 조직은 네트워크정책국에 네트워크기획과, 네트워크정보보호팀, 개인정보보호윤리과, 인터넷정책과 및 지능통신망팀이 편제되어 있다.

정보통신과 관련하여 보안정책 및 사이버 침해 대응과 관련한 업무는 과거 정보통신부 산하기관인 한국정보보호진흥원(현 한국인터넷진흥원: KISA)이 담당했다. 한국정보보호진흥원의 업무는 과거 공인전자서명의 업무만 행정안전부로 이관되었을 뿐 나머지 모든 기능은 방송통신위원회 산하로 편제되었다. 따라서 사이버 침해 대응의 경우, 주무부서는 행정안전부일지라도 실질적인 기술적인 기능은 지속적으로 방송통신위원회에서 수행하고 있다. 또한 사이버 공간에서 주민등록번호를 대체하기 위해 추진했던 I-PIN 및 G-PIN 정책의 경우에도 행정안전부로부터 방송통신위원회로 기능이 이관된 실정이다.

결국 행정안전부는 안전 분야에서 오프라인의 재난과 안전만을 담당할 뿐 사이버 안전 분야에서는 방송통신위원회가 주무부처가 되어 있다. 지난 2009년 7월 7일을 기점으로 우리나라와 미국의 주요 정부기관, 포털 사이트, 은행 사이트 등에 분산 서비스 거부 공격(DDoS)이 시도되어 서비스를 일시적으로 마비시킨 사건이 발생했을 때, 행정안전부가 아닌 방송통신위원회가 대응했다.

이러한 일련의 사태로 인해 정보화전략실은 국가정보화 및 정보 보호의 총괄부처로서의 위상이 훼손되었다. 따라서 한국인터넷진흥원의 기술 지원을 받지 못하는 상태에서 개인 정보 보호 및 보안에 대한 주무부서의 역할을 할 수 없기 때문에, 고육지책으로 지난해에 한국정보화진흥원에 개인정보보호정책단을 신설했다. 따라서 2011년 9월 30일 개인정보보호법의 발효 이후 앞으로 민간에 대한 개인 정보 보호

정책의 집행에서 방송통신위원회와의 갈등이 나타날 수 있다.

(3) 산하기관의 자율성 침해 – 옥상옥 조직

앞에서 살펴본 정보 보호의 사례에서 한국인터넷진흥원의 역할이 중요한 것처럼 전자정부나 국가정보화 추진 및 정책집행에서 산하기관이 차지하는 비중은 막중하다. 특히 한국정보화진흥원(NIA)은 과거 한국전산원(NCA) 시절부터 우리나라 국가정보화와 전자정부 구현에 중추적인 핵심 역할을 수행해 왔다. 그러나 관할 부처가 정보통신부에서 행정안전부로 이관되면서 제 역할을 수행하지 못하고 있다.

이렇게 된 배경에는 여러 가지 이유가 있을 수 있다. 한국정보화진흥원은 이명박 정부 출범 이후에 한국정보사회진흥원과 한국정보문화진흥원이 합쳐져서 탄생한 조직이다. 하지만 2009년 두 기관의 통합 이후에 인력은 1명도 충원받지 못한 상태에서 예산은 반토막 나는 상황에 직면하고 있다.7) 최근에 인력 충원을 시도하고 있으나, 현재의 문제는 인력과 예산에서 기인하는 것이 아니라 기관의 자율성을 확보할 수 없기 때문에 발생한 것이다.

과거 정보통신부는 당시 한국전산원에 국가정보화 싱크탱크의 기능을 요구하면서 어느 정도 일정 부분까지 기관의 자율성을 부여했다. 그 배경에는 당시 정보통신부가 여러 산하기관을 지니고 있었기 때문이며, 또한 정보통신부의 엘리트주의도 작용했다. 즉 자신들의 능력이 있는 상태에서 산하기관의 업무는 큰 틀에서만 개입했다.

하지만 현재 행정안전부는 부원장 직제를 신설하고 조정관을 파견하면서 기관의 자율성을 보장하고 있지 않다. 국가정보화 정책의 특성상 신속한 의사결정이 중요한 현실에서 부원장, 조정관 등의 직제는 불필요한데, 이러한 조직을 구성할 수밖에 없는 관료제적 발상은 구성원들의 연구 의욕 저하로 이어지고 있다.

이러한 상황에 대한 이유는 여러 가지가 있을 수 있지만, 과거 경쟁 부처의 산하기관이었던 NCA 시절에 대한 피해 의식이 잠재적으로 내재되어 있다고 볼 수 있다. 그리고 좀 더 중요한 것은 현재 정보화전략실 인력의 전문성 부족에서 기인하는 것이다. 구체적인 예가 한국정보화진흥원의 조직 편제이다. 현재 한국정보화진흥원의 조직에서 9개의 단은 정보화전략실의 7개 과 업무에 대응하도록 매칭되어 있다. 단

7) 한국정보화진흥원의 인력은 2009년 276명에서 2011년 277명(부원장 1명)으로, 예산은 전자정부 사업 예산의 축소에 따라서 2005~7년의 7,000억 원대에서 2012년 2,090억 원으로 줄어들었다.

하나 지역정보화의 기능만 한국지역정보개발원(KLID)이 수행하고 있을 뿐이다. 따라서 한국정보화진흥원에서 정책을 수립하면, 정보화전략실이 검토하고, 이를 다시 받아서 한국정보화진흥원이 집행하는 업무 구조가 이루어지고 있다.

그러므로 정보화전략실이 한국정보화진흥원의 정책 수립 및 집행에 과도하게 의존하고 통제하는 상황에서는 전자정부와 국가정보화 분야에서 신속한 의사결정 및 책임행정이 구현될 수 없다.[8] 또한 한국정보화진흥원의 정책기획 능력도 상실되고 있는 상황이다. 정책의 수립과 집행이 한국정보화진흥원 중심으로 이루어지고 정보화전략실의 기능이 불필요한 옥상옥(屋上屋)의 역할을 수행한다면 그 조직의 존재 가치는 반감될 수밖에 없을 것이다.

제 4 절 개편 방안

앞에서 전제한 한국행정학회의 조직개편안 가운데 ICT와 관련한 조직 개편은 크게 다음과 같이 세 가지였다. 첫째는 대통령실에 국가미래전략위원회를 신설한다. 둘째는 기존의 행정안전부를 국무총리실의 행정지원처와 지방안전부로 분리시키는 것이다. 셋째는 정보통신 경쟁력 자체와 국가사회 전체의 지속 성장의 관점에서 새로운 정보통신부를 설계하는 것이다. 따라서 이러한 개편안에 지금까지의 논의를 포함하여 정리하면 다음과 같다.

1 정보통신부(혹은 정보혁신부)의 국가정보화 기능

기존의 분산된 부처 체제로는 ICT 융합 및 스마트 빅뱅의 시대에 적절하게 대처할 수 없다는 전제 아래 과거 정보통신부와 같이 [그림 5]처럼 ICT 산업의 진흥과

8) 이 논문을 준비하는 과정에서 면담했던 한국정보화진흥원의 단장과 부장들은 모두 행정안전부의 과다한 개입과 지시로 인해 기관의 자율성을 확보할 수 없다고 말했다.

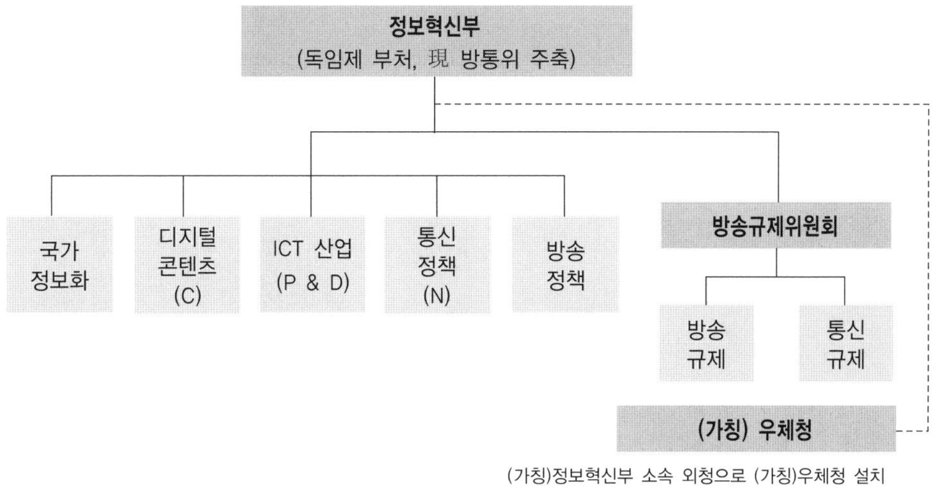

그림 5 ICT 독임제 부처 조직도

규제, 국가정보화 기획을 함께 담당하는 독임제 부처를 신설하는 방안이다.

이처럼 ICT 산업정책과 국가정보화정책을 통합시킬 경우, 국가혁신 차원에서 ICT 산업의 경쟁력을 높이고 국가정보화 기획을 통해 ICT 수요를 예상할 수 있어 ICT 생태계에 대한 투자를 용이하게 촉진할 수 있다. 또한 ICT의 공급과 수요 측면을 통합적으로 관장하게 되어 정보혁신부[9]의 정책 추진 역량이 확보될 것이다.

이를 위해서는 C(방송통신위원회의 방송영상 진흥, 문화체육관광부의 디지털콘텐츠 진흥), P(방송통신위원회의 인터넷, 지식경제부의 소프트웨어, 연구개발), N(방송통신위원회의 유무선 통신, 케이블SO와 위성방송 서비스, 주파수관리), D(방송통신위원회의 기기 표준, 지식경제부의 R&D) 등의 업무가 하나의 부처로 통합되어야 한다. 또한 행정안전부의 국가정보화 기능들 가운데서 국가정보화의 기획, 정보 보호 및 보안, 정보문화 기능은 정보혁신부로 이관되고 전자정부(행정정보화와 정부통합전산센터)와 개인 정보 보호의 기능은 행정안전부(와 개인정보보호위원회)에 남게 된다. 새로이 신설되는 '정보혁신부'는 ICT 산업정책과 국가정보화 정책을 통합적으로 담당한다.

---

9) 한국행정학회의 개편안에는 정보통신부로 표기되어 있으나 국가정보화 기능을 전면에 내세우고 부각시키기 위해서는 정보혁신부라는 명칭이 더 타당할 것이다.

2 미래전략위원회의 ICT 관련 기능

한국행정학회의 개편안에 의하면 대통령이 국가 미래 비전을 설계하고 전략적으로 프로젝트를 수행할 수 있도록 대통령 소속기관으로 국가미래전략위원회를 제안하고 있다. 이러한 국가 미래전략 기구에 대한 논의는 오래전부터 있어 왔다(김동욱 · 윤건, 2010; 김동욱 · 정준화, 2011).

좀 더 최근에는 여권의 대선 후보가 지난 7월 11일에 대전의 정부통합전산센터를 방문한 자리에서 [그림 6]과 같이 국가미래전략센터의 설립을 제시하기도 했다.

따라서 국가미래전략센터가 향후에 국가클라우드센터의 방대한 지식정보를 체계적으로 분류하고 분석하는 국가 미래전략 시스템을 구축하여 미래 전망과 중장기 국가 미래전략을 수립할 경우, 현재의 정부통합전산센터와 행정정보공유추진단을 통합하여 이를 지원하는 하위 기구나 매트릭스 조직으로 자리매김할 수 있을 것이다. 특히 행정정보 공유가 확대된다면, 앞으로 정부조직의 구조와 운영의 측면에서 큰 변화가 예상된다(김경섭, 2010).

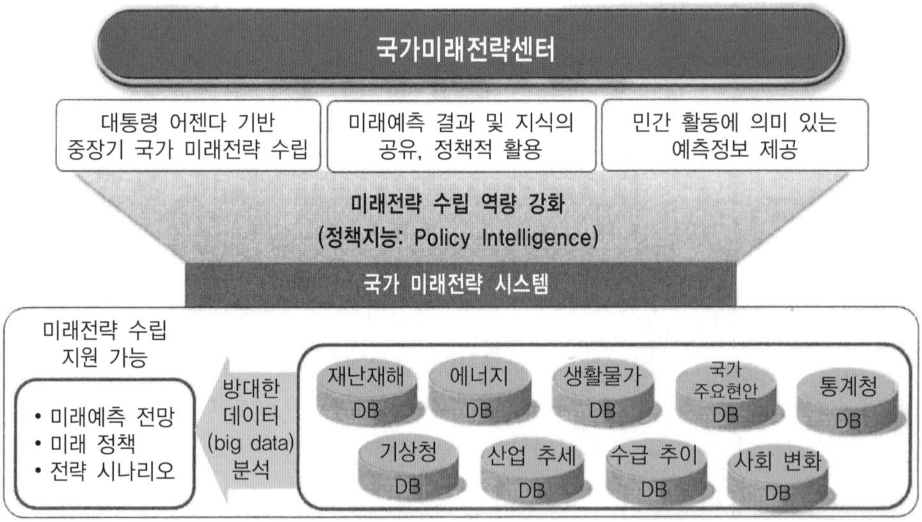

그림 6 국가미래전략센터의 기능

3 정보화전략실의 개편 방안

국가정보화의 기능 변화와 관련하여 이상에서 논의한 내용들 이외에 이른바 콘트롤 타워의 정립 및 국가정보화전략위원회의 조정력 부재 등 다양한 요인들이 존재한다. 하지만 국가정보화와 전자정부를 분리시키는 관점에서만 정보화전략실의 개편 방안을 제시하면 다음과 같다.

첫째, 행정지원처로는 전자정부와 개인 정보 보호 기능을 이관시킨다. 행정지원처 내에 정부혁신실을 설치하고 그 산하에 정부개혁국과 전자정부국을 두어서 전자정부국 내에 전자정부기획과, 전자정부사업과 및 개인정보보호과를 신설하면 될 것이다. 이 경우, 전자정부가 정보기술을 활용한 행정혁신이라고 하는 본연의 모습으로 돌아갈 수 있다.

여기에서 중요한 것은 만일 전자정부의 기능을 실로 편제할 경우, 과거처럼 국가정보화와 전자정부의 경쟁 및 중복이 우려되므로 국으로 설치하고, 정부통합전산센터[10]와 행정정보공유추진단을 통합하여 집행기구로 활용하면 될 것이다. 우리는 지난 참여정부에서 정보통신부와 행정자치부가 전자정부의 주도권 다툼으로 여러 분야에서 부처 간에 갈등을 겪는 것을 지켜보았다(유홍림 · 윤상오, 2006). 따라서 그러한 전철을 되풀이하지 않기 위해서는 전자정부를 실(室)이 아닌 국(局)의 수준으로 편제해야 한다. 그리고 각 중앙부처들의 새로운 업무혁신을 전자정부 사업과 결합시켜 수행할 수 있도록 전자정부국이 지원하면 될 것이다.

둘째, 지방안전부에 지역정보화과를 설치하여 전자정부와 지역정보화 정책 및 집행을 분리시킨다. 현재 행정안전부 내에서 지역정보화는 정보화지원과의 계(係) 단위 수준에서 이루어지고 있기 때문에 많은 지방자치단체들로부터 비판을 받고 있다. 따라서 지방안전부가 만들어진다면, 이 부처에 지역정보화 전담과를 신설하여 추진할

---

10) 한국행정학회의 개편안에 의하면 정부통합전산센터를 새로 생기는 정보통신부에 이관하는 것으로 되어 있는데, 이것은 정부통합전산센터가 과거에 정보통신부로부터 행정안전부로 이관되었기 때문에 돌려준다는 차원의 접근일 것이다. 하지만 이제 정부통합전산센터의 기능이 전자정부 서비스 기반에 치중되어 있기 때문에 새로이 신설되는 부처로 이관시킬 수 없으며, 또한 불필요하다고 볼 수 있다. 국가정보화는 머리이고 정부통합전산센터는 손과 발의 역할이기 때문에 기획 기능에 집행 기능을 통합시킬 경우, 효율적인 의사결정이 이루어지기 힘들 것이다.

필요성이 있다.

셋째, 나머지 정보 보호, 정보문화 및 정보자원 관리 등을 포함하는 국가정보화 기능은 새로이 신설되는 정보혁신부로 이관하면 될 것이다. 이 경우, 국가정보화기본법의 소관 부처가 행정안전부에서 정보혁신부로 이관된다. 따라서 이 법에 설립 근거를 가지고 있는 한국정보화진흥원도 국가정보화의 실무기관으로 새로이 거듭나야 한다.

이처럼 국가정보화와 전자정부가 분리되어 제 자리를 찾기 위해서는 정부조직법 등 관련 수많은 법령이 제·개정되어야 하는데, 그 과정에서 유관 부처와 그 산하 공공기관 그리고 이해관계자들의 엄청난 저항과 반대 목소리가 있을 것으로 예상된다. 그러나 전자정부의 추진 때문에 더 이상 국가정보화를 희생할 수는 없다. 왜냐하면 차세대 성장 동력을 기반으로 하는 국가경쟁력 강화를 위해서는 전자정부보다는 국가정보화가 훨씬 더 중요하기 때문이다. 대한민국의 미래는 전자정부가 아니라 국가정보화의 성공적인 추진에 달려 있다.

참고 문헌

국내 문헌

국가정보화전략위원회(2011). "빅데이터를 활용한 스마트정부 구현(안)." 2011년 10월 26일.

———(2012). "빅데이터 마스터플랜 추진 현황 및 향후 계획." 2012년 6월 21일.

기획예산처(2006). 「비전 2030」, 기획예산처 정부민간합동작업단. 2006년 8월.

김경섭(2010), "행정정보 공유의 패러다임 변화와 전망." 「2010년 한국행정학회 추계 학술대회 발표논문집」.

———(2011). "대한민국 전자정부의 심장 정부통합전산센터, 출범 6년을 돌아본다." 「*The e-Bridge*」, 제12호. 70-103. 한국정보처리학회.

김관보(2007). 「선진 정부개혁-중앙정부조직 개편」. 서울: 한반도선진화재단.

김동욱(2008a). "정부출연 정책연구기관의 미래지향적 조직과 기능." 서울대학교 행정대학원, 제401호 정책&지식 포럼(2008. 10. 6) 발제문.

———(2008b). 「새 정부 조직설계」, 서울: 법문사.

———(2012). "스마트 생태계와 국가혁신을 위한 ICT거버넌스." 2012년 4월 17일. 한국IT리더스포럼.

김동욱 · 윤건(2010). "국가미래전략기구 설계에 관한 연구." 「행정논총」, 제48권 제2호, 1-24. 서울대학교 한국행정연구소.

김동욱 · 정준화(2011). "국가전략 연구를 위한 공공부문 조직설계." 『행정논총』, 제49권 제2호, 1-24. 서울대학교 한국행정연구소.

김문조(2010). 「융합문명의 도전과 응전」. 정보통신정책연구원.

김문조 · 김종길 · 유승호(2011). 「미디어 융합과 사회질서의 재구성」, 정보통신정책연구원.

김선경(2003). "유비쿼터스 정보기술을 활용한 차세대 전자정부의 기본 구도 탐색." 「도시행정학보」. 제16집 2호. 한국도시행정학회. 2003. 8.

———(2004). "유비쿼터스 서비스 어플리케이션과 기대효과." 「도시문제」. 제39권 2호. 대한지방행정공제회. 2004. 6.

김성태(2007). 「또 다른 미래를 향하여-국정관리를 위한 미래예측과 미래전략」. 서울: 법문사.

———(2011). 「스마트사회를 향한 대한민국 미래전략」. 2011년 7월. 서울: 법문사.

김정미(2012). “빅데이터 시대의 데이터 자원 확보와 품질 관리 방안.” 「IT & Future Strategy」, 제5호, 2012년 5월 7일. 서울: 한국정보화진흥원.
김주원(2011). “스마트정부 구현을 위한 협업 활성화 전략.” 「IT정책연구시리즈」, 제15호, 2011년 11월 4일. 서울: 한국정보화진흥원.
김준수(2012). “클라우트 컴퓨팅 산업과 부산의 대응 전략.” 「부산의 10대 전략산업」. 2012년 10월. 부산: 부산발전연구원.
김현곤(2011). “창조적 혁신을 위한 플랫폼 국가전략.” 「IT와 국가발전전략 심포지엄」, 2011년 6월. 한국정보화진흥원.
미래기획위원회(2008a). 「녹색성장의 길」. 서울: 중앙북스.
———(2008b). 「가슴 설레는 나라」. 서울: 한스미디어.
———(2010). “미래비전 2040.” 2010년 6월 11일. 미래기획위원회.
박동진(2005). 「국가혁신을 위한 차세대 전자정부 전략」. 21세기 한국 메가트렌드 시리즈 II. 한국정보통신정책연구원.
박세일(2008). 「대한민국 국가전략」. 경기: 21세기북스.
———(2010). 「대한민국 세계화전략: 창조적 세계화론」. 서울: 서울대학교출판문화원.
박영숙(2005). 「각국의 공무원 미래예측 훈련과정 및 국가미래보고서」.
박영숙 · 제롬 글렌 · 테드 고든(2008). 「유엔미래보고서」. 서울: 교보문고.
방송통신위원회(2009). 「사물통신 기반구축 기본계획」. 2009년 10월.
———(2011). 「ICT산업통계 및 주요 동향 연구」, 정책연구11-32. 연구보고서.
———(2012). “클라우드 컴퓨팅 발전 및 이용자 보호에 관한 법률 제정(안).” 2012년 7월 10일.
송희준(2009). “국가정보화 정책의 성찰과 전망.” 「*The e-Bridge*」, 제3호. 82-111. 한국정보처리학회.
———(2012a). “통신 · 방송 환경 변화와 정부조직.” 「정보통신 방송정책 세미나자료집」, 서울대학교 행정대학원, 2012년 1월 17일.
———(2012b). “ICT 생태계를 위한 공공 거버넌스 구축전략.” 「정책학회 하계학술대회발표논문집」, 515-543.
신영진(2012). “스마트사회의 도래와 변화: 개인정보보호법의 제정과 향후 과제.” 「서울대 스마트사회연구팀 세미나자료집」. 서울대학교. 2012년 3월 8일.
심덕섭(2010). “일하는 방식 선진화를 위한 스마트워크 추진계획.” 「스마트코리 아를 향한 스마트워크 국가전략 세미나 발표 자료」. 국가정보화전략위원회 · 행정안전부.
오광석(2003). “유비쿼터스 전자정부 추진전략 및 구축 방안.” 「*Telecommunications Review*」, 제13권 1호. 2003년 2월. 57-64.
오정연(2010). “IT와 성장, IT를 통한 국가재건전략: 일본 사례를 중심으로.” IT정책연구시리즈, 제10호, 한국정보화진흥원.
———(2012). “빅데이터 시대 AI의 새로운 의미와 가치.” 「*IT & Future Strategy*」, 제7호. 서울: 한국정보화진흥원.
왕기홍(2007). “서비스 사용자에 의해 창조되는 차세대 전자정부 : UCG(User Created

Government).”「전자정부 포커스」, 제7호.
유홍림・윤상오(2006). “전자정부 추진과정에서 부처간 갈등 분석: 행자부와 정통부 간 갈등을 중심으로.”「한국정책과학학회보」, 제10권 제4호. 397-420. 한국정책과학학회. 2006년 12월.
이기식(2012). “차세대 전자정부 탐색: 플랫폼정부(P_Gov)의 가능성과 한계.”「한국행정학회 2012년 하계학술대회 발표논문집」. 2012년 6월 28일.
이맹주(2012). “기술융합시대의 국가 ICT 거버넌스 경계 설정 방안.”「2012 한국행정학회 하계학술대회 논문집」.
이삼열(2005). “IT와 디지털 정채과정 트렌드: 대응적 정책결정에서 시스템적 정책결정으로.”「e-Government와 정부의 변화」. 서울: 정보통신정책연구원.
이승종・최영출・권혁주・오영균(2012). “차기정부 정부조직 개편의 원칙과 방향.”「2012 한국행정학회 하계학술대회 논문집」.
이신주(2012).「스마트워크(Smart Work)의 주요 확산 요인에 관한 연구」. 경성대학교 대학원 행정학과 박사학위 논문. 2012년 2월.
임도빈(2012). “차기정부의 조직 개편에 관한 단상.”「2012 한국행정학회 하계학술대회 논문집」.
임상수(2007).「유비쿼터스 환경에서 대두되는 정보윤리의 새로운 이슈」. 서울: 한국정보문화진흥원.
전황수・조원진(2004). “유비쿼터스 시대의 새로운 서비스모델 창출 방안 연구.”「전자통신동향분석」, 제19권 제6호. 전자통신연구원. 2004년 12월.
정국환(2008). “미래사회의 정부가 일하는 모습은? 정보공유와 시스템 연계 완성을 통한 차세대 전자정부 구현.”「전자정부 포커스」, No 4. 서울: 한국정보사회진흥원.
정국환・문정욱・권성미(2006). “미래연구를 통해 본 후기 전자정부의 모습: 정보 공유가 촉매하는 공공부문의 미래.”「KISDI 이슈리포트」 06-09, 2006.12.4.
정보통신부(2006).「u-KOREA 기본계획(2006-2010)(안): 세계 최초의 유비쿼터스 사회 실현」. 2006년 3월 7일.
정보통신산업진흥원(2010).「스마트한 세상을 디자인 하는 RFID/USN)」.
정부통합전산센터(2011). “정부 클라우드컴퓨팅 센터 추진계획.” 2011년 3월.
———(2012). “범정부 정보자원 통합 2단계 추진을 위한 통합센터 클라우드 컴퓨팅 구축 계획”. 2012년 6월. 대전: 정부통합전산센터.
정윤수・권헌영・고윤석(2009).「공공・민간 정보공유 시스템 구축 방안 연구: MyGov 구축 방안을 중심으로」. 경제・인문사회연구회 협동연구총서. 서울: 정보통신정책연구원.
정지선(2012). “성공적인 빅데이터 활용을 위한 3대 요소: 자원, 기술, 인력.”「*IT & Future Strategy*」, 제3호, 2012년 4월 12일. 서울: 한국정보화진흥원.
정충식(1997).「전자정부론」, 서울: 녹두.
———(1999).「멀티미디어 시대의 행정」. 서울: 나남출판.
———(2009). “국가정보화 추진체계에 대한 비판적 검토: 추진 체계의 변화 과정을 중심으

로.” 「한국지역정보화학회지」, 12(4): 39-66. 한국지역정보화학회.
———(2010). “정보통신산업 지원을 위한 정부조직 개편 방안 : 정보통신산업 지원 기능의 재설계를 위한 논의.” 「한국사회와 행정연구」, 제21권 제3호, 서울행정학회.
———(2012a). “전자정부의 미래와 행정.” 「한국미래행정학회보」, 제1권 제1호, 27-57. 2012년 4월. 서울: 한국미래행정학회.
———(2012b). 「2012 전자정부론」, 2012년 6월, 서울: 서울경제경영.
———(2012c). “행정안전부의 조직 개편을 통한 국가정보화 정립 방안: 정보화전략실의 기능 재편을 중심으로.” 「한국정책학회 추계학술대회논문집」. 417-440. 2012년 9월 15일. 서울: 한국정책학회.
정충식 · 진영빈(2012). “스마트워크 추진 정책의 거버넌스 체계 분석: 부처 간 갈등을 중심으로.”, 「한국거버넌스학회보」, 제19권 제2호, 53-73. 한국거버넌스학회.
최천근(2012). “우리나라 방송통신 융합산업 및 정책분석.” 「한국정책학회 2012년 하계학술대회발표논문집」, 699-714.
최항섭(2012). “한국사회의 미래와 미래전략처의 필요성: 사회, 경제, 기술 메가트렌드를 중심으로.” 「한국정책학회 추계학술대회논문집」. 387-402. 2012년 9월 15일. 서울: 한국정책학회.
하원규(2003). “u-Korea 구축전략과 행동계획.” 「*Telecommunications Review*」, 13권 1호. 2003년 2월.
하원규 · 최문기(2008). 「슈퍼 아이티 코리아 2020, 한국형 선진국가 전략모델: 만물지능화 IT 입국」. 전자신문사.
한국전산원(2004). 「유비쿼터스 시대의 공공행정 서비스 발전방안 연구」. 서울: 한국전산원.
한국정보사회진흥원(2008). “선진국의 미래전략기구 분석과 시사점.” 「국가미래전략 Brief」, 제2호. 2008년 10월 10일.
한국정보화진흥원(2009). “지난 30년간 세상을 바꾼 7대 발명품.” 「*IT Issues Weekly*」. 한국정보화진흥원. 2009년 2월 25일.
———(2010a). “Smart IT를 통한 Smart KOREA 구현 방안.” IT정책연구시리즈 제18호, 2010년 9월 8일. 서울: 한국정보화진흥원.
———(2010b). “스마트 시대의 패러다임 변화 전망과 ICT 전략.” 서울: 한국정보화진흥원.
———(2010c). “가치 중심의 지능사회 구현을 위한 8대 新기술 트렌드.” 「*IT & Future Strategy*」, 제12호. 2010년 12월 10일. 서울: 한국정보화진흥원.
———(2011a). “미래 정부를 위한 SNS 기반 지식경영 시스템 구축 방향.” 「*IT & Future Strategy*」, 제6호. 2011년 9월 1일. 서울: 한국정보화진흥원.
———(2011b). “스마트사회 구현을 위한 신국가정보화전략 분석.” 「*IT & Society*」, Vol 6. 2011년 10월. 서울: 한국정보화진흥원.
한국행정연구원(2009). 「행정정보 공동 이용의 평가와 개선방안 연구」. KIPA 연구보고서. 2009년 12월. 서울: 한국행정연구원.
———(2010). 「Web2.0과 컨버전스 환경 특성을 반영한 I-Government 구축 방안 연구」.

2010년 3월. 서울: 한국행정연구원.
———(2011a). 「스마트시대에 적합한 ICT 거버넌스 연구」. 2011년 12월. 서울: 한국행정연구원.
———(2011b). 「글로벌 행정환경의 변화에 따른 미래정부 조직 재설계연구」. 서울: 한국행정연구원.
행정안전부(2010). "모바일 확산에 따른 전자정부(M-Gov) 정책 방향." 2010년 6월 29일.
———(2011a). "국민과 하나되는 세계 최고의 전자정부 구현을 위한 스마트전자정부(Smart Gov) 추진 계획(안)." 2011년 3월.
———(2011b). "클라우드 기반 범정부 IT거버넌스 추진계획." 2011년 6월.
———(2011c). 「2011 국가정보화백서」. 2011년 8월 31일.
행정안전부 · 지식경제부 · 방송통신위원회(2009). "클라우드 컴퓨팅 산업 육성을 위한 범정부 클라우드 컴퓨팅 활성화 종합계획." 2009년 12월.

국외 문헌

Accenture(2001). *eGovernment Leadership: Rhetoric vs Reality - Closing the Gap.*
BSA(2011). "Investment for the Future, Benchmarking IT Industry Competitiveness 2011" Washington, DC: BSA.
Cabinet Office(2004). *e-government: A strategic framework for public services in the Information Age*, 2000.4.
———(2010a). "Data Centre Strategy, G-Cloud & Appstore Programme Phase 2", 2010. 2.
———(2010b). "G-Cloud Overview," 2010. 8.
———(2011). *Government ICT Strategy*, 2011. 3.
CITU(1996). *Government.direct: A Prospectus for the Electronic Delivery of Government Services.*
Congress of the United States of America(2009). "*American Recovery and Reinvestment Act of 2009.*"
Deloitte Consulting(2000). "*At the Dawn of e-Government: The Citizen as Customer.*"
Gore, Al(1993). *Creating A Government that Works Better and Costs Less: From Red Tape To Results*. Report of the National Performance Review. Washington, D.C.: U.S. Government Printing Office.
———(1997). *Access America: Reengineering Through Information Technology*. Report of the National Performance Review and the Government Information Technology Servieces Board. Wahington, D.C.: U.S. Government Printing Office.
GSA(2011). "Cloud Computing Initiative: Governance Model," 2011. 7.
Mattern, Friedemann(2001). *Ubiquitous Computing : From Smart Devices to Smart Everyday Objects*. ETH Zurich.

Meister, Jeanne C. & Karie Willyerd (2010). *The 2020 Workplace: How Innovative Companies Attract, Develop, and Keep Tomorro's Employees Today*. Harper Business.

OECD & ITU(2011). *M-Government—Mobile Technologies for Responsive Governments and Connected Societies*, OECD & ITU, 2011.11.

United Nations(2001). *Benchmarking E-Government: A Global Perspective.* New York: United Nations.

———(2004). *Global e-Government Readiness Report 2004 -Towards Access for Opportunity.*

———(2005a). *UN Global E-Government Readiness Report 2005.*

———(2005b). *World Public Sector Report: E-Government at the Crossroads*

———(2010). *E-Government Survey 2010.*

———(2012). *UN E-Government Survey 2012.*

Weiser, Mark(1991). "The Computer for the Twenty-First Century." *Scientific American*, pp. 94-10, September 1991.

World Economic Forum(2011). *Global Competitiveness Report 2011-2012*, Switzerland: SRO-Kundig.

찾아보기

저자 소개

정충식

• cschung@ks.ac.kr

[약력]

• 고려대학교 사회학과 졸업
• 고려대학교 경영학 석사(경영정보 전공)
• 성균관대학교 행정학 석사(정보시스템감사론 전공)
• 성균관대학교 행정학 박사(전자정부 전공)
• 컴퓨터회사, 회계법인 및 외국은행 근무
• 2001-2년 전자정부특별위원회 법령정비 실무위원
• 2003-4년 미국 시라큐스대학교 Maxwell School 방문교수(연구년)
• 2001-6년 국무총리실 정보화평가위원회 위원
• 2005-7년 행정자치부 정책평가위원(전자정부 분야)
• 2005-7년 정부혁신지방분권위원회 전문위원(전자정부 분야)
• 2007년 한국지역정보화학회 회장
• 2007-2009년 행정고시, 입법고시 및 5급공무원 승진시험 출제
• 2009년 한국행정연구원 객원 연구위원(연구년)
• 2009-2012 행정안전부 정책자문위원(전자정부 분야)
• 2010-2012 정부통합전산센터 자문위원
• 현재 경성대학교 법정대학 행정학과 교수

[수상]

• 1998 우수학술도서(문화관광부)
• 2007 홍조근정훈장(대한민국정부)

[주요 저서]

• 전자정부론(1997, 녹두)
• 멀티미디어시대의 행정(1999, 나남출판)
• 전자정부의 이해(2002, 다산출판사)
• 2012 전자정부론(2012, 서울경제경영)

미래정부론

펴낸날 / 제1판 제1쇄 2012년 11월 10일
지은이 / 정충식
펴낸이 / 임춘환
펴낸곳 / 도서출판 대영문화사
주소 / 서울 용산구 청파동 1가 178-2 ㉾ 140-869
등록 / 1975년 12월 26일 제3-16호
전화 / (02)716-3883, (02)714-3062
FAX / (02)703-3839
홈페이지 / http://www.dymbook.co.kr

ISBN 978-89-7644-419-6

〔값 13,000원〕

이 책은 2012학년도 경성대학교 학술연구비 지원에 의하여 연구되었습니다.